Les Éditions du Boréal
4447, rue Saint-Denis
Montréal (Québec) H2J 2L2
www.editionsboreal.qc.ca

Journal de l'An I
du troisième millénaire

DU MÊME AUTEUR

Montréal. La joie de vivre, Towery Publishing, 1998.

Je persiste et signe, Boréal, 1996.

Entretiens (en collaboration avec Giovanni Calabrese), Liber, 1994.

Le Temps des otages, essais, Les Quinze, 1977.

TRADUCTIONS

La Révolution des droits, de Michael Ignatieff, Boréal, 2001.

Un homme de week-end, de Richard B.Wright, Pierre Tisseyre, 1977.

D' Bethune, de Ted Allan et Sidney Gordon, L'Étincelle, 1973.

Counter blast, de Marshall McLuhan, Éditions HMH, 1972.

Pour comprendre les médias. Les prolongements technologiques de l'homme, de Marshall McLuhan, Éditions HMH, 1968.

La Galerie Gutenberg. La genèse de l'homme typographique, de Marshall McLuhan, Éditions HMH, 1967.

Jean Paré

Journal de l'An I
du troisième millénaire

Boréal

Les Éditions du Boréal remercient le Conseil des Arts du Canada ainsi que le ministère du Patrimoine canadien et la SODEC pour leur soutien financier.

Les Éditions du Boréal bénéficient également du Programme de crédit d'impôt pour l'édition de livres du gouvernement du Québec.

L'extrait des *Mémoires* de Noël Pérusse, qui figure aux pages 32-33, est reproduit avec l'aimable autorisation des Éditions Varia.

Photo de couverture : Guy Tessier

Diffusion au Canada : Dimedia
Diffusion et distribution en Europe : Les Éditions du Seuil

Données de catalogage avant publication (Canada)
Paré, Jean, 1935-

    Journal de l'An I du troisième millénaire
    ISBN 2-7646-0185-9

    1. Civilisation – 21ᵉ siècle. 2. Deux mille un. 3. Paré, Jean, 1935- . I. Titre.

CB430.P37   2002   909.83   C2002-940672-2

À M. et M.

JANVIER

Vendredi 5 janvier

N'attends pas.

C'était un conseil, mais intimé plus que donné. Comme un ordre.

J'avais dit à un ami critique et écrivain mon intention de me mettre sérieusement à l'écriture dès le premier jour de ma retraite — mais seulement ce jour-là, quand je serais enfin libéré de mon emploi.

N'attends pas.

On trouve toujours des prétextes, me dit-il, pour remettre à demain ce que l'on devrait écrire aujourd'hui. Comme si, après plus de quarante ans de tombées, je n'en savais pas quelque chose. Mais la fatigue n'était pas qu'un prétexte. Pas la fatigue physique, mais celle qu'induit la préoccupation constante de l'événement à couvrir, du choix de sujets pour la prochaine livraison, de la tombée, qui a usé tant de journalistes bien avant l'âge où je choisis, moi, de repartir autrement.

J'ai donc attendu. Un peu pour bien sentir la différence entre l'obligation d'écrire et la liberté de le faire à mon heure et sur ce qui me plaît. Dès le lendemain de la réception organisée à l'occasion de mon départ il y a deux semaines, j'ai ouvert des tiroirs, commencé l'inventaire de mes faux débuts jetés pêle-mêle ici et là au cours des ans… Notes, idées de livres, essais. Bouts de papiers. Et il y en a partout : avec ma correspondance, entre les pages de quelques livres qui m'ont paru importants. Des phrases devenues incompréhensibles. Je suis comme un écureuil qui retrouve ses cachettes de noisettes un peu partout. J'ai attendu. À peine. Au 1er janvier comme je me l'étais fixé, premier jour non pas d'un siècle nouveau, mais d'un état dont j'avais perdu l'habitude depuis un demi-siècle et de la liberté enfin retrouvée de posséder mon temps, j'ose l'espérer.

En quarante-cinq ans de métier, d'agendas, de tombées — et bien davantage si je compte aussi l'horaire strict du pensionnat, de l'université, des examens —, j'ai vécu le temps des autres. Désormais mon premier travail consiste à régler ma propre vie.

Ainsi, par quoi commencer ? Par quel exercice ?

Par ces moments de ma vie de témoin professionnel, que j'ai l'idée de raconter à l'intention de lecteurs qui m'ont dit leur désarroi de ne rien savoir, en cette époque sans mémoire, du passé récent ?

Par des souvenirs d'enfance qui de plus en plus me pressent, parce que ce rivage lointain s'estompe, qui sont de plus en plus près de disparaître derrière la courbure du temps ?

Ou d'abord par ce fourre-tout, ce carnet du quotidien que je vais ouvrir chaque jour au fil des pensées que suscite l'actualité, réflexe incurable de journaliste et d'éditorialiste ? Journal si l'on veut, journal du temps qui passe. Pour un an pas plus, juste pour me refaire la main. Car depuis vingt ans, je n'écrivais plus, je dictais.

Samedi 6 janvier

Le sort m'amène à ouvrir ce journal, dès ici, par une vilaine et douloureuse histoire. Avec les vœux du nouvel an, on m'apprend qu'un ami et collègue, le plus ancien de tous puisque nous avons commencé ensemble dans le métier, souffrant depuis quelque temps, quelques années peut-être puisque rien ne marque avec précision le début de cette maladie-là, a vu son état s'aggraver. Un matin, descendant déjeuner, il demande à sa femme… où est sa femme. « C'est moi. » « Non. Ma femme… » Dans la descente du long escalier d'Alzheimer, ce moment où l'on ne reconnaît plus ses proches est inévitable, tôt ou tard.

Je l'ai vu il y a deux mois à un cocktail, dont personne ne pensait que ce pourrait être son dernier. Je n'ai pu me convaincre qu'il m'eût vraiment reconnu. Même dans cet état, l'instinct de défense protège l'aptitude à simuler, mais j'ai bien vu qu'il ne reconnaissait pas un autre collègue avec qui il avait très longtemps travaillé. Quand on lui a dit que les discours allaient commencer, il a murmuré, étonné : « Ah ! il va y avoir des discours ? ».

Pourquoi une évolution si rapide depuis un an, alors qu'un Ronald Reagan ou un Irving Layton survivent, absents mais encore en assez bonne santé, dix ou quinze années ?

Depuis cinquante ans, je n'ai jamais autant fréquenté les églises. Il n'y a pas si longtemps, il fallait qu'un rare accident m'y amène pour des obsèques. Maintenant, ce sont le cancer, l'emphysème, l'infarctus, l'alzheimer qui me tiennent lieu de piété. Depuis septembre, deux collègues, un voisin, un parent, des connaissances. Beaucoup de mes amis ont plusieurs années de plus que moi, cela veut-il dire que je devrai les voir tous s'éloigner l'un après l'autre ? Mon grand-père a vécu cette situation, restant à quatre-vingt-dix-neuf ans le seul de tous ceux de son âge qu'il avait connus et n'appelant plus les septuagénaires et même les octogénaires que « les jeunes ». On l'avait « oublié », disait-il. « Un ami qui s'éloigne, écrit Raymond Aron, c'est un peu de soi qui disparaît. »

Un optimisme de granit m'a longtemps fait me croire immortel, mais je sens désormais au-dessus de ma tête ce noir nuage qui nous suit tous depuis le premier jour. Je refuse de le regarder, comme aux vertigeux on recommande de ne pas regarder en bas, mais il est des choses que l'on voit même les yeux fermés.

Comme s'il avait fallu renforcer ce sombre sentiment, voici ce coup de fil de ma femme, cinq jours avant Noël. Coup est le mot juste : il me matraque comme si le combiné avait explosé. Notre fille vient de l'appeler et lui demande d'aller la chercher. À l'hôpital. Elle est atterrée, disloquée : son médecin vient de lui dire qu'elle a une tumeur maligne. Pourquoi elle, pourquoi si jeune ? Elle sera opérée dans deux jours et passera la semaine en repos à la maison. Elle se rassure puis s'inquiète successivement. Nous la rassurons sans nous rassurer nous-mêmes.

J'ai beau réunir toute l'information utile, fouiller dans Internet, appeler des spécialistes, apprendre que ce cancer, sur intervention précoce, n'est pas virulent, malgré une tendance forte à la récidive, l'inquiétude ne se dissipe pas. Voilà une fêlure.

N'attends pas.

Dimanche 7 janvier

Sa sœur me demande si elle doit rentrer de Nouvelle-Zélande, où elle se trouve depuis la fin de novembre. Non, pourquoi ? Que pourraient-ils faire ? Le choc est passé, les choses rentrent dans l'ordre, le médecin est satisfait, la malade confortée. Leur retour a lieu dans deux semaines de toute façon.

Ma petite-fille Margaux me manque pourtant beaucoup. Je ne l'ai pas vue le 11 décembre, à ses quinze mois, et ne la verrai pas plus jeudi prochain. C'est la première fois que je rate ce petit « anniversaire » mensuel. Je l'imagine dans l'été austral sur la plage ou sur les pelouses, libre de son habit de neige, des mitaines, des bottes et des bonnets qu'elle exècre.

Je déteste ce hiatus. Dans quelques années, une absence de quelques semaines, quelques mois même aurait moins d'importance. Mais à un an et demi, tout est commencement, chaque semaine est un grand morceau de la vie, chaque jour une découverte, une surprise, un pas en avant. Depuis sa naissance, je ne cesse de m'étonner de voir quelques jours faire tant de différence. De la voir prendre conscience du monde, le construire, accumuler le savoir et les mots, ceux qu'elle ne dit pas encore mais comprend, classer les objets, les sons, la musique, le mouvement, comprendre les relations sociales. Il me manquera toujours deux mois de cette vertigineuse, de cette miraculeuse montée vers le moi.

Lundi 8 janvier

La révélation qu'un médecin anglais imbu de sa supériorité et se pensant démiurge a tué trois cents de ses patients, pour la plupart des personnes âgées, alors même que les Pays-Bas autorisent l'euthanasie ne manque pas d'alimenter l'opposition à cette mesure. N'intervenant dans nos vies qu'en période de crise, le médecin reste suspect quoi qu'il fasse. L'euthanasie, que ses défenseurs voient comme l'ultime recours pour les grands malades, apparaît à ses adversaires comme un assassinat et un danger de retour à la barbarie.

La plupart des médecins s'y opposent, beaucoup pour des raisons religieuses, certains par crainte de poursuites en justice ou par peur de se tromper. Et presque tous ont la conviction profonde que leur mission est de soigner et de guérir. Le saut en parachute n'est pas un acte normal pour un pilote. L'euthanasie est l'aveu de l'impuissance et la consécration de l'échec. Le contraire des mesures techniques quasi désespérées que d'aucuns qualifient d'acharnement médical.

Aussi peut-on douter que, même légalisée, l'euthanasie soit jamais largement pratiquée. Elle apparaît pourtant plus raisonnable que l'avortement qui, lui, est couramment utilisé. On en évalue le nombre à trois cent mille par an au Canada. En effet, l'avortement touche une vie encore à vivre tout entière, pas seulement une semaine ou un mois misérables ; il efface une espérance, pas une misère. Non pas que je fasse partie du clan hostile à l'avortement : pour moi, ces décisions sont des affaires personnelles. L'euthanasie tout autant.

Mais comment douter que l'euthanasie soit pratiquée plus qu'on ne le dit et qu'on ne le veut ? Chaque jour, combien de

« codes bleus », combien de discrets arrêts de traitement ? Tous les mourants n'ont pas à réclamer de la Cour suprême le droit de refuser les soins comme Nancy B., une célèbre malade de Québec. Combien de malades débranchés, combien d'hyperdoses de calmants ? Cet accès clandestin et hypocrite au soulagement de souffrances cruelles ou de désespoirs intolérables est-il plus aisé au personnel médical qu'aux autres malades ? À leurs parents et amis ? L'euthanasie est-elle privée ? Se pratique-t-il une euthanasie « à deux vitesses » en quelque sorte, tout comme il y a une médecine *fast track* pour ceux qui ont les bons contacts ?

Ce qui inquiète, provoque, révolte l'opinion, c'est moins l'euthanasie que sa reconnaissance officielle. On craint que la décision se prenne d'autorité et que d'autres disposent d'un droit sur soi. En même temps que l'on veut pouvoir en bénéficier si cela devenait inévitable. Pourtant, l'état actuel des lois prive des malades de ce recours et, malgré leur compassion et leur aveu d'impuissance, les médecins craignent d'accéder à la requête d'un patient.

D'où la décision, après vingt-cinq ans de tolérance expérimentale, des autorités néerlandaises.

Certains pensent que les malades en phase terminale ne sont pas en état de faire un choix vraiment libre et éclairé. Et que l'on décidera à leur place. Même et certainement pour des raisons financières. C'est sa propre mort, ses propres craintes que l'on substitue à la mort et aux craintes d'autrui, tout comme les croyants substituent ou imposent leur foi à celle des autres.

Peut-être est-il préférable, pour calmer ces craintes et pour éviter que l'État n'en calcule le rapport coût-bénéfice, que cette pratique reste privée. À condition que la tolérance permette en même temps à ceux qui le souhaitent d'échapper à l'agonie. Mais pour qu'il s'agisse vraiment d'un choix, il ne suffit pas de légaliser l'euthanasie, même avec les meilleures garanties et les meilleures conditions du monde. Le choix n'existe que si le système médical et hospitalier offre d'abord aux malades des services palliatifs impeccables.

Vendredi 12 janvier

Nouveau drame en Bouchardie. Le premier ministre résigne ses fonctions après seulement quatre ans de pouvoir, deux ans après sa réélection. La rumeur courait depuis vingt-quatre heures.

Il est toujours populaire. Pourquoi ce départ précipité ? Y a-t-il scandale sous roche ? L'économie se porte relativement bien — relativement, parce que la province traîne la patte, en comparaison du reste du continent. On pourrait dire qu'elle est la plus prospère... des provinces pauvres.

J'ai passé une bonne partie de la journée à la télévision et à la radio, à répondre aux questions bidon d'intervieweurs à qui une certaine tradition impose de déguiser leurs opinions flagrantes avec un point d'interrogation. Et ce que l'on qualifie d'« information continue » consiste à étirer le peu que l'on sait pendant des heures. Les clichés d'usage marquent bien les limites de l'outil, surtout dans le modèle vingt-quatre heures sur vingt-quatre : « marquer le coup », « tenir l'antenne », « réagir ». Le lendemain d'un incendie, les enquêteurs tamisent les cendres pour en déterminer les causes, mais pendant le sinistre il n'y a que les badauds qui spéculent à l'écran, croyant qui à l'accident, qui à l'œuvre d'un pyromane. Est-ce là de l'information, ou du remplissage ? Et l'écran montre inlassablement les mêmes images, les mêmes discours, les mêmes interviews.

Inlassable et lassant, mais cette incessante répétition même semble être ce qui donne son autorité à la télévision : on a vu de ses yeux vu et même revu. La petite chaumière de monsieur Séguin qui résiste au torrent, les pylônes ployés sous le verglas, la main baladeuse d'un premier ministre sur la croupe d'une candidate, cela devient l'Histoire. La politique, comme le journalisme, consiste désormais à écrire les bons scénarios.

Pour dix minutes de « jus », il faut passer des heures en studio, en vase clos, sans lien avec l'extérieur, sans information supplémentaire. Malgré tout, à mesure que le temps passe, les participants deviennent de plus en plus sûrs d'eux et du petit bagage qu'ils ont apporté au studio. La tension baisse, le trac disparaît malgré l'agaçant fil à l'oreille, les fauteuils toujours inconfortables, la table trop éloignée, le verre d'eau à ne pas renverser. On copie les gestes de l'animateur, ses tics. Avec la confiance, le propos se raffermit, l'opinion se fait péremptoire comme celle des gens qui passent souvent devant les caméras. À la fin, des invités dérapent, trop sûrs d'eux.

Interviews à répétition, donc. Après RDI, TV Ontario en anglais, puis CBC Radio. À ceux qui se demandent si le premier ministre ne démissionne pas pour être plus près de sa femme et de ses enfants, je répète que ce serait lui faire injure. Cet homme qui n'a quitté sa chambre d'agonisant que pour se précipiter à son poste a vraisemblablement le sens du devoir et de la chose publique. Ce choix a été fait il y a longtemps. Et les hommes politiques n'ont-ils pas presque tous une famille ?

Non, tout est là, simple, clair, expliqué, dans son discours de démission. Lucien Bouchard n'est pas en politique par goût du pouvoir mais pour réaliser l'indépendance du Québec. Il voit qu'elle ne se fera pas, ni bientôt ni plus tard, car la grande majorité des Québécois n'en veulent pas ou en craignent les conséquences plus qu'ils n'en désirent les effets. Il voit que le Canada du G-7, puissance intermédiaire, ne laissera jamais partir le Québec, à quelque intervention extrême qu'il doive sacrifier sa réputation pacifiste.

Cet homme entier, indépendant, n'aime pas non plus son parti méfiant, tatillon, bâti sur les gabarits égalitaires de mai 1968, qui a toujours vu son leader comme un porte-drapeau obéissant. Où est le plaisir ? Il reste quoi ? La méfiance sinon la haine des « purs et durs », un projet aussi difficile à réunir que le mercure d'un thermomètre brisé et des échéances difficiles : la fin imminente du cycle économique, une récession sans doute, avec la rechute dans les déficits budgétaires et l'impopulaire politique d'austérité.

Mais au fur et à mesure des émissions, des questions et des réponses, le doute s'insinue. Cet homme ne serait-il qu'un marin de beau temps ? N'est-ce pas quand une tempête menace que ses matelots et ses passagers ont le plus besoin de son expérience, de sa détermination et de son autorité? Au fond, déçu, visiblement las, ne lâche-t-il pas la barre, n'abandonne-t-il pas le navire? La vraie question, la seule qui importe, aujourd'hui, est la dernière qu'a posée Mary Lou Findlay, de *As It Happens*: qu'est-ce qui reste de l'action de Lucien Bouchard?

Voilà de quoi se creuser les méninges. C'est une carrière politique versatile, au vrai sens du mot. Bon soldat de René Lévesque, indépendantiste devenu ambassadeur du Canada puis ministre dans le gouvernement conservateur de son ami Brian Mulroney, démissionnaire pour ce qui apparaît aujourd'hui comme un prétexte, juste à temps, il faut le noter, pour éviter la pire déroute électorale de l'histoire du pays, fondateur d'une faction de blocage à laquelle il n'annonce de toutes façons qu'une existence temporaire et circonstancielle, faction qu'il abandonne à un personnage falot pour sauter dans le train en marche du référendum de 1995, voler une victoire appréhendée au premier ministre Jacques Parizeau à qui il fera un enfant dans le dos, le remplaçant au lieu de le retenir.

Ce trajet pourrait être celui d'un ambitieux, ou d'un instable mû par des sautes d'humeur et des coups de sang. Déjà en juin 1993, au cours d'une longue entrevue que j'avais faite avec lui en compagnie de Michel Vastel et Jean-François Lisée, j'avais été frappé par sa manie d'improviser instantanément une réponse aux questions auxquelles il n'avait de toute évidence jamais réfléchi, de se passionner pour sa toute nouvelle trouvaille, de s'enflammer, « se monter », et finalement d'en faire sur-le-champ un dogme non négociable.

Ainsi l'a-t-on vu s'entêter dans des politiques catastrophiques, comme la compression des budgets de la santé et l'élimination des déficits récurrents par des méthodes qui n'effaçaient en rien leurs causes profondes, qui sont la gabegie d'une bureaucratie pléthorique et l'asservissement à un syndicalo-corporatisme d'autant plus puissant qu'il a su s'insérer dans l'appareil du pouvoir, État et partis, sans jamais avoir à subir l'épreuve de la consultation publique. Lucien Bouchard en est plus que conscient puisqu'il annonce dans son discours d'adieu la rechute dans la crise financière et les déficits. Tout cela parce que le Québec continue à maintenir des structures et des services d'un État national plutôt que d'un État fédéré.

Les budgets sont équilibrés de misère et de justesse, et sans que les Québécois aient bénéficié des mêmes réductions d'impôts que leurs concitoyens de l'Ontario, de l'Alberta ou d'autres provinces. Au contraire, pour affronter les déficits appréhendés, il faudra sans doute encore sabrer les services, grignoter le pouvoir d'achat avec des taxes et des frais camouflés. Inévitable. Plutôt lâcher.

Ce qu'il reste de Lucien Bouchard? La réforme des structures municipales, principalement à Montréal, mais qui est assez peu avancée pour qu'il existe un risque réel qu'elle ne se fasse qu'à demi ou qu'on la vide de toute substance. Pour le reste? Lucien Bouchard aura toujours donné « un bon show », en un temps où cela semble essentiel au succès politique. La télé aime l'émotion et le drame : sa vie d'ermite, ses malheurs, les catastrophes naturelles, les attaques des « ennemis de la nation » et celles de son parti. Avec lui, tout aura été drame. Le surfeur, bien sûr, est aidé par la vague, et Bouchard aura été merveilleusement servi par le hasard, mais tout le monde n'est pas surfeur.

On le dit passionné, émotif? Ils le sont tous. Trudeau l'était sûrement, et Drapeau et Lévesque ou Mitterrand. En politique comme dans les affaires, comment réussir sans passion? Mais aussi sans la maîtrise de ses émotions? Comme René Lévesque, comme Jacques Parizeau, Bouchard était un impulsif. Aussi laisse-t-il surtout des débuts, des embryons : un parti cul-de-sac à Ottawa, une stratégie souverainiste suspendue, des mégapoles embryonnaires, des demi-réformes administratives.

La télé vit de mythes. Qu'elle fabrique elle-même. De charisme, qu'elle fabrique souvent aussi. L'automne dernier, elle a servi d'atelier de finition au mythe Trudeau, un autre personnage dont l'héritage ne justifie pas l'image que l'on garde de lui pour l'instant. John Kennedy avait été le premier produit d'un *reality show.* On verra mieux aux prochaines élections si Bouchard deviendra un mythe ou ne restera qu'une péripétie. Si la stagnation apparente de l'idée indépendantiste dépend de lui ou si le mouvement est vraiment en panne.

Samedi 13 janvier

Même les bêtes des forêts sont au régime transgénique. Cet avant-midi, une harde de cerfs est sortie du bocage d'à côté en plein soleil et s'est installée devant ma porte, grattant la neige du sabot et du mufle. L'automne dernier, les pluies hâtives et le froid ont ruiné la récolte de maïs, qui n'a pu mûrir. L'éleveur voisin l'a simplement écrasé et laissé sur le champ. Ce qui devait nourrir ses porcs appartient donc aux cerfs, aux geais et aux corneilles. Il n'est pas étonnant que la mangeoire suspendue à la véranda soit déserte et toujours pleine, pendant que les champs sont piétinés comme une basse-cour.

Non pas que ces animaux sauvages ignorent l'alimentation industrielle. Samedi dernier, j'ai vu le meunier du village et un client charger dans une camionnette fatiguée quelques sacs de grain d'une mouture trop fine pour les porcs, trop grossière pour la volaille. Trop de sacs pour les oiseaux, pas assez pour un élevage.

« Canards ? » ai-je demandé, avec l'éloquence concise des gens qui se mêlent de leurs affaires. « Chevreuils », répond l'homme, coiffé d'une casquette et vêtu d'une de ces chemises à carreaux rouges et noirs, uniforme campagnard qui empêche de distinguer le *hillbilly* du hobereau. « Faut les nourrir, l'hiver. »

Nourrir les cerfs dans ce pays de bocages, de lisières et d'appétissantes cultures ? Pour leur apprendre les manières, oui. Pour les conditionner, les habituer à rester dans les mêmes brisées, à fréquenter toujours les mêmes points, à proximité d'un chemin forestier ou même de la grange.

Car ici la chasse n'est pas le prétexte d'une promenade sous les arbres défeuillés. C'est une entreprise sérieuse, planifiée comme l'établissement d'une affaire, préparée comme une opération militaire. Après le grain et le foin en hiver, ce sera l'herbe puis, dès le mois d'août, les quintaux de pommes tombées que l'on vend à pleins sacs le long des routes et jusque dans les marchés d'alimentation. Dans la pinède que je soigne depuis vingt-cinq ans, j'ai trouvé de confortables affûts de bottes de paille empilées d'où l'on guette les cerfs attirés par l'odeur douceâtre des fruits talés. Appelés aussi par les brames puissants des cerfs d'élevage d'une grande espèce de l'Ouest qu'on engraisse par centaines tout à côté, derrière les hautes clôtures barbelées d'un camp d'extermination. Un autre voisin a hissé à la fourche d'un pin l'un de ces sièges d'acier troués des machines aratoires d'antan. Avec des cale-pieds et des clayettes pour poser la bière, les chips et les sandwichs. De là-haut, le regard vissé à l'œilleton de sa carabine, il attend les bêtes attirées par le sel et le sirop d'érable qu'il a versés dans des dépressions creusées sur les souches environnantes.

Septembre venu, les chasseurs explorent tous les chemins du pays, observant aux jumelles l'orée des bois où les cerfs profitent à la fois du dernier regain et du couvert de la forêt. Quand ils en repèrent un, ils figent la scène, l'heure et la date avec un magnétoscope et notent le lieu. Après un mois de surveillance, il connaissent les habitudes de tous les animaux qu'ils ont filmés et pourraient presque leur donner un nom. Les terroristes n'agissent pas autrement qui relèvent les allées et venues quotidiennes de leurs cibles.

On pourrait croire, devant tant de détermination, qu'on ne chasse pas pour le plaisir. *It's the meat, stupid!* Les régions rurales ne manquent pas de gens de condition plus que modeste pour qui un chevreuil doit bien représenter quelques précieux repas, mais à moins qu'ils ne le vendent au prix fort, la démarche n'a aucun sens. A-t-on idée en effet du coût de la trentaine de kilos de cette viande d'un animal qu'il a fallu si longtemps nourrir, observer, pister, appâter ? Pour souvent rentrer bredouille. Le kilo de caribou est bien moins cher au marché. Alors, si ce n'est ni l'économie, ni le sport, ni la nature, ni la gastronomie…? Le besoin de vaincre, d'avoir le dessus sur quelque chose, n'importe quoi mais quelque chose? Sur le cerf, sur le garde-chasse, sur le registraire des armes à feu dans une société où tout est réglementé?

Dimanche 14 janvier

À l'émission de Joël Le Bigot, un intellectuel politologue fait le bilan de l'action politique de Lucien Bouchard. Après l'avoir comparé au tribun irlandais Daniel O'Connell (défenseur d'une nation opprimée, dépouillée, affamée, presque victime d'un génocide) et avoir affirmé qu'entre Honoré Mercier (1887-1891) et René Lévesque les Québécois n'ont pas eu de leader national et ont été laissés sans voix, il conclut en disant que seuls Lévesque et Bouchard ont « incarné la nation ».

Comment incarne-t-on la nation avec 44 % des voix? Ce doit être cela, le mystère de l'Incarnation. Si c'est René Lévesque et Lucien Bouchard qui « incarnent la nation », la nation québécoise est plus petite de moitié qu'on ne le pensait. Pour ne pas perdre la moitié de leurs administrés, les leaders devraient donc se retenir d'incarner?! Tout premier ministre, du fait de son élection, ne représente-t-il pas la nation?

Et ceux, toujours majoritaires après quarante ans de débats, qui ne partagent pas les conclusions des nationalistes, de quelle nation sont-ils? Dans quels limbes sont-ils rejetés? Sont-ils bannis, exilés moralement, en attendant de l'être réellement? Faut-il pour constituer une nation qu'un peuple, une société n'aient plus de divergences sur la conduite des affaires publiques?

Dans une entrevue conduite par un journaliste rigoureux, ces questions auraient pu être posées. On aurait demandé à l'interviewé de justifier sa théorie et de traduire cette langue de bois, plus appropriée à l'exercice de la politique ou de la religion qu'au journalisme ou à la « science politique »…

Mais la radio et la télévision, où l'on prenait soin naguère de faire la différence entre l'information et le divertissement, sont devenues un immense Café du Commerce qui vit de la confusion des genres et de la météo. Je note qu'il est plus facile pour les chanteurs et les saltimbanques de commenter la politique et d'interviewer les politiciens que pour les journalistes de chanter et de danser. Et les politiciens préfèrent de beaucoup se présenter chez Julie Snyder, Labrèche, L'Écuyer et au canal MusiquePlus que d'affronter les reporters politiques. Que feraient les politiciens actuels devant les Pierre Nadeau, Louis Martin ou... René Lévesque ?

Le rôle de l'« intellectuel » est encore prisé, mais le ticket d'entrée dans la confrérie est très bon marché. Aussi le titre est-il galvaudé. On pourrait penser que l'intellectuel est celui qui a très longuement réfléchi — et le fait par métier — à une question. Citant je ne sais qui, Bernard-Henri Lévy écrit cette semaine que « l'intellectuel est celui qui se mêle de ce qui ne le regarde pas » — boutade bien naturelle dans une nation où la conduite des affaires publiques a été et est encore un domaine réservé. Une autre boutade, plus cruelle, veut que l'on devienne un intellectuel quand on sort de sa branche pour parler de ce que l'on ne connaît pas. On dit aussi qu'au Québec un intellectuel est quelqu'un qui écrit des lettres au *Devoir*.

On devrait, pour décrire l'intellectuel, tenir compte, je pense, de l'idée de doute. Je pense, donc je doute. On est un intellectuel dans la recherche, la quête, la remise en question ; en est-on encore un quand on a trouvé et tout résolu ?

Une expression revient fréquemment dans la bouche des partisans de l'indépendance : le peuple québécois, le peuple du Québec, toujours en opposition avec l'ennemi, avec l'Autre, avec le gouvernement fédéral. Le Canada, le fédéralisme, les fédéralistes, les libéraux, les multinationales, les hommes d'affaires, certains intellectuels s'opposeraient au « peuple québécois ». Et la partie du peuple qui ne se reconnaît pas dans ce discours exclusif ? Comme si le peuple québécois était univoque, d'un bloc. Et la partie du peuple québécois qui refuse la scission d'avec le Canada, qu'en font les apôtres ? Peut-être le nom du parti indépendantiste contribue-t-il à entretenir cette confusion. Et la résistance de plusieurs. Ses fondateurs l'eussent-ils baptisé Parti démocrate ou Parti indépendantiste, l'indépendance du Québec eût-elle paru plus acceptable ? Exit donc Lucien Bouchard. Il n'aura pas été un Godbout, pas un Lesage, pas même un Lévesque. Le comparera-t-on à Daniel Johnson, ou à Jean-Jacques Bertrand ? À Paul Sauvé, celui qui aurait pu être ?

Lundi 15 janvier

Tous les douze ans se tient à Allahabad, en Inde, au confluent de la Yamuna et du Gange, une sorte d'année sainte de l'hindouisme. Le Maha Khoumb Mela, c'est le nom de ce pèlerinage, attire pendant un mois plus de cinquante millions de personnes, le vingtième de la population de l'Inde, près de deux fois celle du Canada. On va s'y purifier dans les eaux sacrées du Gange et celles des *ghât*, prier, invoquer les divinités. On y côtoie les *sâdhus*, saints hommes qui non seulement ont renoncé à posséder quoi que ce soit, même des vêtements, mais tentent d'accéder à l'anesthésie totale du moindre désir, vivent couverts de cendres et poussent même l'anéantissement, pour les plus parfaits d'entre eux, à regarder le soleil jusqu'à la cécité.

Mais ce ne sont pas ces rites qui retiennent mon attention. C'est la nouvelle qu'une brochette de vedettes du showbusiness, Madonna, Sharon Stone, James Bond, Demi Moore — qui posa nue en couverture de *Vanity Fair* couverte non de cendres mais de peinture — et Richard Gere, et d'autres, américains, français, anglais, vont faire le pèlerinage ! Comme les starlettes vont en pèlerinage à Cannes.

Richard Gere ne se couvrira pas de cendres, Demi Moore ne se lavera pas dans le Gange. Les eaux de ce fleuve ne sont pas très recommandées par les médecins et les assureurs des vedettes. Il y a peut-être des croyants dans cette délégation, soudain saisis par l'émotion religieuse, mais cette conversion massive (il y a trente ans, les stars donnaient plutôt dans le zen) est-elle de l'exhibitionnisme ou du tourisme ? Un prétexte pour faire ronronner CNN, Oprah et Skytrain, faire mousser la marchandise, assurer la bonne tenue du titre et garantir les cachets du prochain film ? Travel Corporation of India annonce que les célébrités feront le détour par le désert du Rajasthan, voir les lions (s'il en reste) et les châteaux. Du cinq-étoiles. On s'en veut d'avoir pris le tourisme pour de la religion. Evian et Danone seront sur les lieux, puisqu'il n'y aura pas de multiplication des pains et des poissons, mais n'invoqueront ni Krishna ni Shiva ni Ganesha. Ils sont là pour l'argent et le disent, ce qui est honnête.

Mardi 16 janvier

Mon nom ne figure pas dans l'index des *Mémoires d'un déraciné* (tome II : *Repenti de la Révolution tranquille*) de Noël Pérusse, paru l'automne dernier aux Éditions Varia, mais un bref passage, page 284, me concerne. Relatant une petite anecdote de routine dans la vie d'un lobbyiste du Parti libéral entretenu par un grand conglomérat industriel et financier, Imasco, il n'en confirme pas moins une manœuvre politicienne nauséabonde survenue vers 1978 ou 1979, et dont je suis au courant depuis longtemps sans toutefois pouvoir me souvenir comment je l'ai apprise.

La fonction de lobbyiste et d'entremetteur de Pérusse consistait à rencontrer des gens de tous les milieux, tant pour recueillir de l'information que pour les influencer. Comme je le connaissais depuis plusieurs années, sa femme et la mienne étant des amies d'enfance, j'ai été la cible de plusieurs invitations à discuter des affaires courantes. Sachant joindre l'agréable à l'inévitable et sa gourmandise naturelle à sa curiosité prébendée, Pérusse tenait sa cour à La Rapière, la table gasconne que l'aimable Breton Louis Naud a tenue plus de vingt ans au sous-sol du YMCA de la rue Stanley. Telle était son activité, du moins jusqu'à ce que, le référendum gagné, le PQ vaincu et Robert Bourassa réinstallé au pouvoir — et dès lors le lobbying moins nécessaire —, sa mise à la retraite le force à attendre les invitations. L'affaire, en 1978, c'est qu'à Ottawa on ne m'aime pas. Je suis rédacteur en chef depuis trois ans du plus grand (du seul) magazine d'information français du Canada, créé deux ans plus tôt. On ne m'aime pas et je le sais, et il y a de quoi. Ici, pour comprendre la manœuvre que je vais raconter, il faut un bref flash-back sur la position éditoriale de *L'actualité* dans le conflit entre les indépendantistes et les fédéralistes.

* * *

Alors que l'élection d'un parti indépendantiste à Québec fait planer la menace imminente d'un référendum, je tiens le gouvernement de Pierre Trudeau, si populaire soit-il (quoiqu'il ait été mis en minorité puis défait), pour une forfaiture. Arrivé au pouvoir dans la foulée du matraquage télévisé de Daniel Johnson, qui n'avait ni le charisme, ni les méninges ni la préparation nécessaires pour réussir la politique de ses ambitions et pour l'affronter, Trudeau fera une carrière de coups de gueule et de coups de force contre ses électeurs québécois masochistes et leur gouvernement provincial, aidé en cela par une succession de premiers ministres québécois velléitaires et de gouvernements médiocres.

Ayant raté l'occasion de prendre le pouvoir à Québec et d'y appliquer le programme et les vertus qu'il défendait, pour n'avoir pas vu que la « Révolution tranquille » que ses amis et lui avaient appelée et possiblement hâtée était aux portes, pris de vitesse par une coalition nationaliste-progressiste réunie par les politiciens de métier du Parti libéral, le clan socialo-personnaliste de *Cité Libre* se retrouve en porte-à-faux devant le régime tout neuf de Jean Lesage. (Le « personnalisme » : mouvement philosophique d'aspiration chrétienne à la justice, en réponse au socialisme, inspiré de l'empathiste allemand Max

Scheler et animé par Emmanuel Mounier, fondateur de la revue *Esprit*.) Des ambitieux comme Maurice Sauvé et Marc Lalonde, des hommes sûrs d'eux et dominateurs, pour ne pas dire arrogants, comme Trudeau (et re-Lalonde) se rabattent sur Ottawa, attirés par Lester Pearson (qu'ils n'ont pourtant cessé de couvrir d'avanies) qui a besoin de renforts pour tenir tête à Jean Lesage et à Jean Drapeau.

Ils n'ont pas su cueillir le pouvoir à Québec après l'avoir tant voulu, ils l'exerceront donc ailleurs, gouvernant le Canada (fort mal d'ailleurs, laissant le pays dans un état lamentable fiscalement, économiquement, constitutionnellement et dans ses rapports avec les États-Unis), mais restant surtout et malgré tout un gouvernement québécois en exil.

Le Québec dérive, soit, se prend pour l'Algérie, risque même de déraper dans le nationalisme tiers-mondiste, mais la guérison du malaise passe, selon moi, tout comme le règlement de ses problèmes réels, par la négociation et le réaménagement constitutionnel, non par l'affrontement. C'est ce que j'ai retenu de mon travail avec le constitutionnaliste Paul Gérin-Lajoie, c'est le sens des nombreux discours, plus d'une centaine, que j'ai rédigés pour lui de 1964 à avril 1966 avec ses conseillers, et c'est ce que je continue à écrire dans *L'actualité*.

Le Parti libéral purgé de son aile la plus nationaliste, suite à l'incapacité de René Lévesque de l'orienter sinon de s'en emparer, une réforme constitutionnelle même modeste aurait prévenu la dérive et empêché le Québec de s'enferrer pendant toute une génération dans la poursuite d'un objectif aussi irréalisable que peu nécessaire. Mais, par son attitude, Trudeau nourrissait le PQ et bâtissait le Québec indépendantiste à mesure qu'il l'appréhendait et le combattait. Ce dialecticien et sophiste n'a jamais été aussi fort que lorsqu'il pourfendait les caricatures qu'il faisait de ses adversaires.

Le moment clé de ce régime fut la crise d'Octobre en 1970. Depuis plusieurs années, des groupuscules inspirés par la décolonisation, par des Frantz Fanon, Castro, Che Guevara surtout et même Hô Chi Minh, qu'ils tiennent pour des romantiques, font sauter des bombes et réclament la création d'une république socialiste populaire. Et indépendante, ne serait-ce que parce qu'ils n'ont aucune possibilité de réaliser leur rêve révolutionnaire à l'échelle du Canada. Il y a des blessés, un ou deux morts ; mais parce que le Canada n'est pas une colonie ni une dictature, parce que ses divers gouvernements ne sont pas des régimes totalitaires et procèdent, au terme d'une période d'incroyable développement économique, à un flot constant de réformes, notamment dans les domaines de l'éducation, de l'aide sociale et des services hospitaliers, et parce que les Québécois sont en pleine phase de déconfessionnalisation, les hurluberlus n'entraînent personne. En Italie, en Allemagne, même aux États-Unis, la violence mobilise. Peut-être ce climat international alimente-t-il la peur de Trudeau, peut-être le nouveau premier ministre attend-il simplement un prétexte pour ratiboiser toute la mouvance nationaliste (l'engeance, dira-t-il).

L'enlèvement d'un agent britannique puis celui de Pierre Laporte, un ministre assez falot, pourtant nationaliste et membre de l'Ordre de Jacques-Cartier, ouvrent au French Power une occasion en or. Les terroristes sont déjà presque tous fichés — les services secrets ont même incendié leur camp d'entraînement —, plusieurs ont déjà eu maille à partir avec la justice. Et surtout, ils ne sont qu'une poignée. Pendant trente ans, les membres du clan Trudeau mentiront et prétendront que le coup d'État, la révolution même, menaçaient et justifiaient une action extrême. On a appris depuis de la bouche de plusieurs ministres de ce cabinet, comme les Don Jamieson et les Richardson, ce qu'on avait toujours soupçonné : le gouvernement fédéral savait parfaitement — et il en avait même prévenu Westminster et Whitehall — qu'on avait affaire à des groupuscules et que la situation n'était pas menaçante.

Mais un matin d'octobre 1970, le Canada stupéfait apprend que le gouvernement a suspendu les libertés civiles, mis les médias en tutelle et instauré un régime quasi militaire. On trouvera l'expression exagérée, mais c'est la loi même qui parle de « mesures de guerre ». Pendant plusieurs mois, deux régiments occuperont les points névralgiques de Montréal et d'autres villes, avec blindés à la clé. Tôt ce matin-là, à mon arrivée à Radio-Canada au studio de *Présent* dont j'étais alors l'animateur, un avocat du contentieux veillait déjà, proposant au réalisateur Pierre Lambert d'installer une boucle en différé pour censurer les propos des participants si nécessaire. À leur arrivée, quelques collègues proposent naïvement de démissionner en bloc. Cela réjouirait sans doute le pouvoir. Nous remplacerait-on par des journalistes en uniforme? Je convaincs tout le monde de tenir le fort et Me Taschereau de laisser l'émission se faire en direct.

Cette guerre s'avère avant tout psychologique. Tout comme Jean Drapeau utilise cyniquement la crise pour se faire réélire un mois plus tard, Trudeau met à sa main le jeune nouveau premier ministre du Québec et son cabinet, sans aucune expérience, qui paniquent devant ce qu'ils croient être une contagion des violences allemandes ou américaines.

Cet abus de pouvoir, cette manipulation, cela ne s'oublie pas, cela ne se pardonne pas. Surtout de «personnalistes» censément démocrates-chrétiens qui ne cessaient depuis vingt ans de donner des leçons de morale à tout le monde. Non plus que l'attitude destructrice et dangereuse qui consiste à entretenir, notamment pour plaire à l'électorat canadien («*Just watch me*», prévenait Trudeau), une sorte de guerre civile froide avec le Québec.

Tout cela ne se pardonne pas. À plusieurs reprises, donc, j'avais essayé (par des entrevues, des reportages ou même en éditorial) de démonter le mythe et fustigé vigoureusement cette mise en scène manichéenne. En visite béate en Chine, en 1960, Trudeau y avait appris les vertus du théâtre en politique, n'en gobant pas moins tous les mensonges du régime et ses statistiques bidon (*Deux Innocents en Chine rouge*, de Jacques Hébert et Pierre Elliott Trudeau, Éditions de l'Homme).

On ne me pardonnait pas non plus. D'autant que la plupart des Québécois qui s'opposaient au projet de René Lévesque faisaient bloc autour de Trudeau. J'étais sûrement un séparatiste de placard, et mon opposition à l'intransigeance de Trudeau méritait qu'on me change en poupée de cire et de son, une aiguille plantée dans le crâne. Fin de la parenthèse.

* * *

Vers 1979, donc, peu avant le référendum, le président de Maclean Hunter, Donald Campbell, se trouvait à Ottawa pour discuter de questions diverses, en particulier de permis de radio ou de câblodistribution. J'ai appris quinze ans plus tard que Marc Lalonde lui avait fait comprendre assez clairement son désir de se débarrasser de Jean Paré. À l'époque, il était vaguement question d'interdire la publicité des alcools, comme on l'a fait depuis pour la cigarette. On s'inquiétait davantage des méfaits de l'alcool que de ceux du tabac. Ou bien, avec plus de 50 % de fumeurs, peut-être estimait-on le front électoral du tabac plus périlleux que celui de l'alcool. Or, les distillateurs étaient les principaux annonceurs des magazines, comptant pour près de 15 % des revenus publicitaires.

On ne menace pas un Donald Campbell, un homme d'une honnêteté orgueilleuse et d'une fierté ombrageuse. L'approche de Lalonde l'avait suffoqué, mais il ne me dit pas un mot de cette intervention grossière. Informé de façon contradictoire, tantôt par des observateurs qui l'assuraient que *L'actualité* était une publication rigoureuse et objective, tantôt par des stratèges de club de golf comme Gérard Plourde, président d'UAP et membre du conseil d'administration de Maclean Hunter, il se contenta de me demander, à un conseil de gestion, quelle était ma position sur la question.

« Je suis canadien. Et je suis québécois. Ne me mettez pas dans l'obligation de choisir. Ne plus être profondément québécois et canadien-français, ce serait une sorte d'émigration. Et je n'émigrerai pas. Mais parce que je suis et canadien et québécois, je crois et j'écris qu'il ne faut pas forcer les gens à renier une de leurs appartenances et que la responsabilité des hommes politiques est de résoudre le problème par des solutions négociées. Ce que je reproche à Trudeau, c'est d'utiliser le problème et de l'aggraver. C'est Trudeau qui a élu Lévesque. » Ce n'est que plusieurs années plus tard que j'eus vent de ce chantage préréférendaire. Et jusqu'à aujourd'hui je n'étais pas certain qu'il faille ajouter foi à ces rumeurs. Or voilà que Pérusse non seulement confirme la chose dans ses *Mémoires*, mais y explique une traîtrise de bureau que j'avais toujours prise pour une vacherie personnelle.

Avec Jean Paré, directeur de L'actualité, *avatar improbable de l'ancien Maclean français*, de Maclean Hunter…, je nage en plein mystère. D'aucuns me tiennent rigueur de continuer de fréquenter ce séparatiste forcené. D'autres, qui lui reconnaissent plus d'intelligence, me savent gré de le croire récupérable. Moi, après bien des années, je ne sais toujours pas qu'en penser, sinon qu'il est un journaliste brillant et parfois un peu trop sûr de lui…*

S'il m'arrive de douter de la foi séparatiste de mon ami Jean, ce n'est certainement pas le cas du gouvernement Trudeau à Ottawa. Un jour qu'il vient de rentrer de Toronto en avion, Edmond Ricard [le président d'Imperial Tobacco à l'époque] *me raconte qu'il a fait le voyage en compagnie du président de Maclean Hunter, lequel lui a confié qu'il est soumis à de fortes pressions de la part du ministre Marc Lalonde, me semble-t-il, pour que, à l'approche du référendum québécois, il se débarrasse de Jean Paré à la tête de* L'actualité. *Ricard, pour bien montrer que notre entreprise est parfaitement équipée pour faire face à la situation, lui dit que si quelqu'un au Québec peut l'aider à résoudre son problème, c'est son adjoint Pérusse, qui se fera à coup sûr un devoir et un plaisir de se mettre à sa disposition. Il n'a qu'à me téléphoner, c'est comme si c'était fait.*

Ce n'est pas le pédégé de Maclean Hunter qui m'appelle, mais un certain Gaby Marchand, vaguement rencontré au Royal

---

* *Le Magazine Maclean.*

St. Lawrence Yacht Club, qui croit manifestement, sans la connaître, à la formule magique. Il est bien déçu quand je lui dis qu'à mon avis, Maclean Hunter n'a le choix que de 1) renoncer, si elle n'est pas trop rentable, à la publication de L'actualité, ou de 2) laisser Jean Paré en place dans l'espoir qu'il s'assagira un peu d'ici le référendum — ou après. Pour ma part, je ne peux, dans le contexte actuel de conformisme intellectuel, imaginer quelque remplaçant capable de réunir une équipe de journalistes valables et de produire un magazine tant soit peu intéressant qui puisse trouver grâce aux yeux du gouvernement Trudeau. Même pas moi, pensé-je, qui serais, semble-t-il, accueilli en sauveur, quitte à mettre rapidement L'actualité en faillite…

Ce qui serait bien sûr arrivé !

Pérusse me tenait donc pour un « séparatiste forcené », endossant le point de vue des satrapes du Parti libéral fédéral pour qui toute réserve faisait de son auteur un allié objectif des indépendantistes. Dieu merci, il me croyait « récupérable ». J'aurai donc mangé à quelques reprises, avec la bonne cuisine gasconne de Louis Naud mais sans que ce soit au menu, une bonne dose de mépris.

Administrateur du bureau de Maclean Hunter à Montréal, Gabriel Marchand ne s'occupe pas de *L'actualité*, ni de *Châtelaine*, et je ne relève pas de lui. Ce « gérant de plancher », comme les employés appellent sa sinécure, est membre du Canadian Club, de clubs de golf, de yachting, proche du Parti libéral fédéral, et prétend tenir la direction de Maclean Hunter au courant de ce qui se passe au Québec. Mais il n'a aucune responsabilité dans la direction des affaires. Téléguidé par on sait désormais qui, il entre en contact avec Pérusse.

Ce dernier lui explique (du moins c'est ce qu'il raconte) qu'il n'y a rien à faire. Ou Pérusse me sait moins séparatiste qu'il se plaît à le dire, ou il pense que mieux vaut le diable que l'on connaît qu'un nouveau que l'on ne connaît pas. Malgré les cassoulets et les confits de canard de chez Naud, je n'ai pas la moindre idée de ce qui se trame.

Mais Campbell, nonobstant Lalonde et ses arguments puissamment dialectiques, ne fera rien. Il ne me parlera même pas de ce qui s'est passé. Et ni lui ni aucun des dirigeants de la maison ne me feront jamais la moindre remarque sur les positions que l'on aimerait voir *L'actualité* prendre ou ne pas prendre. À Maclean Hunter, la séparation de l'Église et de l'État, c'est sérieux. En vingt-huit ans passés dans cette maison, je n'ai eu connaissance que d'une seule intervention, publique celle-là, et très justifiée, et après le fait, à *Maclean's* : on avait reproché au rédacteur en chef d'avoir publié en couverture une caricature de Trudeau représenté en rat cerné. Stéphane Dion appréciera.

Pour la première fois en vingt ans, les affaires de Maclean Hunter au Québec vont bien. Alors que *Le Magazine Maclean* avait fermé ses portes avec quatre millions de dollars de déficit accumulé en quinze années de pertes constantes, *L'actualité* fait dès sa première année, en 1977, un léger profit, qui sera multiplié par dix l'année suivante. La diffusion est en forte hausse. Le magazine a été choisi Magazine de l'Année aux Prix nationaux du magazine. Pourquoi se mettre en rogne avec l'opinion publique ? Pourquoi risquer de saborder une affaire profitable ?

Mais sans doute s'impatiente-t-on à Ottawa. C'est Marchand, Gaby de son surnom, qui prend les choses en main…

À mon tour de compléter le récit de Pérusse.

Son intervention, en fait, aura causé la perte de Marchand et consolidé ma position à Maclean Hunter. Un jour, un cadre d'une agence de publicité me rapporte que Marchand délègue un de ses amis directeur des programmes à Télé-Métropole (aujourd'hui TVA) auprès de divers publicitaires pour les convaincre d'affamer *L'actualité* tant que Paré n'aura pas été limogé ! Que c'est le succès du magazine qui me tient en place.

J'en informe mon éditeur et mentor. « *I'll cut him at the knees !* » dit cet homme qu'en trente ans je n'ai jamais vu en colère. Quelques jours plus tard, sans explication, le vice-président de l'administration des immeubles et celui des publications commerciales débarquent de l'avion de Toronto à la première heure, se présentent au bureau de leur subordonné, lui en réclament les clés et celle des toilettes et l'accompagnent à la porte. Fin d'une époque.

Séparatiste forcené, écrit Pérusse. Drôle de péquiste, qui fut le seul éditorialiste à s'opposer, comme lui, à la loi 101, surtout parce que je l'estimais mal faite, ce qu'allaient confirmer les tribunaux, et inefficace, ce qui ne devait pas être entièrement faux s'il faut en croire ceux qui pensent que le français est plus en péril que jamais. Drôle de militant qui écrivait en 1980, à la veille du référendum, qu'il faudrait prendre le résultat au sérieux quel qu'il soit et en tirer une conclusion définitive. Qui passait et passe toujours pour un vilain fédéraliste auprès des indépendantistes et pour un dangereux franc-tireur auprès des fédéralistes. Il ne fait pas bon être athée ou même laïque dans une société qui reste religieuse longtemps après avoir oublié ses prières et n'a, au fond, que changé de culte.

Successivement journaliste populiste, marxiste, militant puis permanent syndical, et subitement relationniste patronal, Pérusse a toujours adhéré avec passion à ses fois et ses églises successives. La corruption, la violence, les mœurs de chacal de la FTQ et des autres centrales qu'il décrit dans son livre ne l'empêcheront pas d'y rester neuf années, comme un bon militant. Depuis toujours adversaire intransigeant du nationalisme, il n'en sera pas moins candidat malheureux à un poste dans la fonction publique de l'Union nationale, puis agent d'information à la plus nationaliste des sociétés d'État, la Sidbec-Dosco de Jean-Paul Gignac. Chez Imasco, il partagera la foi capitaliste de sa nouvelle église. Aujourd'hui, après l'avoir défendue, il admet, comme désormais tout le monde, que la Loi sur les mesures de guerre était un abus de pouvoir.

Marc Lalonde publiera-t-il un jour ses mémoires?

Mercredi 17 janvier

L'État achetait des entreprises et des emplois à coups de subventions pour améliorer les statistiques du chômage et, ipso facto, son image. Voici qu'il achète aussi les gens pour occuper les emplois. Dorénavant, il y a aura à l'université deux classes de professeurs et de chercheurs : ceux qui paient leurs impôts et ceux qui bénéficient d'un « congé fiscal ». Le ministre des Finances et futur premier ministre est tout fier. Le recteur de l'Université de Montréal, qui éprouvait de la difficulté à recruter des chercheurs « top niveau », comme on dit à TV5, est tout content.

Depuis plusieurs années, les universités et les entreprises américaines viennent recruter sur les campus canadiens, y compris au Québec. La chose est d'autant plus facile que la plupart du temps ces savants ont étudié aux États-Unis, souvent avec des bourses gouvernementales.

Les États-Unis connaissent le plein emploi et même une pénurie de chercheurs, pendant que, au Canada et surtout au Québec, on a comprimé de façon catastrophique les budgets des universités. Les salaires payés aux États-Unis sont supérieurs de 50 %, parfois davantage, à ceux que versent les institutions canadiennes. Et on parle de dollars aux stéroïdes. L'impôt est moindre, les taxes foncières en sont déductibles. Les facilités de recherche et le milieu sont incomparables, sans compter la possibilité de travailler avec l'industrie, options et avantages financiers en prime. À tout cela, on oppose qu'il faudra travailler en anglais, mais c'est souvent le cas ici aussi pour les catégories de gens concernées. Ou que les services de santé et l'éducation sont gratuits au Canada et très chers aux États-Unis. Avec une différence de rémunération de plusieurs dizaines de milliers de dollars au moins, on peut payer bien des assurances et bien des frais de scolarité.

Le gouvernement québécois a donc décidé d'offrir dans certaines disciplines une exonération fiscale aux émigrés qui accepteront de rentrer au pays. Autrement dit, on récompensera ceux qui n'ont pas partagé la tâche de leurs collègues ni contribué à leurs travaux ou à la qualité de l'université. On paiera mieux les chercheurs étrangers. On aura des gens dotés d'un statut différent pour le même travail : je me suis échiné des années à maintenir la qualité de la recherche et de l'enseignement et je verserai la moitié de mes revenus en impôts, alors que mon collègue se paie ma gueule.

Cette démarche offense la justice et la démocratie. Dans les sociétés occidentales, la charge des dépenses publiques est partagée en vertu de règles censément les mêmes pour tous et, théoriquement, au prorata des revenus. À salaire égal, impôt égal. Ces employés n'avaient pas droit de vote ici quand ils habitaient l'étranger ; ne payant pas leurs impôts, pourquoi le retrouveraient-ils ? pourquoi bénéficieraient-ils du système d'assurance-maladie ? De la gratuité scolaire ? Le gouvernement n'est pas novice en matière d'acrobaties intellectuelles et administratives : ainsi, ne réembauche-t-il pas à grands frais les fonctionnaires, les médecins et les infirmières qu'il soudoyait il y a trois ans pour qu'ils partent à la retraite avant l'heure ?

Nous n'avions pas le choix, explique le recteur de l'Université de Montréal. Nous avons de graves problèmes de recrutement. Bien sûr. Mais ces problèmes n'indiquent-ils pas tout simplement que les universités sont sous-financées, que les professeurs sont mal payés et que la fiscalité québécoise est abusive ? Que le Québec devrait cesser d'être seul en Amérique du Nord à avoir le pas ? Au lieu de s'attaquer aux causes, on ouvre la porte à une société de privilèges et de castes.

Moralité : jeunes gens, en sortant de l'université, allez passer quelques mois ou quelques années à l'étranger. Et faites-vous prier pour rentrer. Vous serez mieux traités que vos collègues qui sont restés ici.

Jeudi 18 janvier

J'ai pu constater une fois de plus que les difficultés des hôpitaux (et de leurs clients) sont un problème de gestion autant que de ressources, principalement de gestion du temps. Pourquoi la cantine vous coupe-t-elle l'appétit ? Pourquoi les ascenseurs sont-ils si vétustes et si inefficaces ? Ce sont des malades,

des inquiets, des handicapés que l'on convoque tous pour la première heure et que l'on entasse dans des salles inconfortables ou des couloirs pour attendre leur tour des heures, au lieu de bâtir un horaire et de s'y tenir. Après des années, on doit avoir une idée assez juste du nombre de personnes que les médecins peuvent voir en une heure. Pourquoi convoquer à huit heures du matin des gens dont on sait qu'ils attendront encore au milieu de l'après-midi ? Pas un salon de coiffure, pas un cabinet de comptables n'a de salles d'attente aussi moches et aussi sales, de fauteuils aussi bancals et inconfortables qu'en a une clinique. Dans les institutions publiques, le malade, le contribuable, le détenteur de permis n'est pas un client : c'est la matière première que l'on entrepose avant qu'elle fasse tourner le bureaucrate...

Les administrations des hôpitaux sont des corps élus, en principe, par les employés, les bénéficiaires et la population. Vous connaissez quelqu'un qui a déjà participé à ces élections ? Qui a voté à ces élections sous prétexte d'être allé à l'hôpital ? Les seuls intéressés sont les syndicats et les fournisseurs. Mais de cela, nul ministre, nulle commission d'enquête ne parle.

∗ ∗ ∗

Notre fille a eu de son médecin l'assurance que la résection de son carcinome épithélial était complète, qu'il n'y avait pas d'extension musculaire ni de métastase. Tous ses tests sont normaux. C'est ce que prévoyait le chirurgien, c'était l'issue la plus probable, selon tous les textes médicaux, mais comment vivre avec cette menace, avec l'angoisse, la crainte d'un enfer de procédures médicales ?

« Je suis fatiguée d'être forte, brave... », dit-elle.

La vie, un jour ou l'autre, n'est plus comme avant.

Vendredi 19 janvier

La Cour suprême a confirmé hier la condamnation à perpétuité de Robert Latimer, coupable d'avoir asphyxié sa fillette lourdement handicapée. Dès ce matin, le débat sur l'euthanasie a repris, abondamment nourri par ce drame. Les défenseurs de l'euthanasie reprochent aux juges de punir Latimer plus lourdement que la meurtrière perverse Carla Homolka, qui a acheté la légèreté de sa peine en témoignant contre son complice Paul Bernardo, dans un de ces trocs répugnants auxquels la Justice ne répugne pas.

Pourtant il n'est pas ici question d'euthanasie, du moins pas comme la décrivent ceux qui en défendent la légalisation. L'euthanasie, selon les nouvelles lois néerlandaises, est pratiquée par le personnel médical à la demande du malade et après consultation auprès d'autres médecins. Le geste de Latimer ressemble davantage à celui du médecin anglais qui décidait seul si ses patients devaient vraiment vivre. Et nul ne sait exactement quelles étaient ses motivations. Épargner des souffrances terribles à sa fille, assure-t-il. Ou se débarrasser d'un fardeau dont on ne peut nier qu'il devait être abominable ?

Pouvait-il avoir l'aide d'un médecin ? Cette fillette n'avait-elle qu'un père, ou toute une famille ? La mère était-elle d'accord, ou l'a-t-il trompée ? Il aurait été plus difficile de condamner les « coupables » s'il s'était agi d'un conseil de famille au complet. Sauf à confondre avec le meurtre, cela n'est pas de l'euthanasie.

À la fin de l'après-midi, téléphone de la petite famille, qui me donne l'heure de son retour et le numéro de vol de dimanche soir... Ils rentrent de quelques jours de vacances dans le nord de la Nouvelle-Zélande. Trop courtes, disent-ils. Ils ont eu si peu de temps, trop peu... La théorie de la relativité s'applique aussi à l'absence. J'ai l'impression, moi, qu'ils sont partis depuis des mois.

Dimanche 21 janvier

Il *signor* Bice, directeur d'un grand hôtel de Venise, m'avait fait visiter avec plus d'explications qu'il n'est d'usage le *palazzo* du XVIe siècle qu'occupe son établissement, le Danieli, si ma mémoire est bonne. La rénovation d'une seule chambre, astreinte à d'innombrables exigences des services de protection des monuments culturels, prenait des années, me racontait-il. Il ne semblait pas s'en émouvoir, fort d'un principe que lui avait légué sa *mamma* et que j'ai retenu, le trouvant fort sage : pour avoir une belle maison, il faut y faire une petite chose tous les jours pendant toute une vie. Après quelques générations, on a une *casa bella*.

Je ne sais pourquoi, sa belle vieille petite idée a ressurgi dans ma tête ce matin. Pour la première fois de ma vie, mon temps est italien. Ou vénitien, comme on voudra. Mon changement de statut appelé retraite me permet de m'occuper aujourd'hui d'une serrure, demain d'un tiroir, après-demain d'un encadrement, sans avoir à me précipiter pour terminer ma liste de choses à faire avant la fin du week-end ou des vacances. Ces listes sont infinies, de toute façon, ou s'allongent sans cesse. *Tutta la vità.*

Lundi 22 janvier

Vu en vitrine la dernière couverture de *Time*... Inspirée par le départ de Lucien Bouchard, la direction du magazine a choisi pour cette couverture (strictement canadienne, introuvable dans le reste du monde) une pierre tombale grise portant l'inscription *Separatism R.I.P.* Le Canada peut dormir tranquille.

Voire ! Bien des partis survivent au départ d'un homme, surtout s'il n'en est pas le fondateur. Le Parti québécois a survécu à la disparition de René Lévesque et à la déconfiture de Jacques Parizeau. Qu'on l'appuie ou non, il faut reconnaître qu'il est né de revendications réelles qui n'ont pas disparu. Le parti survivra à la démission de Lucien Bouchard — dont on verra mieux, quand sera dissipé le début de mythe qui émane toujours de ce que fait la télévision, qu'il aura été un premier ministre de routine et une péripétie dans l'histoire du Parti québécois. La presse du Canada anglais exagérait à dessein son autorité, sa popularité et son charisme.

Il plaît aux adversaires de l'indépendance du Québec de croire ou de faire semblant de croire qu'elle ne repose que sur le charisme d'un homme providentiel. Cette idée réduit tout le projet, en inquiète les partisans et en rassure les adversaires. Elle infecte aussi les militants du Parti québécois et l'ensemble des électeurs. Ne trouvent-ils pas déprimant de penser que leur idéal ne peut triompher que par la démagogie, ne se réaliser que dans les bagages d'un individu, d'un tribun? Si le Canada ne pouvait exister que par la grâce d'un Trudeau, d'un René Lévesque anglophone, d'un Perón boréal, qu'en dirait-on? que ce n'est pas un pays naturel? Au fond, rien ne peut arriver de mieux au Parti québécois que d'être dirigé par des hommes ordinaires, car sa survie serait beaucoup plus inquiétante pour le reste du Canada, pour le pays et pour le fédéralisme s'il était dirigé par un Jean Charest.

Pourquoi *Time* tombe-t-il dans ce panneau?

Par démagogie et nationalisme combinés. Depuis que la religion ne fait plus recette (hors des États-Unis), le patriotisme est « *the last refuge of the scoundrel*», pour paraphraser le mot de James Boswell. *Time* mène une guerre sans merci à *Maclean's*, et les deux publications brandissent la feuille d'érable à qui mieux mieux. Au Canada, *Time* n'est pas le magazine que lisent les Américains ou le reste du monde, mais une « sélection» parfumée à l'érable puisque l'objectif est de vaincre le seul « *news*» canadien. *Maclean's* s'est lui aussi réfugié dans le cantique patriotique, mais il n'est le magazine « national» que du Canada anglais — le Québec n'existerait pas, en effet, que ce magazine ne serait pas différent d'une ligne.

Retour des enfants, arrivés à Dorval hier soir, chargés de bagages, bronzés et apparemment reposés malgré plus de vingt-sept heures d'avion depuis Auckland. Air Canada a annulé sans explication le troisième fauteuil qui avait été réservé, comme à l'aller d'ailleurs, pour la petite. On ne fait pas le demi-tour de la Terre avec un enfant de quinze mois sur les genoux. Ce qui ne veut pas dire que les bébés voyagent gratuitement : aujourd'hui, en avion, on paie pour voyager sur les genoux des parents. Naguère, l'avion était un luxe. Aujourd'hui, le luxe est de s'en passer, l'avion tenant du conteneur.

L'aéroport immensément désert à minuit rappelle-t-il à la petite les plages qu'elle vient de quitter ? Elle court à jambes que veux-tu entre les valises, un peu indifférente pendant quelques minutes à ses quatre grands-parents. Je me posais depuis quelques jours la question : à seize mois, après un hiatus qui correspond au cinquième de toute son existence, reconnaî-tra-t-elle les gens qu'elle a laissés ici ? Je suis attentif à ce qui est du souvenir et de la découverte. Son premier réflexe en est un de recul devant les deux tignasses grises et ébouriffées qui se penchent au-dessus de la poussette dont elle est impa-tiente de s'extirper. Mais sitôt chez elle, il est clair que la mémoire des lieux, des choses et des gens est entière. Tous ses réflexes habituels sont instantanés. Visite de ses aîtres, la grande fenêtre d'où l'on voit arriver les visiteurs, l'escalier, le piano, le frigo bien sûr. Phénomène curieux, une fois l'inventaire terminé, elle fait le tour de la maison à quatre pattes, elle qui marche depuis des mois. Puis, à table, elle se fait nourrir à la cuillère alors qu'elle insiste toujours pour manger seule. Comme pour reculer le temps de quelques semaines, repartir d'où elle s'en est allée.

Elle ne prononce encore que quelques onomatopées, mais n'en a pas moins un langage complexe et très fonctionnel : non seulement elle comprend tout, mais par le geste, le sourire, les froncements de sourcils, des mines diverses, quelques sons, elle sait demander exactement ce qu'elle veut, opposer un refus, poser une question. Elle sait faire rire, faire accepter ses caprices, plaire, aguicher.

La mémoire est vaste, précise, et pourtant, elle oubliera un jour le moindre détail de ce voyage et de ces retrouvailles, puisque nous ne gardons généralement aucun souvenir de ce qui nous est arrivé avant l'âge de deux ans. Existe-t-il, comme pour les dents, une « mémoire de lait » qui ne sert qu'à aménager et à structurer l'espace de la mémoire permanente, et qui s'évanouit à la fin de l'enfance pour que tout ce qui était utile au bébé soit remplacé par ce qui sera nécessaire à l'adulte? Permanente est un bien grand mot quand il s'agit de la mémoire. Même si on trouvait les moyens de n'oublier rien, ne s'agirait-il pas toujours que de la mémoire de la mémoire et non pas de l'original? La nuit nous ramène tous à la maison. C'est demain, ou plus tard, que nous fêterons Noël et reprendrons le temps perdu, pour ainsi dire. Car le temps est toujours perdu, il ne peut être que perdu, comme les deux mois laissés aux antipodes.

Mercredi 24 janvier

Bernard Landry baigne dans le bonheur. Sa conclusion qu'il n'y a pas d'obstacle à sa candidature et sa décision d'«accepter» sont pur théâtre, et ses hésitations un simulacre: quarante ans d'attente et voilà enfin le but à portée de la main! La nouvelle me fait un petit velours. C'est ce que j'avais prévu et dit à la télévision il y a deux semaines, à l'encontre des spécialistes qui annonçaient un congrès et une «course» à la direction, sous prétexte de permettre un «débat» de fond.

Les congrès sont l'affaire des partis d'opposition déchirés sur les raisons de leur insuccès et qui cherchent à adapter leur programme aux vœux de l'électorat ou à faire accepter les déviations aux militants. Et les partis au pouvoir n'en tiennent le plus souvent que pour occuper le plus d'espace médiatique possible et faire mousser la notoriété d'un nouveau leader. Quant aux débats de fond, les socialistes se demandent-ils si le socialisme est une bonne idée? Et les indépendantistes si l'indépendance est souhaitable? On n'y discute guère que de tactique.

Cela me confirme aussi dans l'idée que, à vivre trop près des acteurs sur la scène du théâtre du pouvoir, les journalistes politiques sont hypnotisés par le jeu des comédiens, fascinés par les détails et perdent de vue l'ensemble du spectacle. Ils prévoient un congrès? Non, ils le souhaitent, comme le journaliste sportif souhaite les compétitions et les jeux dont il vit.

Je trouve assez comique cette explosion d'ambition crue, de haines rentrées soudain à vif, de coups fourrés, de revanches, sitôt le Numéro Un parti. Ce qu'on appelle l'unité des partis n'existe pas : ce sont des coalitions d'ambitieux où le calme ne règne que si le leader dispose des appuis nécessaires pour expédier dans le néant ceux qui ne savent pas attendre.

Landry était prêt. Fin prêt. Depuis des décennies, bien sûr, mais aussi depuis plusieurs jours sinon quelques semaines. Les premiers sondages sont apparus dans les quarante-huit heures qui ont suivi la démission de Lucien Bouchard, révélant une avance qui ne pouvait manquer dès lors de croître. Détaché tôt du peloton, Landry allait rapidement apparaître comme « celui qui a assez d'appuis pour menacer tous ceux qui ne se rangent pas ». Militant depuis quarante ans, pilier du parti depuis trente, tsar de l'économie, vice-premier ministre, présent à tous les créneaux comme Madeleine de Verchères, il doit montrer rapidement que toute course est ridicule.

Bien sûr, congrès il y aura, mais quelques mois avant les élections, pour renforcer un parti qui a frôlé la catastrophe aux dernières et qui devra affronter un électorat qui ne gagne guère davantage qu'il y a quatre ans, qui ne paie pas moins d'impôts et pour qui les bons emplois restent rares. On espère sans doute que les électeurs seront rassurés par la présence au pouvoir d'un « économiste », tout « Option » qu'il soit. (Pourquoi personne n'a-t-il signalé cette curieuse habitude qui consiste à dire l'Option pour l'Indépendance?)

Ce qui est moins rassurant, c'est que le parti de rechange ne soit dirigé que par un Charest, une sorte d'homme invisible qui ne se manifeste que pour tomber du mauvais côté de toutes les questions et à contretemps : qu'il s'agisse des fusions de municipalités, des querelles de drapeaux, des projets de réforme constitutionnelle. Il est sans doute un tenant de la théorie selon laquelle on ne prend pas le pouvoir mais le pouvoir se défait lui-même et il suffit de savoir attendre. Mais Charest ne décolle pas et il ne faut pas s'étonner que depuis un an des *missi dominici* recrutés dans de grandes agences de communication procèdent à des consultations (même auprès de simples journalistes, comme moi) pour évaluer divers candidats à sa succession et divers scénarios.

Jeudi 25 janvier

Grand fracas d'assiettes brisées. Ce sont les pieds de Bernard Landry. Des pieds énormes et des assiettes grandes comme le Canada. Il n'y a pas vingt-quatre heures qu'il est candidat officiel à la direction du Parti québécois et du gouvernement, après une semaine où il a brillamment éliminé tous ses rivaux, qu'il commet une gaffe non moins brillante. C'était inévitable : la simple vue d'un micro provoque chez lui une éjaculation précoce de la parole. Et de la pensée. À la fois acteur et commentateur, politicien et journaliste, il devra sa perte à sa facilité logorrhéique.

En guerre permanente contre le gouvernement fédéral (et sans doute pour convaincre les militants qu'il n'est pas moins bagarreur que ses trois prédécesseurs), Landry a qualifié le drapeau canadien de chiffon. En l'entendant aux nouvelles télévisées hier soir, je me disais qu'il allait faire la manchette des journaux *a mari usque ad mare*. Devenir instantanément le sujet de mille éditoriaux indignés. Et que ses adversaires fédéraux allaient hérisser de clous une poupée Landry, comme des adeptes du vaudou. C'est le traitement qu'ils ont réservé à

Jacques Parizeau, le soir du référendum de 1995. Je me disais qu'il réédite, à son détriment, l'épisode monté en épingle par le Parti québécois et les journalistes indépendantistes du fleurdelisé piétiné par quelques voyous à Sault Ste. Marie. Qu'il ne se débarrassera pas facilement de l'image, vraie ou fausse, de politicien chauvin, intolérant et xénophobe qu'il n'est pas mais qu'on va lui coller.

Et bien sûr, ce matin, il fait la une des quotidiens anglais. Les animateurs de radio simulent l'indignation pour mieux la provoquer. Ils sont déjà en campagne référendaire. Dans la guerre civile froide, le chef du clan québécois s'est tiré dans le pied. Si Lucien Bouchard enseignait, il dirait à son brillant élève de copier dix-huit millions de fois : je vais désormais fermer ma gueule quand je n'aurai rien à dire.

Car l'événement d'importance cosmique qui a provoqué cette gaffe est une exigence du gouvernement fédéral, qui n'accepte de verser une contribution de dix-huit millions de dollars à la rénovation du zoo et de l'aquarium de Québec qu'à la condition expresse que tout l'affichage y soit bilingue, au mépris de la loi québécoise. Le piège était pourtant visible de la Lune, comme la Grande Muraille, cet ultimatum fédéral étant annoncé au moment même où les états généraux du français sont réunis !

Et les bonnes réponses ne manquaient pas : le gouvernement fédéral veut faire éclater une crise linguistique à l'occasion de ces audiences ; le gouvernement fédéral exige que l'on contrevienne à une loi dont la légitimité est reconnue par la Cour suprême ; il subventionne déjà toutes sortes d'institutions, théâtres, universités, hôpitaux, écoles, sans exiger que l'affichage y soit bilingue, pourquoi est-ce différent cette fois ? Le Canada est plein, *coast to coast*, de lieux et d'institutions qui bénéficient des largesses fédérales et qui n'affichent pas un mot de français. Et cetera. Avant d'ouvrir le bec, le premier ministre en puissance aurait pu en commander un répertoire, ridiculisant les guérilleros de la chicane, montrant la mesquinerie de ses adversaires.

Mais surtout, les Québécois paient des impôts comme tout le monde, n'est-il pas injuste de réserver les subventions aux habitants des autres provinces? N'ont-ils droit aux sommes qui leur reviennent que s'ils se plient aux diktats d'un parti politique? Les ministres fédéraux du Québec oublient qui les a élus. Et cetera.

Trop tard. Et Jean Charest aurait pu marquer des points et s'insérer entre Dion et Landry. Trop lent, trop tard.

Vendredi 26 janvier

Le sociologue Robert Sévigny raconte, à l'occasion du dîner d'anniversaire d'une connaissance commune, une de ces histoires à la mode et qui sont censées refléter la psychologie d'une société, ou du moins la perception que l'on en a et la critique que l'on en fait.

Celle-ci suppose que le Christ, las de son ennuyeux concert de harpes, ou prenant au sérieux ses responsabilités de superviseur du chaos dans lequel il a flanqué ses créatures, se fait touriste. Son agence de voyages lui a vendu un voyage à Montréal plutôt qu'à Mykonos, Paris ou Las Vegas. «Comment ai-je pu inventer une saison pareille! Tant qu'à m'être trompé, dit-il, voyons un peu comment les classes populaires survivent à l'hiver…» et il entre dans une taverne où se trouvent déjà trois buveurs — et c'est la loi du genre: un Américain, un Italien et un Québécois. Il les salue, leur offre une tournée et s'assoit.

Après la traditionnelle séance d'analyse de tout ce qui va de travers sur cette terre, de dénonciation des «ils» de tout acabit qui en sont responsables et des solutions pourtant si évidentes, le Christ, familièrement devenu Jay Cee pour ses nouveaux copains, repousse son verre vide et dit au revoir à l'Américain en lui mettant la main sur l'épaule.

«*God bless you, man.*»

«*Miracle!*» s'écrie l'Américain. Et il explique au visiteur que l'épaule ankylosée et douloureuse qui le fait souffrir depuis vingt ans et l'empêche de travailler est soudain guérie.

Puis le Christ tapote la tignasse de l'Italien pour lui dire adieu à son tour. Et à son tour l'Italien s'exclame :

« Miracolo ! Mon épouvantable migraine a disparu ! »

Et, pendant que le Christ déjà se tourne vers le Québécois, ce dernier s'écrie :

« Toi, approche-moé pas. Je suis sur la CSST. »

On se demande toujours, et, bien entendu, on n'a jamais la réponse, qui a inventé ces paraboles qui atteignent une sorte de perfection dans l'archétype. Racontées des centaines de fois, adaptées, remaniées, colorées, traduites, déformées, elles traversent les frontières, font le tour de la planète aussi vite que les nouvelles des catastrophes. Je me souviens d'en avoir inventé une de toutes pièces qui l'après-midi même me revint de Québec au téléphone.

Celle-là devrait être affichée au site Internet de la Commission de la santé et de la sécurité du travail.

Samedi 27 janvier

Landry encore.

Le drapeau canadien est un chiffon rouge. Les politiciens fédéraux ne sont pas aussi scandalisés qu'on le pense, non plus que cette partie de l'opinion canadienne-anglaise qui pense la même chose du fleurdelisé. Mais, en politique, c'est du bonbon. La question n'est pas de savoir s'il l'a dit ou pas, c'est signé. Ni si c'est bien ce qu'il voulait dire. L'important, c'est ce que les gens entendent et veulent comprendre. Et les explications du leader indépendantiste sont boiteuses. Avec plus de connaissance des médias et un bon *spin doctor*, il se serait contenté de s'excuser : désolé, je l'ai dit, je n'aurais pas dû le dire, de toutes façons je ne le pense pas. Mais vous me connaissez, je suis impétueux…

Dans les médias, faute confessée, même gravissime, est faute quasi pardonnée. En tout cas vite oubliée.

Bouchard était soupe au lait, sombre, parfois hargneux. Landry est impétueux. Il fonce comme un taureau sur... les chiffons rouges. Comment a-t-il imposé sa candidature si facilement? Selon la méthode de sir Jack Pitman de *England England*, la délicieuse sotie de Julian Barnes. Ce magnat de la promotion, de la publicité, des finances et de la politique, qui réussit dans le roman à se tailler un protectorat personnel en détachant l'île de Wight de l'Angleterre pour y créer un parc d'attractions qui est une Angleterre miniature autonome — oui, séparée! —, répond à ses cadres qui lui demandent comment réussir les coups impossibles qu'il leur demande de faire : « On le fait en le faisant.» *You do it by doing it.*

Bouchard devenu invisible depuis sa démission, Landry est devenu premier ministre en faisant le premier ministre, annonçant son programme, décrivant des lendemains qui chantent, promettant les ministères à tout un chacun et donnant l'illusion du mouvement et du pouvoir.

À quoi ressemblera la prochaine rencontre des premiers ministres des provinces? Landry prétend négocier une association économique entre nations dans une structure confédérale. Imaginons un chef d'État européen qui rencontrerait ses homologues à Bruxelles après avoir qualifié leurs drapeaux de chiffons...

En fait, tout ce discours associationniste n'est que foutaise, *muleta* destinée à cacher l'indépendance aux bovins électoraux, à la faire avaler aux électeurs québécois qui en craignent les répercussions économiques et à ceux, très nombreux, qui tiennent le Canada pour leur légitime héritage. La stratégie était peut-être sincère chez le René Lévesque de la souveraineté-association et du «beau risque», mais maintenant que le Canada anglais répète depuis vingt-cinq ans qu'il ne veut pas de ce pâté mi-castor mi-alouette, ce ne peut être qu'une tactique pour plaire aux nationalistes qui veulent garder le Canada, mais se débarrasser des Anglais. Cette attitude est superbement illustrée par le propos d'un participant à un *focus group* auquel

Alain Giguère m'avait invité au printemps de 1995, avant le référendum. Parlant des Anglais du Québec, ce citoyen disait : « Un jour, la visite va repartir. » Quelle visite ! Incrustée pendant deux cent cinquante ans ? Et si partie qu'elle serait peut-être un jour, sa langue, elle, restera. Dans un monde qui a adopté l'*anglespéranto*, qui donc est la visite ?

Dimanche 28 janvier

Un trou de soleil dur dans un ciel bleu. Deux heures de ski dans un paysage d'ONF, au parc d'Orford, où je n'avais pas mis les skis depuis une douzaine d'années, pour cause de manque de neige, mais aussi d'ennui sur ses pistes sans surprise et sans variété.

On semble y avoir beaucoup investi. Les sentiers sont superbement tracés et entretenus sur de larges avenues nivelées au bulldozer, une sorte de gymnase de ski conçu pour l'entraînement ou les concours. La forêt, cependant, est à l'abandon : un abatis d'arbres chancreux, tombés ou penchés sur leurs voisins, qui vont périr à leur tour. Un gaspillage de milliers de tonnes de bois dur, de l'érable surtout, particulièrement vulnérable aux blessures, du bois qui recueilli à temps aurait pu servir à chauffer des indigents, sinon à la construction et à l'ébénisterie. Seuls les bosquets de pruches, ici et là, ont encore un air de forêt. Ce cimetière forestier, cette succession de chablis inesthétiques gâche ce que le parcours pourrait avoir d'agréable. Il n'en coûterait à peu près rien d'offrir le bois tombé ou malade, sous réserve de respecter un protocole de coupe et de nettoyage, aux forestiers et commerçants locaux, qui pourraient se payer en le revendant.

Quelle est la justification officielle de cette négligence ? Sans doute que, dans un parc, on laisse faire la nature ! Mais Orford est un parc de récréation, presque un parc urbain, avec sa station de ski, ses campings et ses plages, son golf et ses installations sportives, la « route verte » des bicyclettes, le centre musical. D'ailleurs, les bois qui entourent ce dernier et le golf sont parfaitement entretenus. Dans ce pays, l'incurie et l'indigence se réfugient dans l'écologie ! Et, inversement, l'insouciance envers le milieu naturel se camoufle derrière l'indigence et le manque de fonds. Quelle chance que la pauvreté !

Lundi 29 janvier

La forme revient. Pas les poumons. Mais avec deux jets de salbutamol, ça va. Je suis parti deux minutes après que la neige a cessé de tomber, et déjà il y a des traces de chevreuils. Un petit grincement du ressort de ma fixation les alerte et je ne les verrai pas. Comme d'habitude, si je reviens sur mes pas, je constaterai qu'ils m'ont suivi, un truc qui semble les amuser.

Une quinzaine de cerfs ont leur petit ravage dans le bosquet (non, on ne dit pas « boisé ») derrière les grands pins. La nature, paraît-il, sait ce qu'elle fait : mes voisins cervidés ne sont sûrement pas d'accord qui ne peuvent plus circuler dans la neige désormais profonde, contrairement à l'orignal municipal, et commencent leur long jeûne, guettés par les chiens et les coyotes qui aiment bien le léger verglas qui les supporte sous les flocons de cette nuit. Les lièvres aussi se méfient : les traces de leurs bonds sont espacées de trois mètres. La neige des sapins — comment éviter les clichés ? — emplit le col de mon coupevent au passage. Je pense au mot « cliché », qui me fait sourire : c'est à Paris que l'on trouve la rue des Blancs-Manteaux, pas ici malgré la langue de bois (de neige ?) des médias. La pratique du ski est excellente pour le français : conseillons-la aux pigistes.

Mardi 30 janvier

Parlant de langue, j'ai inventé un nouveau divertissement, machinalement : « la picote linguistique ». C'est en buvant mon café noir, le matin, que je lis les journaux. Il réveille à la fois l'animal et le citoyen. Et l'esprit critique. N'ayant pas de crayon sous la main pour noter une horreur, pas une coquille ou une erreur de typographie, mais un passé défini tout à fait nouveau : « il coura » (oui, du verbe « courir »), je l'ai mouillée de café du bout de la cuillère pour la repérer ensuite facilement. (On n'a pas été impunément pendant quarante ans lecteur professionnel de textes soumis pour publication. Je collectionne ces perles pour mon « musée des horreurs » en prévision d'éventuels ateliers de formation, ou juste pour faire rire.) Un matin, la lecture terminée, la page était constellée de picots, comme une belle rousse. Mais, certains matins, c'est plutôt dégueulasse. Parfois, il faudrait renverser toute la tasse.

Aujourd'hui, un magnifique crapaud : comme, à l'école de journalisme, on enseigne à ne jamais écrire « dit-il », quoi qu'aient fait Balzac, Dumas, Hugo ou Zola, les substituts fleurissent comme des pissenlits. Voici donc, aussi incroyable que cela puisse paraître : « redonde-t-il » ! Car de jeunes journalistes à qui j'expliquais qu'on ne peut utiliser des expressions comme « coupa le président… divergea la ministre… débite le client… décompose l'analyste » sans faire sourire m'ont assuré que, à l'école de journalisme, on leur enseignait à éviter la plate incise « dit-il » pour éviter la répétition. C'est pourquoi, dans les journaux et revues, plus personne ne parle normalement : on clame, on décoche, on lance beaucoup. Récemment, j'ai ajouté « clowna-t-il » à mon musée. Ç'aurait été bien dans un article sur le clonage. J'aime aussi : « Passionnant, enthousiasmait le critique. »

Dans un journal, il suffit de quelques semaines pour enseigner à un débutant le moindrement doué le *journalais*, mélange de clichés, de jargon et d'anglicismes. Mais comment et où aurait-il appris le français ? Comment apprend-on une langue ? Chez ses parents principalement, et ensuite à l'école. Aujourd'hui, en plus, par les médias, surtout la télé et la pub. Mais on n'enseigne pas ce qu'on ignore. Les parents d'ici ont la curieuse habitude de parler « bébé », pensant que c'est là une sorte de langue naturelle, « de naissance », que les enfants comprennent mieux. L'école, passons… La télé et la radio sont devenues la citadelle des « camiques » et des piapiateurs. Quant à la pub, plus c'est moche, croit-on, plus ça vend. C'est le « parler bébé » des scripteurs d'agences.

Une fois par semaine, je lis un ou deux journaux ou magazines français, ceux-là mêmes que l'on dénonce à cause de quelques mots en « *ing* ». Mais quelques lignes de Jean-François Revel, de Lampron ou de Françoise Giroud permettent de se remettre les neurones linguistiques à l'endroit et de se rassurer : le français est bien vivant et n'invente pas moins de mots et d'expressions modernes que l'anglais. Encore faut-il le connaître…

FÉVRIER

Jeudi 1er février

Vu à la télévision : le gros Ariel Sharon qui joue les pères de la nation pour les caméras au volant de son tracteur dans sa ferme du Néguev arrachée au désert. Image très électorale du soldat pionnier. Sabra, héros de la guerre du Kippour, instigateur présumé des massacres de civils à Chatila et Sabra, bête noire des Palestiniens et des pacifistes, le général est candidat d'ultradroite au poste de premier ministre. Hélas ! Il va gagner, mais au fond cela est peut-être bien, puisque ainsi les choses seront plus claires : on verra mieux que les simulacres de pourparlers sont surtout destinés à apaiser l'opinion internationale. D'ailleurs, plus personne ne parle de négociations ; désormais on dit « le processus », ce qui veut tout dire et rien dire. Un processus de vingt ans, c'est un état de fait.

Avec Sharon, un chat est un chat et un char un char, c'est-à-dire que la grande majorité des Israéliens n'entendent rien négocier que la soumission et le désarmement du réduit palestinien. Ils se résignent à l'existence des Palestiniens, mais n'acceptent pas celle de la Palestine. Et Arafat non plus ne veut rien obtenir d'autre qu'une trêve, un arrêt du grignotement des terres palestiniennes par les colonies juives, en attendant que la démographie et l'improbable progrès des grandes nations musulmanes changent la donne. Non seulement Israël ne lâchera rien, mais il entend faire tache d'huile, d'où la poursuite de la colonisation, quel que soit le parti au pouvoir. Il n'est prêt à céder que ce qu'il faut pour ne pas s'embarrasser d'une trop grande population arabe.

Les autres partis ne pensent guère différemment, mais Sharon, lui, se fiche de l'opinion internationale. Comme tout commandant sur le terrain, il ne croit qu'à la politique du fait accompli : occuper d'abord, négocier ensuite. Avancer de trois pas pour reculer d'un demi. Oslo ? péripétie politicienne ; cela n'existe pas. Camp David ? heureusement Arafat a tout fait dérailler. Merci Yasser.

Samedi 3 février

Bernard Landry remet la Catalogne... sur le métier. Il n'est pas plus chaud que les électeurs pour affronter l'idée d'une sécession du Québec, mais il l'entretient en évoquant comme compromis acceptable le statut actuel de la Catalogne dans l'Espagne.

Or, si Stéphane Dion lui expédiait, dans un maroquin marqué de fleurs de lys, la nouvelle constitution catalane du Québec et sa nomination comme président du nouvel État, Landry n'en voudrait pas.

D'ailleurs, la région d'Espagne qui dispose de la plus large autonomie et des plus grands pouvoirs n'est pas la Catalogne mais le Pays basque. Le gouvernement régional y contrôle en effet la police, l'éducation, l'aide sociale et le fisc. Mais il serait mal vu d'évoquer le Pays basque, où sévissent les enragés de l'ETA et d'Euskal Erritarak, poseurs de bombes et assassins, fous de la race qui font régner la terreur chez les enseignants, les journalistes, les écrivains qui utilisent l'espagnol, même si le basque y est moins parlé que le catalan en Catalogne, et que l'électorat préfère largement les partis nationaux aux nationalistes. Seulement un Basque sur cinq comprend cette langue, ce qui n'empêche pas l'ETA de menacer de mort les professeurs qui ne l'utilisent pas à l'université et les chefs d'entreprise qui ne contribuent pas à la cause.

Ces détails n'ont jamais empêché certains activistes d'ici de chercher de l'inspiration de ce côté ou dans l'Irlande de l'IRA.

Il y a un peu plus d'une vingtaine d'années, Gilles Rhéaume, alors président de la Société Saint-Jean-Baptiste, me conjurait d'appuyer de toute l'influence de *L'actualité* les tueurs de l'IRA en grève de la faim dans la prison de Maze — ne serait-ce que pour remercier la SSJB de m'avoir décerné le prix Olivar-Asselin. Je raconterai d'ailleurs un jour les circonstances curieuses dans lesquelles ce prix m'est échu sans qu'à l'époque je les connusse.

Les vieux peuples, dont le métissage est assez lointain — quelque part dans l'ère du Taureau ou du Bélier — pour qu'ils n'en gardent pas le souvenir, s'accrochent à ce qu'ils croient être leur pureté génétique. Il pratiquent le culte de la racine plutôt que la foi du devenir. Ils sont prêts à mourir pour vivre, bel oxymore. Souvent, ils n'apportent que peu de chose à la table des nations et des cultures : ni littérature, ni valeurs politiques, ni techniques utilisables. Mais les ethnologues ont besoin d'eux comme les biologistes de la drosophile. Les sociétés contemporaines ne sont-elles pas des sujets d'étude plus intéressants ? Plus difficiles, sans doute.

La mondialisation réduira-t-elle au moins les différences sanguinaires qu'exprimait si bien le subtil cinéaste Pierre Falardeau à la télévision cette semaine : *si tu n'es pas d'accord avec moi, je te hais.* Heureusement, les Québécois sont plus catalans que basques ou tamouls.

Samedi 10 février

La comédie bouffe continue : saint Lucien, dûment oint par le pape au cours de l'étape vaticane de son périple de canonisation, rentre de Chine en catastrophe pour arbitrer la guerre entre le grand vizir, qui veut prendre dans deux mois le job du sultan, et le sous-vizir de l'Éducation qui veut prendre la place du grand. François Legault s'oppose mordicus aux restrictions budgétaires ordonnées par Bernard Landry et promet de ne pas respecter les promesses du sultan lui-même. Où est l'imam? D'où cette cavale des antipodes. Ou la mission dans l'Empire céleste était importante, plus importante que les chicanes internes d'un parti que l'on quitte allègrement, et il fallait la mener à terme. Ou elle n'était, comme beaucoup de ces missions, que du théâtre politique, comme on le soupçonne, et fallait-il la faire? La révolte de ce ministre ambitieux, mais qui n'a encore rien montré du talent qu'on lui prête sinon son ambition même et qui fait fi de la solidarité ministérielle, est facile à régler. S'il ne vient pas à résipiscence, il ne manque pas de petits mollahs qui rêvent de s'emparer de son poste.

Bien sûr, les médias parlent de crise. Crise de la langue, du dollar, des gangs, des pharmacies, de ceci, de cela... Le mot ne veut plus rien dire si on en drape le moindre incident. «Manifestation soudaine ou aggravation brutale d'un état morbide... Phase décisive ou périlleuse...» Sitôt passée, aussi vite oubliée que le téléroman de la veille, une crise est-elle une crise, surtout si rien n'est décidé ni fait, le mot grec «krisis» signifiant «décision»? Les partis et les gouvernements vivent de crises, s'en délectent, y mitonnent car sans elles que seraient-ils? Ils en déclenchent une nouvelle lorsque s'éteint la précédente, avancent ainsi de drame en crise comme ces sondes spatiales qui utilisent la gravité des planètes successives comme autant de frondes pour disparaître dans l'espace sidéral.

Et l'on s'étonne que la participation électorale s'érode, que les citoyens apparaissent las de la politique — notons le mot «apparaissent». Puisque la politique, comme les épisodes d'un téléroman éternel, ne trouve plus de solutions, puisque le mouvement de l'Histoire apparaît indépendant de l'action des gouvernements, puisque les forces de la culture et de l'économie semblent seules propulser le monde, à quoi bon se fatiguer, se dit le citoyen.

Cette politique-là aura le sort du Théâtre des Variétés de La Poune et de Latulippe. Les niveaux d'éducation s'établissent dans les écoles de Seattle et de Singapour, les normes environnementales en Europe, les flux financiers à Londres ou Francfort, les mouvements démographiques en Afrique et au Proche-Orient. La seule production politique locale est celle du téléroman électoral. Hier, Monsieur le ministre rentrait de Chine pour sauver la baraque.

Jeudi 15 février

Je viens de remettre à l'éditeur de *La Presse*, Guy Crevier, l'article qu'il m'avait commandé en novembre sur la concentration des médias. J'y ai mis trois jours de rédaction, une semaine de trac comme pour tout éditorial, et vingt-cinq ans d'observation. C'est beaucoup de soin, même si on sait qu'il ne sortira rien de cette Commission de l'Assemblée nationale sur la concentration de la propriété des entreprises de presse, comme il n'est rien sorti des précédentes. Pourquoi? Parce qu'en démocratie les gouvernements ne peuvent pas faire grand-chose sur la question. Et surtout que les remèdes proposés, qui supposent toujours une intervention directe ou indirecte de l'État dans la liberté d'expression, présentent plus de risques que les maux contre lesquels on souhaite vacciner la population.

Les gouvernements ne peuvent non plus forcer quelqu'un à garder une entreprise dont il veut se défaire, ni quelqu'un d'autre à l'acheter à moins de le subventionner, ce qui s'est vu. Et l'État ne peut non plus empêcher quelqu'un de créer une nouvelle entreprise, de s'emparer du marché et de réduire ainsi à la faillite ce qu'on ne lui a pas permis d'acheter. Ainsi, qu'est-ce qui empêcherait *La Presse* de se transformer en journal national et d'aller concurrencer *Le Soleil* et *Le Droit,* qu'elle souhaite acquérir? On ne peut non plus faire vivre artificiellement une entreprise que sa structure ou sa faiblesse ou l'exiguïté de son marché empêche de réaliser des profits. *Le Soleil* et *Le Droit* appartiendront à *La Presse* ou ils succomberont tôt ou tard à la concurrence de médias plus puissants.

Les politiciens aiment bien gérer de tout et aimeraient

davantage « contrôler l'agenda » en supervisant les médias, mais ils savent que cette limite-là est celle qu'on ne peut franchir. Et qu'il n'y a rien de plus casse-gueule qu'un journal. La preuve. Et qu'ils seraient forcés tôt ou tard de financer les entreprises de presse qu'ils auraient condamnées aux déficits. Qui possède ou dicte paie.

On ne peut d'ailleurs forcer les gens à lire ce qu'ils n'ont pas envie de lire. L'idée que la presse « alternative » de la gauche radicale — tout comme celle de la droite idéologique, d'ailleurs — ne manque que de fonds pour avoir de grands tirages est une pieuse foutaise. Partout les journaux de partis sont morts. Le public n'achète pas les journaux pour lire des sermons, mais pour savoir le temps qu'il fera, ce qui est en solde, les horaires des cinémas, les résultats sportifs, les petites annonces de l'immobilier, de l'emploi ou du cul. Les chroniques de leurs amuseurs et directeurs de loisirs. Et des détails sur ce qu'ils ont appris la veille à la télé. Un quotidien est l'agora d'aujourd'hui, le supermarché ; les magazines sont les boutiques.

Le jumelage de ces journaux ou plutôt leur combinaison, puisqu'ils sont trois, est-elle plus nocive que celle du *Journal de Montréal* et du *Journal de Québec* ? Est-elle plus à craindre que leur disparition ? En effet, la baisse constante du tirage du *Soleil*, depuis des années, n'est pas un secret. Il doit désormais réduire ses coûts en partageant des ressources et des coûts au cœur d'un groupe. Depuis son arrivée à *La Presse*, Crevier a investi et transformé ce journal, comme jadis les Jean-Louis Gagnon et Gérard Pelletier, alors que son concurrent a clairement choisi l'option du sensationnalisme et du divertissement. Alors où est le drame ? Qu'est-ce qui agite le cabinet ?

Mais voilà, dans la querelle qui a opposé les Chagnon aux Péladeau, personne n'a signalé qu'un des enjeux, et sans doute une raison de l'intervention du gouvernement du Québec par la Caisse de dépôt, était d'éviter que n'augmente la proportion déjà considérable de la presse québécoise détenue par des adversaires des indépendantistes. Radio-Canada est fédéraliste, au moins officiellement. Idem pour Power Corporation et jusqu'à récemment Hollinger, qui possédait les deux quotidiens français de Québec et d'Ottawa. Si TVA passait à de grandes sociétés canadiennes comme Rogers Communications ou Bell, il ne resterait plus, hors du giron de ces entreprises pas très portées sur la sécession du Québec, que la seule presse Péladeau.

La plupart des journalistes manœuvrent avec prudence dans ce dossier, et même certains de leurs syndicats, qui soulignent que le vrai danger est plutôt la concentration croisée de l'information et du show-business qui résulte de l'acquisition de la presse écrite par la télé ou vice versa. L'une devient l'outil de promotion commerciale de l'autre. C'est ce qui s'est produit lors de l'acquisition de *Sept Jours* par TVA, et maintenant de celle de TVA par Quebecor. Quelques militants, leaders syndicaux et permanents de la CSN ont pris le parti de l'intervention musclée de l'État, mais il faut dire que ce ne sont pas les phares de la profession. Plutôt les flics de leurs collègues.

Dès lors, puisque mon article ne changera rien à ce qui sera et que la commission se contentera de remettre, après des mois de retard et la transaction conclue, un résumé des diverses positions qu'elle a entendues, pourquoi y avoir travaillé ? Parce qu'il y a toujours danger et qu'on n'est jamais exempté de la vigilance.

Le manque d'espace m'a forcé à retrancher de mon article plusieurs pages où je résume les manœuvres discrètes menées pendant vingt ans par des mandarins du ministère des Communications pour encadrer et contrôler les entreprises de presse. J'ai conservé un imposant dossier de projets des Louis O'Neill ou des Jean-François Bertrand et d'interviews de leurs sous-ministres ou de leurs articles dans *Antennes,* la revue officielle du ministère. La consultation d'*Antennes,* morte de sa belle mort et non pas à cause d'un complot des « patrons de presse », convaincra les plus sceptiques des vraies intentions des directeurs de conscience de la nation. J'ai conservé des transcriptions de colloques où les journalistes et leurs syndicats applaudissaient aux propositions les plus castratrices.

Quant au rapport Kent sur la concentration, il recommandait entre autres de forcer les rédacteurs en chef, déjà responsables devant les lois, devant leurs lecteurs et devant leurs actionnaires, à faire rapport annuellement de leurs activités à une commission des Communes ! Mais j'ai souvent participé à des missions de défense des médias auprès de commissions des Communes ou du Sénat, j'ai eu à tenter de convaincre des Monte Solberg, de l'Alliance, des conservateurs, des libéraux... Et après les salamalecs d'usage et des arguments qui révélaient leur ignorance des dossiers, je n'ai trouvé en fin de compte, malgré un souci souvent sincère du bien commun, que la stricte ligne des partis.

Je me suis dit en acceptant la commande que ce serait un signe que je n'ai changé que d'occupation, que je ne suis pas entré au club de l'Âge d'or. Mais j'ai vite compris que ma vraie motivation était la vieille détestation de l'engeance missionnaire qui prétend savoir mieux que nous ce qui est bon pour nous : ma conviction que si l'égalité est un idéal et même un objectif, la liberté, elle, est une nécessité. Que si j'avais vécu dans l'Afrique ou l'Asie des missionnaires, j'aurais tenté d'en bouffer quelques-uns. Chez Saladin, j'aurais sûrement taillé du Croisé. Et au Moyen Âge, on m'aurait brûlé, comme Giordano Bruno.

Quant à aujourd'hui, jamais je n'aurais accepté d'être membre de cette Commission-sur-etc. ni d'y présenter un mémoire. Y participer, c'est déjà intervenir dans l'indépendance de la presse, la menacer en quelque sorte. J'accepterais ce genre de mission si la presse n'était pas libre et qu'il fallait au contraire la désenchaîner, mais elle l'est ; j'accepterais si elle était un monopole, mais la diffusion de l'information et des idées est plus diverse que jamais ; et bien sûr si elle était la propriété de puissances maléfiques et hostiles.

Vendredi 16 février

Un bref mais puissant redoux nous a changé tout le pays pendant la nuit. Des soucoupes sombres cernent le pied des troncs, le fossé s'est vidé de sa neige, l'arête du muret de pierre perce la glace, le jardin est couvert de rameaux brisés par le vent. Mais l'hiver a vite repris et ce que j'appréhendais au cours de ces quinze semaines de neige quotidienne et de températures modérées est arrivé : après ce dégel le froid scelle la terre sous un béton glacial qui va enserrer jusqu'au printemps l'herbe, les arbustes et tout ce dont les animaux se nourrissent. Incapables de gratter la neige jusqu'aux lichens et aux chaumes ou aux laisses de maïs, les cerfs vont s'en prendre aux cèdres et aux pommiers. Sur la croûte cassante, les coyotes, les lynx et les chiens vont avoir l'avantage. Je n'ai trouvé personne pour enlever la neige du toit. L'eau de la fonte, laminée entre la neige et les bardeaux de cette baraque centenaire, a gelé dans les gouttières et bloqué l'écoulement. Elle va remonter sous les bardeaux, couler dans le grenier.

J'avais souri en lisant l'anthropologue et chroniqueur Bernard Arcand qui reproche aux Canadiens de « lutter » contre l'hiver et le froid et de préférer l'été. Il propose de prendre deux mois de vacances sous la neige et de travailler plutôt l'été. Une autre idée qui fait parler dans Landerneau, mais qu'il ne faut pas creuser longtemps pour la trouver insane. Une idée pour riches, car le camping d'hiver n'attire pas beaucoup de familles. Quant aux plages...

Qui ne lutte pas contre l'hiver meurt. L'hiver gagnera un jour de toutes façons, tout comme l'hiver de l'âge finit par recouvrir tous ces parents, même les plus longévifs par héritage génétique ou simplement par habitude. Cette semaine, une de mes tantes, une des dernières encore vivantes, est venue de Québec passer quelques jours « de vacances » à Montréal, en autobus comme d'habitude malgré ses quatre-vingt-dix-neuf ans faits, avec ses deux petites valises. Elle s'est installée dans un couvent, comme d'habitude encore, par pauvreté. Elle ne trouve pas à Québec, dit-elle, les tissus de qualité, les chaussures ou les artisans auxquels elle s'était habituée dans sa jeunesse et vient acheter la tenue qu'elle entend porter en mai, à la fête que lui prépare l'Association des enseignants retraités pour son centième anniversaire.

Après-demain, elle reprendra l'autobus vers Québec et la minuscule chambre qu'elle habite depuis plus longtemps que certains n'ont vécu, sans se rendre compte de ce qu'il y a d'incongru pour une vieille dame de plus en plus frêle à voyager seule à cent ans dans les transports en commun. Jusqu'à tout récemment, elle voyageait seule en Floride, au Colorado et même en Europe avec son manteau élimé et son tout petit sac d'austérité orgueilleuse, multipliant les escales pour réduire le coût du billet. Elle affirme ainsi sa grogne de n'avoir pu être, par fatalité de naissance dans un milieu pauvre et archaïque, ce qu'elle aurait voulu et pu être. Elle aussi lutte à sa façon contre l'hiver de l'âge, maugréant contre l'ennui constant d'habiter avec « une bande de vieux » — des vieux qui ont de quinze à trente ans de moins qu'elle.

Il y a quelques années encore, j'aurais pu (et j'en avais fait le projet) réserver quelques semaines pour noter les obscures histoires de famille aujourd'hui effacées et les péripéties d'une carrière d'enseignante et de syndicaliste dans le Québec des années vingt, trente et quarante, histoire difficile qu'elle raconte avec une incroyable précision. La vie d'une maîtresse d'école élevée à la dure, jeune fille ambitieuse casée dans une école de rang sans électricité, où elle devait fendre le bois de chauffage et puiser l'eau à travers la glace avant d'affronter des fainéants de quatre à dix-huit ans, mal payée, estropiée moult fois par la médecine de la première moitié du siècle — oui, le XXe — sans protection syndicale ni juridique, cernée par un clergé et des communautés omniprésents. J'aurais pu faire un livre du récit de cette vie mesurée exactement sur le siècle. Un siècle qui apparaîtrait aux contemporains aussi lointain et étranger que ceux que l'on étudie dans les manuels d'histoire. La vie et les mœurs d'un monde qui entrevoit le XXIe siècle, mais qui avait les pieds dans le XIXe, sinon le XVIIIe. C'est la Crise qui a ramolli les certitudes de cette société, 1939-1945 et les grands brassages d'après-guerre qui l'ont couverte de pollens nouveaux, et mon demi-XXe siècle à moi allait en subir une mutation quasi transgénique.

C'est le jus dont on fait les livres de la collection Terre

humaine quand on est chasseur esquimau ou instituteur breton. Et pourquoi pas une institutrice en colère dans l'avant-dernière théocratie d'Occident? L'avant-dernière, car après le Québec il est resté l'Irlande. Mais les contraintes de la profession et la distance m'en ont empêché. Et sans doute une grande illusion quant à la vraie vitesse du temps qui passe.

Dimanche 18 février

Un cargo pourri est jeté sur la Côte d'Azur à Saint-Raphaël. Le capitaine et l'équipage se sont éclipsés, abandonnant un millier de clandestins serrés comme des sardines, hommes surtout, enfants, et quelques femmes dont trois accouchent, sans lumière, sans eau potable, sans air, dans une cale que la mer envahit sournoisement. Ç'aurait pu être une catastrophe, ce n'est qu'une autre manchette.

Serait-ce le début de ce que Jean Raspail racontait il y a plus de vingt-cinq ans dans *Le Camp des saints*? Non, car il n'y a qu'un navire, pas une armada de millions d'envahisseurs. Oui, parce que le roman accélère et condense, et que ces Kurdes font partie d'un mouvement de masse, d'une invasion au ralenti de dizaines, de centaines de millions d'humains qui fuient des régimes tyranniques, des sociétés archaïques et sans avenir.

Mais ceux-ci, qui attendaient depuis longtemps leur tour, ne sont sans doute pas partis spontanément ni seuls. Ce sont les victimes d'une mafia de passeurs et peut-être les outils inconscients d'un gouvernement. Car ce sont des Kurdes, et les Kurdes ne peuvent lever le petit doigt sans l'autorisation des Turcs.

Pourquoi cibler la France plutôt que la côte adriatique de l'Italie, toute proche, comme font d'habitude les clandestins d'Albanie ou de Turquie?

J'imagine la visite de l'ambassadeur de Turquie au Quai d'Orsay, où on l'a sans doute convoqué. Ou, qui sait, chez un des hommes du premier ministre sinon chez le premier ministre lui-même.

« Rien à voir. Mon gouvernement est désolé, mais aucune responsabilité… »

Réponse de Jospin :

« Vous pensez que j'ai une poignée dans le dos, comme dirait mon amie Louise Beaudoin ?

— Je ne saisis pas…

— Comme une valise ! C'est une expression de nos cousins du Canada : prendre quelqu'un pour une valise. En français, pour un con… »

En effet, ces Kurdes viennent d'Irak. Comment quitter Mossoul, traverser la frontière et les montagnes du Kurdistan turc, gardées par quelque cent mille soldats des forces spéciales ? Comment traverser ensuite toute la Turquie sans être repérés, trouver la plage où attend le cargo ? Même seul, on est mort. À mille ?… Ridicule.

Sauf si soudain des émissaires les avertissent que le temps du bakchich est venu, qu'on a un bateau, que les passeurs sont tout à coup prêts, les gardes-frontières endormis, l'armée en permission, des camions disponibles… Impossible n'est pas turc. Le bateau se dandine au pied du Taurus. Pas un touriste sur la plage. À moins qu'on soit sorti tout simplement par le port d'Iskenderun, avec l'adieu souriant des autorités. Et cinq jours plus tard on est accueilli par le gendarme de Saint-Tropez. Pourquoi cette exception ? Pourquoi à ce moment ?

Il y a un mois, l'Assemblée nationale française a proclamé la reconnaissance officielle du génocide des Arméniens par la Turquie, en 1915. Fureur à Ankara, qui menace de rompre des contrats, de boycotter la France et ses produits, de prendre une revanche par tous les moyens. Ha ! vous voulez jouer les bons apôtres, les protecteurs des minorités montagnardes et rebelles ? Eh ! bien, en voici une, de minorité, prenez-en bien soin !

Je m'étonne qu'aucun journal n'ait fait ce rapport entre le vote des députés français et l'arrivée soudaine de ce vaisseau surprise. Enfin, pas officiellement, car dans les coulisses du pouvoir on y pense certainement. Les Kurdes ne seront pas renvoyés en Turquie, car l'opinion ne le tolérerait pas, sachant comment la

Turquie les traite. Il n'y aura pas non plus d'autre rafiot à Saint-Tropez : celui-ci n'était qu'un message, pas le début d'une liaison maritime, et le message est reçu cent sur cent. La France profitera peut-être de l'occasion pour garder la Turquie hors de l'Europe. Un jour on saura, dans un mois, dans un an ou dans cent.

Lundi 19 février

Trenet est parti.

Ses chansons ont été le décor sonore de mon enfance. J'étais encore un bambin quand le soleil avait déjà rendez-vous avec la lune. Au collège, nous chantions *La Mer* et *Le Petit Bonheur* en excursion le long du fleuve, comme d'autres allaient très bientôt chanter Elvis et les Beatles, ce qui fut une tout autre affaire. Entre-temps, les tailleuses de cuir de la manufacture de gants voisine, l'atelier Aubin, à Saint-Damien de Bellechasse, chantaient *Douce France* ou allaient à Ottawa en wawa entre Jean Sablon, Marcel Amont et plus tard les premiers Bécaud, pendant qu'avec mon père je peignais la clôture blanche du jardin et que ma mère soignait son *Jardin de la Victoire*.

Les chansons de Trenet étaient l'insouciance même, assez parfaitement tournées pour qu'on ne puisse pas s'empêcher de les retenir instantanément, mais pour ma génération, elles ne semblaient pas aussi vraies que les poèmes gouailleurs et faussement bourrus de Brassens, à qui on ne la faisait pas comme à Trenet. Elles ne fouillaient pas non plus le scepticisme comme celles de Ferré (je ne sais pourquoi, je n'ai jamais été très sensible aux mélos de Brel). Puis il y eut Montand.

La chanson française, comme presque toutes les musiques, a reçu le rock'n'roll en plein visage comme un vent qui n'est pas de chez elle, un sirocco, un blizzard. Comme presque toutes les musiques, elle ne s'en est jamais remise. La chanson est devenue la « toune », l'inspiration vient désormais des « cités ». Peut-on marcher ou travailler en rappant ? La chanson induit des comportements : on était Elvis, on était Beatle, Stone ou Madonna.

On a été Kiss. Elle induit des modes. Elle fait s'habiller les gamins en travailleurs du coton au Mississippi, visière sur la nuque pour se protéger du soleil. En détenus d'Attica avec leurs pantalons sur les genoux. En Eminem. Évidemment, quand on ne comprend pas ce qu'on entend, on ne peut savoir ce qu'on dit. Et si on ne sait pas ce qu'on dit, on ne sait pas non plus ce qu'on fait.

Mardi 20 février

Crise, crise, crise. Tout est toujours crise à la une. Le monde va mal, c'est sûr. La preuve, peut-on prouver le contraire? Ou faire une une sans drame?

Ainsi, la grippe : tel résiste trois mois, mais la plupart succombent tôt ou tard, en janvier, en février, en mars. Les urgences sont encombrées, le ministre de la Santé devra construire de nouveaux couloirs. On n'a jamais vu ça. La situation s'aggrave, assurent de savantes Cassandre, les gens sont plus malades que jadis, les virus *virulent* comme jamais, c'est la surpopulation, c'est la pollution, c'est la malbouffe, c'est la mondialisation.

Traitement : voyons les docteurs Robert et Larousse, qui nous disent avec un vieux sourire fatigué que « février » vient du latin *februarius,* le mois des fièvres (*febris*) et plus tard, en conséquence, mois des purifications.

Mercredi 21 février

La CSN et sa Fédération nationale des communications n'y vont pas de main morte à la commission créée par l'Assemblée nationale pour évacuer la question de la prétendue concentration de la presse. Les deux organismes, qui n'en sont au fond qu'un seul, exigent une loi de l'information. J'ai toujours pensé que le premier article (et pourquoi pas le seul?) d'une loi de la presse, si tant est qu'il en faille une, devrait se lire comme suit : *la presse est libre.*

Mais le parti socialiste pur et dur qui se camoufle depuis longtemps dans cette centrale syndicale a une notion différente de la liberté de la presse. D'abord, les salles de rédaction devraient être totalement autonomes et indépendantes de la propriété du journal. Bien sûr, comme la Fédération regroupe la presque totalité des syndicats de journalistes au Québec, détenant ainsi le quasi-monopole de l'information, on créerait une concentration maximale, mais pour la bonne cause.

Le lecteur ne déserterait-il pas des journaux dont l'administration serait désormais incapable de guider les rédactions dans le sens des besoins et des désirs du public ? Qu'à cela ne tienne ! La loi doit aussi interdire la fermeture des médias. Que les propriétaires se ruinent ! Et leurs difficultés financières subséquentes ne devraient pas les empêcher de subventionner les médias indépendants ou communautaires. En somme, les médias que le public veut lire devraient financer ceux que le public ne veut pas lire. Et qui sont ces médias indépendants, outre les feuilles des militants socialistes ? « La presse indépendante au Québec se résume au *Devoir* et à quelques hebdomadaires alternatifs. » Si intéressant que soit *Le Devoir*, on pourrait, à la lumière de son orientation politique et de ses difficultés financières permanentes, débattre longtemps de cette indépendance.

Et, au cas où la reddition des médias à la nébuleuse CSN-FNC ne serait pas complète, la loi devrait garantir « l'accès aux médias à des idées progressistes » (*sic*). On devine qui définirait le progrès. Sans doute les journalistes activistes, plus militants et idéologues que journalistes, d'ailleurs, qui réclament depuis des années l'intervention du pouvoir politique dans le monde de l'information. Qui sait ? Peut-être seront-ils un jour au pouvoir.

Les grenouilles, se lassant
De l'état démocratique,
Par leurs clameurs firent tant
Que Jupin les soumit au pouvoir monarchique

On est toujours stupéfait d'entendre « les grenouilles qui demandaient un roi » se plaindre de la poutre sur laquelle elles sont toutes montées pour coasser jusqu'à ce que Jupiter en ait « la cervelle rompue ».

Donnez-nous, dit ce peuple, un roi qui se remue.
Le monarque des dieux leur envoie une grue,
Qui les croque, qui les tue,
Qui les gobe à son plaisir.

Nouveaux coassements. Et Jupiter conclut :

... il devait vous suffire
Que votre premier roi fut débonnaire et doux.
De celui-ci contentez-vous,
De peur d'en rencontrer un pire.

La presse est le quatrième pouvoir, dit-on, c'est-à-dire une sorte de contrepoids au premier et au deuxième, qui sont le législatif et l'exécutif, et l'œil du public sur le judiciaire, ce Saint-Esprit de la Trinité dirigeante. Mais comment la presse pourrait-elle demeurer le quatrième pouvoir s'il n'est pas aussi indépendant du premier que l'est le troisième ?

Les politiciens ne demanderaient pas mieux que de superviser la presse. Déjà, les adjoints des ministres ne se gênent pas pour intimer aux directeurs de journaux de se débarrasser de tel ou tel chroniqueur. Le Bureau d'information du Canada tient à jour, à l'intention des ministres, un bottin des « profils » de journalistes, les bons, les méchants, les approchables et les têtes de cochon. Mais tout cela se fait en catimini, car les élus et les mandarins tiennent à ce que l'opinion n'en sache rien. Si même les journalistes, censément jaloux de leur indépendance, ne la défendent plus, le gouvernement n'aura plus de prétexte pour rester sur son quant-à-soi. Suggérons à l'État de baliser l'exercice de la profession et la propriété des médias, et il finira par les diriger. On imagine la réputation du Québec en Amérique si le gouvernement du Québec emboîtait le pas au parti souterrain que sont les centrales syndicales.

L'influence des puissants dans les salles de rédaction fait partie du jeu, mais n'y mettons pas en plus la force, puisque l'expression «loi du plus fort» est une tautologie. Tout compte fait, le mécontentement général des groupes d'intérêt, des politiciens et des vedettes, des hommes d'affaires plus encore que des syndicats, n'est-il pas un signe indubitable que la presse est, quoi qu'on en dise, libre et que les journalistes n'en font qu'à leur tête, même si l'opinion s'imagine que les rédacteurs en chef, comme Orson Welles ou Jean Gabin dans les films d'antan, assignent encore d'autorité les reporters ici et là?

Vendredi 23 février

L'autoroute qui mène à Orford n'est guère en meilleur état que le parc. En quelques jours, elle s'est désintégrée. La surface semble avoir explosé. Il y a tant de trous dans cette route lépreuse qu'en les recueillant un esprit entreprenant aurait assez de vide pour le tunnel qu'on nous promet sous le Saint-Laurent. C'est un exemple de plus de la décrépitude des biens et des services publics. Et de l'incurie de ceux qui en sont responsables. Ce pays en marge est de plus en plus élimé et suinte la pauvreté. Mais les yeux fermés. On en fera bientôt une vertu.

Ou un bon sujet d'études pour l'École nationale d'administration publique, où on doit normalement s'intéresser à ces choses-là et enseigner les moyens de les corriger. Car il y a un mystère. En effet, le Québec ne manque pas de fonctionnaires pour administrer tous ces services. Il en a même beaucoup plus, pour le nombre de ses habitants, que les provinces voisines. Environ soixante-dix mille, sans compter le personnel des sociétés d'État et des institutions relevant de l'État, hôpitaux, écoles, et cetera.

Ce sont des gens en place depuis longtemps, donc expérimentés. Avec une formation poussée. Ils sont choisis par concours, souvent, toujours selon des critères exigeants. Avec des cours et des stages de perfectionnement aussi longs que nécessaire. En somme, l'élite. La crème du monde du travail, non ? Tout cela dirigé par des élus souvent de même niveau, qui disposent de tous les pouvoirs, de budgets égaux à ceux des plus grandes multinationales et, par la force s'il le faut, de plus de renseignements que quiconque. La qualité des services et de la propriété publics semble pourtant inversement proportionnelle à celle des gens qui en ont la garde. Mystère, donc. Qui nous éclairera ?

Manque d'argent, répondra-t-on. Mais où vont tous ces impôts, toutes ces taxes, plus lourds que ceux des juridictions environnantes ? La fameuse redistribution de la richesse se fait-elle en faveur de ceux qui sont au bas de l'échelle ou au profit des maîtres du système ? On sabre les services ; réduit-on aussi les dépenses administratives et le personnel ? Mais la fonction publique, responsable de planifier les compressions, ose-t-elle comprimer… la fonction publique ?

Il y a quelques années, j'avais été invité à rencontrer les directeurs média des ministères, responsables des communications et de la publicité gouvernementale. Sur le carton d'invitation, je reconnus l'adresse du ministère de l'Éducation, où j'avais travaillé de 1964 à 1966. Mais c'est un tout autre immeuble que j'y trouvai. Et même un édifice luxueux. Au dernier étage, une immense salle d'un luxe inouï, d'où on avait une vue circulaire sur toute la ville.

« Le gouvernement construit des immeubles luxueux pour loger ses ministères…

— Ça n'appartient pas au gouvernement.

— Non ? À qui ?

— C'est à la Mutuelle des fonctionnaires. Et ceux-là aussi, là, là et là… »

Et il me montra quelques immeubles plus grands et plus cossus encore. Mais n'y aurait-il pas là un petit conflit d'intérêts ? Réduire la fonction publique, c'est vider des bureaux. Et donc laisser la Mutuelle avec des immeubles à moitié vides, dans une ville où il n'y a guère d'autres grands locataires. La compression des dépenses de l'État, c'est la compression des revenus de la Mutuelle et des fonds de pension des bureaucrates... Je ne suis certainement pas fait pour la politique.

Samedi 24 février

Audiences des états généraux sur l'état du français, que préside Gérard Larose, l'ex-président de la CSN. Depuis la commission d'enquête Jean-Denis Gendron, en 1973, d'où allaient ultimement surgir les organismes de protection de la langue et les lois 22 et 101, combien de recensements aussi angoissés que contradictoires, d'analyses pessimistes, de rapports alarmistes ? Le tiers des six mille langues existantes disparaîtra d'ici une génération, estime-t-on. Mais il s'agit de parlers qui n'ont que quelques centaines ou quelques milliers de locuteurs, récemment sortis d'un isolement millénaire et qui sont rapidement assimilés par les peuples voisins, pas nécessairement par les multitudes chinoises, espagnoles ou anglophones. Les langues parlées par cent millions de personnes, comme le français (ou sept millions si l'on s'en tient au Canada), ne s'évanouissent pas par accident.

À très long terme, les langues disparaissent toutes, le gaulois, le latin, le francique, le slavon, fondues dans le changement du monde, fusionnées dans le brassage des peuples. Mais on ne zappe pas des peuples entiers, ni les juifs, ni les Lapons, ni les Catalans ni même les Tibétains, comme font les *aliens* dans *Star Trek*. Il n'y a pas de virus des langues, ni Ebola ni encéphalite, pas de bombe A ni de tsunami, qui menace le français au Québec, rien sinon sa propre évolution, qui l'éloigne de plus en plus du tronc français commun et des autres peuples du monde francophone, comme l'afrikaans s'est éloigné du néerlandais jusqu'à empêcher la compréhension mutuelle, évolution encouragée, hélas ! par l'ignorance des uns et le complexe d'infériorité des autres.

Mais on ne rassurera pas le Canadien français. Il naît angoissé, à moins qu'on ne le terrorise avant qu'il quitte l'école. Il est convaincu qu'une main cruelle dans l'espace sidéral va actionner le commutateur auquel son existence est reliée. La métaphore récurrente de « l'océan de trois cents millions d'anglophones » est révélatrice. Le monde n'est pas lui, et le monde est nombreux, le monde est multitude. Et sinon hostile, contagieux. L'océan du monde l'imbibe, le noie. Pourtant, tous ces anglophones ne sont pas ses voisins : il est aussi éloigné de centaines de millions d'entre eux qu'il l'est des Allemands, des hispanophones ou des Slaves.

Mais le Canadien français, dans toute cette *water* océanique, ne risque-t-il pas de devenir crapaud ou poisson-chat ? C'est-à-dire anglais ? Au Québec, on prend la théorie de l'évolution, avec ses mutations brusques, très au sérieux. Alors, on se compte et se recompte, on s'ausculte et se tâte, on se regarde au point d'oublier de regarder ailleurs.

Ici, l'existence, c'est la langue. Alors, on cause, on cause, comme dirait Zazie.

Dimanche 25 février

J'explore au hasard les piles de livres, des centaines, que j'ai mis de côté au fil des ans pour les lire « plus tard, quand j'aurai le temps ». Certains jours, le hasard fait bien les choses. Hier, j'en ai ouvert un qui m'attend depuis 1995. *D'où vient le sens moral ?*, de James Q. Wilson. Pour Wilson, le progrès n'est pas une idée abstraite, une « invention », comme le pense John Rawls dans *A Theory of Justice,* mais le résultat d'un sens naturel de ce qui est bien pour chacun et juste pour tous. En effet, écrit-il, nous avons un sens inné du bien et du mal. Ce sens est naturel puisqu'il favorise la survie et la sécurité, et les règles morales et les lois en sont simplement la codification.

Or, si la justice est innée chez l'homme, pourquoi l'égalité n'est-elle jamais réalisée ? Parce que l'égalité n'est possible, elle n'est même tolérable que dans la pénurie, à cause du sens du mérite, qui découle de celui de la justice. On peut facilement constater, en effet, que les sociétés égalitaires sont généralement celles qui vivent dans l'austérité, comme certaines sectes religieuses, ou celles qui manquent de tout, comme tout au long du siècle dernier les utopies marxistes-léninistes.

En lisant, j'en viens à me demander si la pénurie et les rationnements qui ont été la marque des régimes communistes sont le fruit de leur inefficacité, comme on le pense généralement, ou s'ils ne sont pas plutôt voulus et sciemment organisés, parce que nécessaires. L'égalité n'est tolérable, en d'autres mots, que dans la queue. L'abolition du mérite suppose l'abolition des moyens de le distinguer. Le mérite, écrit Wilson, se traduit par la propriété, d'objets ou de privilèges. L'égalité, qui s'oppose à l'accumulation de biens, est contraire à la civilisation.

La propriété nous est-elle si naturelle? La possession d'aliments ou d'outils n'est-elle pas elle aussi le résultat de la pénurie? Nenni. Les anthropologues ont prouvé que la première propriété n'est pas l'aliment. Au contraire, on le partage, on l'échange… L'outil non plus, qui est indifférent puisque tout le monde a le même. La première propriété, c'est l'ornement, le bijou, parce que l'ornement est le signe de l'identité et de la différence, le moi. Proudhon pensait que la propriété c'est le vol. La nature répond : la propriété c'est le moi.

MARS

Lundi 4 mars

Deux semaines de page blanche. Pourquoi ?
La fatigue, quelques malaises confus mais angoissants. On
s'en fiche à trente ans, mais au double ils nous disent qu'ils fini-
ront par nous avoir. Pourtant, tout le monde se réjouit de ma
bonne mine. Hier encore, le travail m'empêchait de sentir ces
ankyloses, ces raideurs, ces abattements. Le calendrier, l'horaire,
l'agenda, les tombées me réglaient comme une machine. Plus
maintenant.
Mais peut-être aussi le journaliste commence-t-il à prendre
vraiment sa retraite, deux mois après l'employé ! Et je fais moins
de choses qu'avant, beaucoup moins. Même constamment
occupé, je ne parviens pas à faire tout ce que je me suis promis.
Il me faut réapprendre à gérer mon temps.
Je lis le journal en cinq minutes, je pourrais tout autant
lire celui de la veille, ou de la semaine précédente, phénomène
que j'avais déjà constaté au retour de voyages. Je regarde
les manchettes, cinq minutes. Je préfère la musique, le théâtre
parfois, la promenade, le ski. J'ai bien plus envie de construire une maison, d'inventer un jardin, d'aménager une forêt.
Écrire, oui, mais pas cette paraphrase de la réalité qu'est le
journalisme.
L'inanité de la politique me scie, telle qu'elle se pratique.
Je décroche pour ne pas devenir scrogneugneu. La politique

est importante mais, aujourd'hui, la politique ne fait plus de politique.

J'ai écrit, il y a quatre ou cinq ans, que le gouvernement du Québec, celui de Lucien Bouchard, était le plus mauvais depuis celui de Maurice Duplessis. On m'a reproché d'exagérer ; on avait peut-être raison... Peut-être. Mais je voulais surtout attirer l'attention sur le mystère dont j'ai parlé le vendredi 23 février, celui des ratés d'une administration théoriquement mieux organisée que jamais.

Un temps j'ai pensé que, après les cinq années brillantes de la Révolution tranquille, la tâche des politiciens avait été rendue plus difficile par les changements sociaux qu'elle avait provoqués. C'est ce que Robert Bourassa m'avait confié : *le Québec est ingouvernable*. Puis je me suis dit que nous étions gouvernés par des médiocres, ce qui n'est pas vrai. Peut-être la politique souffre-t-elle de devoir se plier aux contraintes de l'âge du spectacle. Trudeau y excellait, dans le rôle de Lagardère ou de Superman. Il y a quinze ans, Brian Mulroney, lui, incarnait le rocker, qui a un besoin maladif de l'adulation de la foule et des applaudissements.

Le nouveau cabinet de Bernard Landry n'est ni meilleur ni plus médiocre que le précédent. C'est le même. Comment rajeunir une équipe quand les dinosaures s'accrochent ? On aurait espéré quelques démissions. En l'absence de vision nouvelle et donc de remise en question de quelques certitudes, on va continuer à brasser de la popote de gestion comme à la cafétéria. Le désastre des services hospitaliers et médicaux n'est pas un accident, mais une catastrophe annoncée et même planifiée. Des articles du début des années quatre-vingt dénoncent le chaos et la pénurie de personnel, qui semblent avoir été écrits hier. Peut-on corriger la situation sans regarder les choses d'un autre œil ? L'Inde est ainsi accablée de cinq cents millions de ruineuses et improductives vaches sacrées.

Le Québec est sorti depuis longtemps de sa Révolution tranquille, mais en direction du passé et dans le manichéisme : villes contre campagne, français contre anglais, Québec contre

Ottawa, bien contre mal, nous contre eux… Et ça va durer un moment, la génération au pouvoir étant deux fois plus nombreuse que celle qui suit. Une génération en forme de secte. Le risque, c'est la stagnation, puis l'émigration des plus vigoureux et la survie par la sédimentation des moins ambitieux.

Jeudi 8 mars

Macbeth, au Théâtre du Nouveau Monde. Un échec. Je m'y rendais avec une certaine appréhension, chacun voulant récrire et réinventer *son* Shakespeare. Personne qui ne se pense capable de faire une meilleure traduction que celles des Messiaen ou des Bonnefoy. Ou même d'améliorer l'original. Le goût du jour est impitoyable. La langue maternelle des rois et des princes était l'alexandrin. Ici, on a eu des Richard III et des Hamlet gaspésiens, de l'habitant, du punk, de l'ouvrier, du joual. Punks et Gaspésiens de pacotille, bien sûr, comme les paysans de Molière.

Mais il y a pis : on a du Shakespeare amélioré. C'est-à-dire amputé — ses pièces sont trop longues pour le public contemporain. Et simplifié, pour le spectateur québécois. Car il est notoire que le Montréalais de 2001 est moins intelligent que le Londonien de 1601. Du Shakespeare « revisité », pour utiliser un mot snob et ridicule. Du Shakespeare « *lite* ». Réécriture, aussi, pour que le texte du poète, hérissé de mots rares et de métaphores, soit « plus facile à mettre en bouche ». Et en anglais, c'est facile à mettre en bouche ? Et Racine, c'est facile à dire ? Allez ! adaptateurs de Shakespeare « *lite* », adaptez-nous un Racine « diète » !

Quelques génies résistent à toutes les avanies, Homère en feuilleton, Shakespeare en banlieue, Bach synthétisé. Avec eux, le torero sort toujours perdant. Il est amusant de constater que les « coauteurs » trouvent naturel d'éditer, corriger, réviser, récrire Sophocle ou Hugo, mais hurlent comme les Harpies sitôt qu'on retouche un mot de leur propre prose.

Toujours est-il qu'hier soir… Shakespeare était absent. Les comédiens aussi : restaient les « scénographes », décorateurs, musiciens, éclairagistes et spécialistes des « effets ». Le rideau se lève sur un paysage prometteur : suggestion très médiévale d'un château nordique, sorcières baragouinant de façon hiératique, comme un chœur grec, dans une langue qui rappelle celle du Cirque du Soleil, avec une musique qui tient à la fois de Riverdance et de LaLaLa Human Steps. On se dit que ce sera mieux que les tentatives de mettre Lear à Versailles, Le Cid à Iwo Jima ou Hamlet dans une clinique psychiatrique.

Puis c'est le dérapage. Je n'avais jamais pensé que l'on puisse, avec les moyens considérables du TNM, produire quelque chose d'aussi profondément et uniformément mauvais. Cette fois, pas d'expérience folichonne : mais, comme souvent ici, c'est l'absence de direction des comédiens qui est responsable, et ceux-ci se surpassent. Pour faire guerrier et macho, on crie, on graillonne. Pierre Lebeau, que l'on tient pour un très grand comédien, hurle comme un coyote enragé pendant trois heures, donnant le ton à toute la meute. Matroni dans les Highlands. Même Sylvie Drapeau, tragédienne, la seule d'ici, se perd abandonnée à elle-même.

Shakespeare n'est pas un spécialiste de l'évolution psychologique. Ses personnages sont des icônes, des types, comme John Wayne à Hollywood. Il raconte des farces comme Molière, ou l'histoire de la monarchie anglaise, et surtout d'horribles mélos. Des histoires de bruit et de fureur qui traduisent l'incompréhension de l'époque devant le bouleversement de l'ordre du monde survenu au XVIᵉ siècle. L'analyse que Marshall McLuhan fait du Roi Lear, à ce sujet, reste insurpassée. Mais c'est le plus grand poète de langue anglaise, et peut-être de toute la littérature occidentale. Un génie de la métaphore, du rythme, de l'assonance. On peut transporter Shakespeare à toutes les époques, en tous lieux, mais on ne peut toucher aux mots : il faut soigner ce verbe, le chanter, le faire sonner, le laisser porter. Le savourer. Le faire savourer.

Ici, on le joue toujours trop vite, en mangeant les mots, en avalant les phrases, en gommant la poésie, comme si on ne s'intéressait qu'à savoir la suite comme dans un téléroman. Un *Othello*, un *Lear* qui font une bonne heure de moins qu'à Stratford. Décor splendide, costumes fabuleux, mais comme un opéra sans musique.

* * *

Pendant qu'une salle bondée était témoin de ce naufrage, la nouvelle ministre de la Culture, Diane Lemieux, expliquait à la télévision que l'Ontario n'a pas de culture propre. On sait y jouer Shakespeare, en tout cas, et ses comédiens sont exportables. Les deux événements ne sont pas sans rapport. La ministre n'est pas sotte, elle s'est vite rendu compte qu'elle avait proféré une ânerie, mais elle souffre de deux maux très politiciens : le réflexe conditionné et l'illusion que l'on peut improviser sans péril. La télévision a imposé le « naturel ». Mais les politiciens n'ont pas encore compris que le naturel du cinéma est une pure construction de l'art. Et celui de De Gaulle ou de Clinton tout autant. Et ils ont oublié que si une chose est assez importante pour faire l'objet d'une déclaration publique, elle l'est assez pour être longuement réfléchie et mûrie, rédigée, corrigée et apprise. Naguère, nul ministre n'aurait osé prononcer un discours important sans texte écrit.

Mais les élus s'aiment tellement qu'ils courent les occasions, voire les provoquent, de pérorer dans un micro et de préférence devant la caméra sur tout sujet qu'on leur présente, comme des candidats à l'oral. Syndrome du rocker, encore. Je ne sache pas que la France ni les États-Unis pratiquent le *scrum*, cette bousculade aussi aberrante que vulgaire où l'on improvise de la politique devant les micros, née sans doute de l'influence de l'art national qu'est ici la Ligue nationale d'improvisation.

Quant au contenu du propos de la ministre, il traduit, lui, le nombrilisme national. Les humains se croyaient d'une matière bien différente des autres animaux, jusqu'à ce que la lecture du génome nous apprenne que nous partageons 99 % de nos gênes avec le chimpanzé, 95 % avec la grenouille, 50 % avec le ver nématode, et davantage avec les champignons qu'avec les fleurs. Pour beaucoup de Québécois c'est pareil. Nous sommes une société distincte (c'est la différence que voulait réaffirmer la ministre, sans doute), mais quelle est la mesure de cette saprée différence ? 1 % ou 2 % ? C'était l'occasion, bien sûr, de rappeler que le gouvernement du Québec s'attribue des responsabilités que ne se reconnaît pas celui de l'Ontario, de protéger et de promouvoir la langue de la minorité francophone.

Il ne faut pas confondre culture et activité culturelle. Shakespeare à Stratford, c'est une activité culturelle ontarienne, mais c'est la culture élisabéthaine. Soit. Mais Shakespeare au TNM aussi : une activité culturelle québécoise sur la culture de l'Angleterre. Ce qui est fort bien, car l'homme ne se nourrit pas que de *La Petite Vie*. Reste à bien le présenter et le jouer. Et si la culture ontarienne n'est qu'un « élément régional de la culture canadienne », comme l'a gauchement expliqué madame Lemieux, on peut en dire autant de la culture québécoise, composante non seulement de la culture canadienne, mais aussi de la culture française. À trop se regarder le nombril, on s'hypnotise.

Même jour, le soir

Service funèbre, cet après-midi, de la mère d'un collègue de religion juive. C'est la première fois que j'assiste à un rite de cette religion. Je m'attendais à quelque chose de très différent. Eh bien ! non.

La cérémonie intime (nous n'étions que trois étrangers à la famille) se déroule au salon funéraire, dans une pièce spéciale (on ne doit certainement pas dire « chapelle ») ornée de deux ménoras. Le cercueil. Un rabbin en tenue de ville. Il dit une brève prière en hébreu, avec ce qui me semble un accent anglais, où je ne reconnaîtrai que trois mots : *Shalom, Adonaï, Shéol*. Paix, Très-Haut, l'Au-delà.

La fille de la défunte et son petit-fils viendront lire ce qu'ils ont écrit sur la disparue, dont ils parlent longuement de façon émouvante. Le rabbin n'ajoute rien. Je note que c'est la pratique adoptée depuis une vingtaine d'années aux obsèques catholiques, sauf que le curé nous fait encore de la fiction sur un « frère » Pierre, Jean ou Jacques qu'il n'a pourtant jamais connu. Naguère, c'étaient les orgues tonitruantes de la terreur et du jugement — jour de colère — qui disaient aux survivants, dans les tentures noires et les cierges à odeur de mort : « Un jour ce sera ton tour… »

Aujourd'hui, comme Shakespeare, la religion catholique est devenue « *lite* », et la liturgie « *do-it-yourself* ». Est-ce l'influence des autres confessions ?

Dimanche 11 mars

Tel-Aviv vient d'annoncer la constitution du nouveau cabinet israélien : une pizza cachère. Le Likoud et Ariel Sharon, avec 10 % des sièges, vont diriger une coalition de sept partis et le gouvernement. Cela va de la gauche travailliste à l'extrême droite, en passant par les partis religieux et même des Arabes. *Mutatis mutandis*, imaginons un gouvernement canadien dirigé par Jean Chrétien, mais avec des ministres, entre Brian Tobin et Stéphane Dion, qui s'appelleraient Stockwell Day et Suzanne Tremblay, un représentant du Parti rhinocéros et un autre du Parti de la loi naturelle. C'est une garantie de paralysie et d'échec. On fera la politique à la fois de la droite et de la gauche, la paix et la guerre. Mais tous les partis tiennent à garder leur place réservée dans ce gouvernement quasi permanent, quitte à ranger leurs principes et leurs objectifs.

C'est là le résultat du scrutin proportionnel. Il tient plus du sondage en grandeur réelle que de l'élection. Il reflète l'opinion avec précision, mais donne un pouvoir disproportionné aux particules extrémistes dont on ne peut se passer, un pouvoir de blocage et de chantage.

Mais pas un éditorialiste ne profite de l'occasion pour souligner les effets pervers de la sempiternelle tarte à la crème qu'est l'idée de la réforme électorale par la représentation proportionnelle. Ce serpent de mer ressurgit chaque fois que le pourcentage des voix de chacun des partis diffère de celui de leurs sièges. Le serpent redisparaît sous la surface du Loch Ness politique sitôt que l'opposition, qui réclamait ce passeport vers le pouvoir, y parvient et refuse désormais de le partager.

C'est aussi bien car, si réel que soit le problème, le remède serait pire. Le scrutin proportionnel favorise l'éclatement des partis et la multiplication des factions. Il est même essentiel à l'existence des partis radicaux ou extrémistes, spécialité des pays où il sévit. Mitterrand s'en est servi pour créer le Front national et le mettre dans le chemin de la droite libérale. On objecte qu'il ne reste plus que l'Angleterre, les États-Unis, le Canada et, dans une certaine mesure, la France à rejeter la proportionnelle. Disons que cela fait pas mal de monde dans le monde des démocraties qui fonctionnent bien !

Le scrutin proportionnel comporte un autre vice dont on ne parle guère et qui me semble plus grave encore. Il bétonne le pouvoir des appareils, permettant aux partis d'imposer à la Chambre de purs apparatchiks ni élus ni éligibles et d'y faire entrer par la porte arrière des candidats défaits. Et ce qui est le comble du mensonge, c'est qu'il conduit les partis à conclure alliances et coalitions nauséabondes après l'élection plutôt qu'avant.

On confond sondage et élection. La démocratie consiste bien sûr à choisir un gouvernement, mais surtout à s'en débarrasser sans devoir recourir à la force. Avec la proportionnelle, un parti le moindrement pas trop con parvient à rester au pouvoir éternellement. Et le Canada, demande-t-on ? Et les libéraux ? Précisément, ils ont été écrasés en 1984, au point que certains annonçaient leur disparition. Et, en 1993, c'est le Parti conservateur qui s'est effondré. Le système fonctionne.

Dans l'arsenal des démocraties et des constitutions, il y a mieux que la proportionnelle, qui aboutit presque toujours à la confiscation du pouvoir par une classe de manœuvriers professionnels résistant à tous les aléas électoraux. Au moins faudrait-il interdire l'accès au Parlement à tout candidat défait qui n'aurait pas d'abord réussi à obtenir, dans une circonscription, de 40 % à 45 % des voix.

Mercredi 14 mars

Grosse découverte! Le ministère du Revenu découvre que les citoyens qui contribuent aux caisses des partis politiques... sont ceux qui ont de l'argent. Et que les électeurs à revenus modestes ne versent presque rien! Qui l'aurait cru!

Les citoyens dont les revenus sont de cinquante mille dollars ou plus représentent près de la moitié des donateurs, versant les deux tiers des sommes recueillies par les partis. Et le clan sélect des cent mille dollars par an, qui forme moins de 1 % de la population, compte pour le tiers des dons. Renversant! Que ferait-on sans les « recherches » des bureaucrates?

Le « phénomène » s'explique non seulement par le fait que, pour donner de l'argent, il faut en avoir, mais aussi par cette particularité étonnante que ces dons peuvent être déduits de l'impôt. Or près de 40 % des Québécois ne paient pas d'impôt. Autrement dit, les dons des gens à l'aise sont payés partiellement par le fisc et ceux des pauvres le sont entièrement par les pauvres! Soit dit en passant, ce chiffre exceptionnel de 40 % de citoyens libérés du devoir d'impôt explique sans doute en partie pourquoi les 60 % qui en paient sont hypertaxés.

La bureaucratie fait bien des travaux inutiles mais ne les fait pas pour rien. Que cache cet intérêt subit pour la générosité populaire envers la classe politique? Se prépare-t-on à abolir ces crédits d'impôt pour aider à renflouer les coffres de l'État en se drapant dans le torchon de la vertu? En effet, on dirait que ce sont « les riches » qui profitent de cette loi. Les riches et, il faut bien le dire, le Parti libéral, contrairement à ce qui se produisait au temps de la ferveur indépendantiste. Se prépare-t-on plutôt à augmenter le financement des partis par l'État ? « Vous ne contribuez pas de gré ? Ce sera donc de force, et sans abattement fiscal. »

Le financement des partis par l'État passait pour une mesure démocratique, mais en fait il force les citoyens à verser de l'argent à des partis qu'ils exècrent et contre lesquels ils voteront. Il met sur le même pied ceux qui suscitent une vraie ferveur et ceux qui laissent indifférent. Il permet aux partis d'abuser des méthodes que l'on dénonce comme « américaines » : sondages, permanences, autobus et avions de tournée, publicité massive, tout le grand cirque. Peu importe le message, peu importe la marchandise, peu importe ce que les citoyens souhaitent, la machine aura son fric. Le financement des partis par l'État plutôt que par leurs fidèles, c'est la formule Rand des politiciens.

Jeudi 15 mars

Avec des mots bien choisis, pas besoin de mentir : on peut amener les gens à se mentir à eux-mêmes. En adoptant les mots d'un autre, on devient cet autre, on tient son discours, on propage ses idées. Depuis que j'ai compris, dans mon métier de journaliste, bien tard je l'admets, comment ce puissant effet de contagion pouvait pervertir l'information, je suis devenu très attentif au danger. Je vois les médias attraper sans méfiance tous les virus intellectuels qu'on leur destine. Par exemple, si vous rasez une forêt, parlez de « cueillette » ou d'« intervention forestière ».

Le ministère de la Santé nous fournit un bel exemple de manipulation des médias, de *spin* comme disent aujourd'hui les journalistes *in*. Le *spin* parfait consiste à imposer son vocabulaire et, partant, sa pensée, et table sur les émotions (surtout) des gens à qui le virus est destiné.

Les sondages montrent que la pénurie de personnel soignant est au premier rang de nos inquiétudes ? On nous promet des « médecins de famille ». Quel beau mot, quel beau titre, que

« médecin de famille » ! Comme un roman de Balzac ou de René Bazin. Ou un de ces télénavets dont la télévision nous inonde.

Le médecin de famille… Fumet de bon vieux temps où la médecine n'était pas déshumanisée, où l'on mourait peut-être de maux aujourd'hui bénins, mais avec le réconfort d'une main familière (c'est le cas de le dire) sur l'épaule. Le médecin de famille, qui vous connaît parce qu'il a accouché votre maman, qu'il avait d'ailleurs soignée petite quand elle avait la varicelle, les oreillons, ses premières règles, qui a tout votre dossier, vos vaccinations, à qui on peut se confier…

Va pour le médecin, mais la famille ? Médecin de famille dans une société où le quart de la population déménage à chaque fête nationale ? D'autres pays ont des défilés militaires, des bals-musettes, ici, on a le festival des matelas et du frigo. Famille dans une société dont la mobilité sociale brasse sans cesse les collectivités, où les régions perdent la presque totalité de leurs jeunes à l'âge de dix-huit ans ? Où 40 % des mariages se terminent par un divorce ?

Médecin de famille ou médecin personnel ?

En fait, ce qu'annonce la ministre, au moment même où elle sait qu'elle ne sera plus responsable du secteur dans dix jours, c'est la création de cliniques de proximité, avec des heures d'ouverture fermes. Et qui ne seront pas les Centres locaux de services communautaires, créés il y a vingt-cinq ans et qui sont des sortes de bureaux de poste, souvent sans médecin, auxquels la clientèle préfère n'importe quoi d'autre. Mais n'existe-t-il pas déjà de ces cliniques, communautaires ou privées ? Bien sûr, et c'est là que l'on va quand on est malade. Mais désormais, elle seront… « de famille » ! Bien sûr, les gens continueront de déménager et de changer de clinique, et donc de « médecin de famille », parfois chaque année. Et les médecins aussi continueront de changer de quartier, pour cause de mariage ou d'école, ou d'enseignement, ou parce que, en améliorant sa situation financière au long de sa vie, on monte de maison en résidence, de quartier en quartier. Mais leurs remplaçants seront « de famille ».

En somme, cela ressemblera comme un clone au système actuel, mais le mot « famille » fait chaud au cœur, comme la tarte aux pommes maison et les recettes de maman.

Une petite phrase attire l'attention : les gens devront s'inscrire à l'une de ces cliniques. Si vous n'en êtes pas satisfait, vous « magasinerez » ? Vous pourrez aller ailleurs, demander la fameuse seconde opinion ? Pas question si vous n'êtes pas inscrit ailleurs. Et si vous changez de quartier ? On voit d'ici la magnifique source d'emplois, de postes de fonctionnaires pour gérer les inscriptions, les transferts d'adhésions, de dossiers. Le chaos habituel de tout ce que l'État essaie de produire et de gérer lui-même.

D'ailleurs, est-ce vraiment là que se trouve le principal problème du système de santé ? N'est-ce pas plutôt dans la pénurie de médecins, d'infirmières, de lits, de matériel, de ressources humaines et matérielles ? Dans le manque d'argent ? Pour un malaise, une maladie, tout le monde peut avoir un rendez-vous rapidement. Mais après avoir vu le médecin, tout de famille qu'on ne l'appelle pas encore, ne devrons-nous pas attendre un an pour un rendez-vous chez un gynécologue ou pour une radiothérapie, trois mois pour une coloscopie, six pour un scan, pour une chirurgie cardiaque, un an et demi pour un psychiatre ?

Mais ce seront des queues et des files d'attente « de famille ».

Ah ! les mots. Quels menteurs.

Exemple : du prosciutto à l'épicerie. L'emballage arbore, en majuscules, le nom de San Daniele. Normal puisque le vrai prosciutto, l'authentique, rarissime et cher, interdit d'importation hier encore, ne peut venir que de San Daniele ou de Parme. Et en toutes petites lettres : produit du Canada. Si vous vous plaignez que le San Daniele ou le Parme ne peuvent être faits au Canada et qu'il s'agit de fraude dans l'étiquetage, on répond qu'il n'est dit nulle part que le produit vient d'Italie et que San Daniele est tout simplement le nom de la compagnie. Il suffisait d'y penser.

Bon. Pourquoi pas bientôt un mousseux québécois fait par monsieur Champagne ?

La publicité a-t-elle une langue ? C'est le thème d'un séminaire tenu au Spectrum sous les auspices de l'Office de la langue française et du Publicité Club. Façon de demander, en langue de bois publicitaire, si la langue de la publicité n'est pas une horreur, un complot contre le français et contre l'intelligence. Si j'y assiste, ce n'est pas parce que j'ignore la réponse qui, pour moi, est claire depuis longtemps. La pub d'ici ne gagne rien dans les divers festivals de pub internationaux. Mais je veux entendre quelles justifications les publicitaires vont inventer.

Chose étonnante, deux publicitaires reconnaissent que la pub fait mauvais genre. Catherine Melillo, d'IDEA Communications, accuse la publicité de pratiquer un populisme excessif, de faire du racolage au lieu de s'adresser à l'intelligence et estime qu'elle a une influence délétère sur les jeunes.

Jean-Jacques Stréliski, ex-Cossette, ex-BCP et ex-PNMD, vedette du milieu de la pub et grand défenseur de la bonne, en semi-retraite fermée pour cause de dégoût, ajoute que ce « malêtre » de la langue affecte aussi la qualité de la pensée :

« Démagogie, populisme, besoin frénétique de toujours se mettre au niveau de celui qui vous écoute, vous regarde ou vous lit, dit-il. Culture obsessionnelle de la cote d'écoute. La guerre est dure. Et le nivelage par le bas est total. Les mauvais téléromans, les radios privées, les publicitaires médiocres et les annonceurs aussi peu difficiles que scrupuleux font florès… Parler alors de qualité de langue devient dans notre milieu un tabou voire une perversion puisque, par perception presque vicieuse (ex. : la très mauvaise télésérie Tribu.com), elle se présente ainsi comme un univers voué à la médiocrité et au mercantilisme le plus absolu. »

Vous êtes ce que vous mangez, disaient les granoles. À force d'annoncer la malbouffe, on finit par lui ressembler ? Mais, dans le milieu publicitaire, aborder la qualité de la langue, écrite ou parlée, est tabou. On fait semblant, mais on pense au fond que la vulgarité est un art si elle est « au deuxième degré ». Pour se faire remarquer, rien de mieux que de jouer les « *freaks* ». Nous nous moquons des gens, mais nous, nous ne sommes pas dupes. Ce qui est vraiment populaire n'est pas vulgaire ; c'est le populisme qui est assassin. Je n'ai pas vu beaucoup de cadres supérieurs des agences dans la salle. Pas plus que de journalistes. Je demande à Stréliski de m'envoyer son allocution par courriel et je la diffuse au max, comme on dit en publicitien.

Jeudi 22 mars

Il y a deux jours, c'était le printemps. Un printemps comme dans les souvenirs : une première brise tiède, le soleil comme une promesse de vacances…

Ce matin, ce pays capricieux nous revient avec une copieuse giboulée qui entarte le paysage, à la grande joie des faiseurs de cartes postales et autres gâcheurs de pellicule, et transforme les rues en marécages pour le profit des nettoyeurs. Le ciel opaque fournit un sujet de conversation au peuple des ascenseurs et aux amuseurs de la radio qui y trouvent du jamais vu et du réchauffement de climat. La tempête des sucres, disaient pourtant leurs grands-parents. Manifestation fractale du chaos, corrigerait Benoît Mandelbrot.

Autre rite de saison : la cabane à sucre, tradition aussi éloignée de ses origines que la messe peut l'être de la dernière Cène, et où l'on mange des graillons desséchés, des omelettes en caoutchouc, de la bouffe de trappeur, tout en essayant de se faire entendre à travers rock et rap. Aussi n'y va-t-on qu'une fois par an.

* * *

Signe de printemps aussi que les rumeurs à propos du budget, savamment semées par les attachés de presse. On tâte ainsi l'opinion, et les fuites ont l'avantage d'étirer et d'allonger la diffusion des bonnes nouvelles sans que l'opposition puisse en rien répliquer, et de cacher ou minimiser les moins bonnes. Tout le profit est pour le gouvernement. Si les rumeurs s'avèrent — et elles coulent probablement de source — nous aurons des élections provinciales en juin.

La nouvelle ministre des Finances annoncerait un surplus de deux milliards, avec les camouflages destinés à empêcher les contribuables de réclamer des réductions d'impôt. Tout comme les hommes d'affaires, les gens du pouvoir, politiciens et mandarins, ne veulent pas voir ralentir la croissance de leur business. Il y a du cataplasme pour le malade, présent et futur, pour le vieillard et pour les parents, tous par définition à gauche, masse de manœuvre du Parti québécois, et du nanane pour le contribuable, par définition à droite.

Le nouveau premier ministre, Bernard Landry, dispose de tous les prétextes pour tenir des élections : il n'est pas élu mais a été nommé, et sans congrès du parti. Peu populaire, il peut prétendre avoir besoin d'un mandat personnel. Il a aussi besoin d'une réélection avant de déclencher le référendum qui refera l'unité de son parti. La campagne électorale sera d'ailleurs une occasion en or de pourfendre le gouvernement fédéral en un long prélude référendaire…

Mais, surtout, le temps presse et la contraction économique menace. Depuis un certain temps d'ailleurs. En mars 2000, il y a un peu plus d'un an, j'entamais un rapport mensuel au conseil de gestion des Éditions Rogers en signalant une odeur de déjà-vu. L'année commençait mal, les profits des entreprises s'évaporaient, les bourses chancelaient. En fait, j'ai été étonné de voir l'activité économique se maintenir toute l'année au point mort, en haut de sa courbe balistique, avant d'amorcer une descente. On y est.

On y est, et dans un an Landry ne gérera plus des surplus, mais un déficit costaud. Adieu veaux, déductions, investissements… La faible marge qui le sépare de l'opposition libérale ne pourra que se creuser et la défaite sera inévitable. Après un Bernard Landry par défaut, nous aurions un Jean Charest par défaut. Landry ne veut pas être premier ministre un an ou deux : à son âge, une défaite signerait la fin de sa carrière. Avec une victoire en juin, avant les vents de récession qui défont les gouvernements, il serait en selle pour cinq ou six ans, avec tout le temps nécessaire pour voir partir Jean Chrétien, tenir un référendum sur la réforme du fédéralisme et imposer une négociation avec le Canada anglais ou même l'indépendance, apothéose dont il rêve depuis quarante ans. Relire La Fontaine : Perrette, la peau de l'ours et autres contes politiques.

Vendredi 23 mars

L'effet Bush ?

L'économie vacille, l'économie qui fait et défait les carrières politiques malheureuses, et permet aux chanceux de passer à travers les scandales. Les analystes impénitents expliquent pourquoi l'économie ira mal après nous avoir expliqué pourquoi elle irait bien. La moyenne des derniers marchés baissiers est de 30 % environ. On a déjà dépassé cette marque. La durée moyenne de ces contractions était de huit mois, mais le record de treize ans. Qui sera au pouvoir dans treize ans ?

Et pourquoi ce brusque revirement de tendance, alors que certains croyaient que les cycles économiques n'ont plus de sens ? Parce que monsieur Greenspan a trop serré les taux d'intérêt, qu'il ne les a pas desserrés assez tôt, parce que le Japon est en dépression, parce que la crise asiatique de 1998, parce que l'euro ? Parce que tout le monde savait que l'évaluation des titres technologiques était une grossesse psychologique, d'où le dégonflement brutal. Parce que, parce que...

Parce qu'on a trois voitures, deux maisons, cinq appareils télé, autant de téléphones et qu'il faut bien un jour cesser d'acheter, le temps que toute cette quincaillerie devienne obsolète ou tombe en panne. De l'économie comme retombée de la rouille et de l'usure.

Mais pourquoi à ce moment-ci ? Pourquoi en janvier 2001 plutôt qu'il y a six mois ou un an ?

Et Bush? Et si c'était Bush?

La rupture soudaine de la confiance. La majorité des Américains ont voté contre ce président-là. Ils ne le croyaient pas capable d'assumer la présidence des États-Unis. Il s'est entouré d'un aréopage de ministres et de conseillers plus connus pour leur conservatisme social et économique et leurs ailes de faucon que pour leur vision économique et sociale. Le plus expérimenté, son vice-président, est captif de la porte à tambour de l'hôpital. En quelques semaines, le nouveau président rebombarde l'Iraq (regarde, papa! moi aussi) dans *Son of Bush*, un remake de la guerre du Golfe. Il trouble la nouvelle paix froide en annonçant que la Russie reste un ennemi dangereux, déniche un espion et renvoie cinquante diplomates russes. Il relance l'opération Star Wars et la course aux armements. Il pilote des réductions d'impôt (regarde, Ronald! moi aussi) qui n'auront d'effet que dans un an, compte sur des réductions de taux d'intérêt qui n'agiront que dans deux.

I love you. I understand you. Clinton rassurait la génération *feeling*, Bush, avec sa face de pharisien triste, inquiète plutôt. Ne s'enrichiront que les fabricants de torpilles. Parle-t-il à la télé, il consterne. «N'achetez que des titres de compagnies que n'importe quel idiot peut diriger, disait Peter Lynch, un investisseur célèbre, parce que tôt ou tard n'importe quel idiot la dirigera.»

Samedi 24 mars

Discours inaugural à Québec, cette semaine. Pas un mot qui me fasse changer un iota à ce que j'ai écrit avant-hier. «Les besoins sont à Québec, notre argent est à Ottawa.» Landry est dans les *starting blocks*. Et pour davantage qu'une simple course électorale. Il tentera de nous convaincre que la pauvreté est une MTF (maladie transmise fédéralement). Au lendemain d'un Oui qui ne pourrait qu'être de justesse, où serait l'argent? Nulle part, sans doute.

* * *

Traces de chrome dans l'eau potable de Montréal. C'est beau, le chrome, mais pas dans l'eau. Hier, on nous mettait en garde contre le lait de vache : sa consommation avant l'âge de trois ans prédisposerait au diabète. Chaque jour amène sa petite découverte d'un nanogramme d'un polluant nouveau, la nouvelle scientifique ou pseudoscientifique étant devenue la providence des rédacteurs en chef en manque de matériel. Et ne disons rien de l'encéphalite spongieuse, qui a réduit de moitié la consommation de viande en Europe et paralysé le commerce de produits alimentaires avec l'Amérique du Nord. C'est que quatre-vingt-onze des cinquante millions d'Européens décédés depuis dix ans auraient succombé à la variante de Creutzfeld-Jacob, un sur 549 451. Ou un habitant de Québec, trois de Montréal, quinze du grand New York. Statistiquement, l'Européen moyen allonge sa vie d'un cinq cent millième — ou une douzaine d'heures — en repoussant le steak assassin.

C'est que nos instruments de mesure sont de plus en plus performants, capables de dénicher une molécule dans un caillou tombé de Mars. À force d'analyses poussées, d'instruments géniaux et de surplus de laborantins en quête de Nobel, on finira bien par découvrir que TOUT NOUS TUE ! Lentement, et qu'il faut en général environ quatre-vingt-cinq ans pour que TOUT vienne à bout d'un humain normalement constitué.

Il y a longtemps, j'allais encore à l'école je crois, on s'émouvait de l'histoire de l'enfant-bulle, un garçon dépourvu de système immunitaire et qu'il avait fallu garder depuis sa naissance dans une cage de verre aseptique. Un jour, il a fallu le changer de cage et il est arrivé ce qu'on pense. Aujourd'hui, c'est la Terre entière que nous tentons de mettre sous bulle. Il semble que l'entreprise soit plus compliquée qu'on ne le croit.

Dimanche 25 mars

Des amis libéraux — au sens partisan du mot sinon au sens philosophique — ont appuyé une « loi de retour au travail » qui force les pharmaciens, des commerçants indépendants pourtant, seuls responsables de leurs loyers, de leur masse salariale, de leurs frais généraux, de leur inventaire, à participer au régime d'assurance-médicaments. Les pharmaciens refusent le montant forfaitaire que leur verse le gouvernement pour chaque ordonnance.

Pourquoi voterait-on pour le Parti libéral s'il pratique la même philosophie socialiste et autoritaire que le Parti québécois ? Où est la différence ? Les pharmaciens sont-ils des commerçants ou sont-ils des fonctionnaires ? L'État peut-il d'autorité déterminer leurs revenus s'il n'est pas aussi responsable de leurs dépenses ? Ou pire, quand il augmente le prix du gaz de 50 % ?

Bien sûr, on vise à plaire aux électeurs en rasant gratis. La foule choisira toujours Barrabas, que leur montrent Caïphe et Ponce Pilate. Les politiciens aussi, même libéraux, pour qui un vote compte plus qu'une politique.

Mais a-t-on vraiment protégé le consommateur électeur ? Car tout cela est encore mensonge : les « pharmacies du Canada », qui vendent de tout, comme disait ce pauvre Trenet, augmenteront de quelques sous le prix de tous les autres produits. Produits non assurés, cela va sans dire. Le consommateur électeur paiera quand même, pensant qu'on vient de lui faire un cadeau et de protéger un de ses « droits à ». Il n'est pas impossible non plus que, dans les quartiers pauvres, l'on voie dans ces bazars diminuer le nombre d'officines. Ou apparaître le double guichet : l'un pour les cartes de crédit, l'autre pour tous les formulaires.

Mercredi 28 mars

Le Zapatour du sous-commandant Marcos, suivi depuis deux semaines par des caméras de tous les coins du monde, est arrivé avant-hier à Mexico. L'homme à la pipe s'est effacé, cependant, pour laisser deux douzaines de rebelles anonymes rencontrer le Congrès mexicain. Ou du moins certains des députés puisque plusieurs des membres du parti de Fox se sont opposés à ce que la Chambre reçoive les zapatistes masqués. Cela constitue une faute pour des élus, en effet, de discuter avec des gens masqués. À Mexico ou à Oka. Et une erreur. Le président Fox et les membres du Congrès mexicain auraient dû exiger que les délégués zapatistes enlèvent leurs passe-montagnes.

La plupart des journalistes et des téléspectateurs d'Occident pensent que ce masque sert à protéger l'anonymat de Marcos et à lui éviter des représailles. Mais l'identité de Rafael Sebastian Guillen Vicente, professeur en communications et en sociologie des communications à Mexico, est connue depuis longtemps. Son masque sert à autre chose qu'à le cacher : d'une part à tromper l'opinion internationale, d'autre part à conditionner les masses mexicaines.

Le masque est photogénique, ce qui est la moindre des choses à l'ère de la télévision, et proclame à l'univers entier que les protestataires sont en péril et que le pouvoir n'hésiterait pas à les emprisonner, ou même à les liquider, s'il les connaissait. Pour les Mexicains, l'astuce est tout autre. En effet, les Mexicains sont friands de lutte. Ce sport dépasse probablement tous les autres en popularité, football ou corrida. Il y a des combats sept jours par semaine dans toutes les grandes villes. Les matchs de lutte sont télévisés, avec des audiences faramineuses. Mais surtout, le « bon » est toujours masqué : les équivalents latinos de Superman, du Fantôme, de Batman, combattent les méchants, les « *rudos* », les puissances du mal, les oppresseurs, les corrompus, qui s'appellent El Medico Asesino, El Asteroide, El Cibernetico, et même El Nazi, ce qui montre bien la charge politique.

Le « *tecnico* », toujours fair-play, est le matador du pauvre, le chevalier de la Justice. Son identité reste toujours un mystère ; certains, comme le célèbre El Santo, se sont même fait enterrer avec leur masque, emportant leur anonymat dans la tombe. Le touriste consciencieux, qui veut comprendre l'âme populaire mexicaine, doit aller assister à une de ces soirées colorées où archanges, démons, travestis défilent dans l'arène.

Marcos dit regretter la « personnalisation » du mouvement, mais avec son passe-montagne et la pipe empruntée à José Bové, ce spécialiste des communications sait qu'il se met subliminalement du côté de l'Ange aztèque et avec le Robin des Bois de l'antimondialisation contre Fox El Yanqui.

Nulle part on ne tolère des gens masqués dans la rue, encore moins devant les tribunaux ou dans les Parlements. Il aurait fallu dire : nous vous recevrons quand vous enlèverez ce masque. Ou peut-être que, si les députés mexicains s'étaient présentés aux négociations masqués eux aussi, les délégués zapatistes auraient refusé de les voir ?

Samedi 31 mars

Le printemps est officiellement arrivé depuis dix jours, mais on est encore en plein hiver. Les érables sont déjà tous branchés sur les grandes bouilloires au bout de leurs veines bleues, mais pas un seul n'a encore versé une larme de sève alors qu'en théorie la saison tire à sa fin. Quelques vols d'oies ont tourné au-dessus du lac gelé dans un grand vacarme de klaxons angoissés et ont fait demi-tour. Le jardin est toujours couvert d'un mètre et demi de neige. Pas un buisson n'y est visible. Il m'a fallu déneiger le toit, qui se creuse sous le poids de la glace.

Il y a trois ans, à cette date, il faisait 22 degrés et les crocus sortaient de terre, une brève apparition avant de succomber au gel et aux neiges tardives. Cette année, pas le moindre signe de printemps. Les oiseaux et les animaux n'ont plus rien à manger. Chaque nuit, les coyotes du canton célèbrent l'abondance de proies prochaines par un long concert de glapissements. Selon les biologistes, le tiers des cerfs sont en passe de mourir de faim. Les ratons laveurs qui habitent la grange abandonnée du voisin sont maigres à faire peur.

Si, il y a un signe du printemps. Un seul. Le budget de madame Marois.

Pas de dégel pour autant. Au contraire : on annonce bien des réductions d'impôts attendues depuis longtemps, mais les chiffres sont trompeurs : ils tiennent compte des réductions déjà annoncées l'an dernier, et les nouvelles prendront effet plus tard, certaines en juillet, les autres d'ici... trois ans ! On demandait aux gouvernements des budgets de dépenses triennaux, pas des camouflages qui ne vaudront pas tripette s'il y a une récession.

Alors que la croissance économique n'atteindra pas 2 %, sans doute, on prévoit un accroissement de la fonction publique de plus de 6 %. Drôles de maths. Pourtant, la population n'a pas augmenté. Ni le nombre de contribuables.

La ministre annonce que quatre Québécois sur dix ne paient pas d'impôts, un signe selon elle de progrès et de qualité de vie. Or, cela semble plutôt un signe de pauvreté, indiquant que le revenu de quatre personnes sur dix est inférieur au minimum nécessaire pour payer son écot, même nominal. C'est aussi une illusion puisque les taxes directes, qui augmentent sans cesse, sont payées par tout le monde.

Comment reconnaîtra-t-on que la situation économique des Québécois s'améliore ? Existe-t-il un signe indubitable ? Oui. Quand le nombre de citoyens qui ne paient pas d'impôt sur le revenu commencera à diminuer.

AVRIL

Dimanche 1er avril

Jeté un coup d'œil en passant dans le centre de design de l'UQAM, de Dan Hanganu, prix Orange, bâtiment qui serait à marquer d'une pierre blanche dans l'architecture récente à Montréal, s'il faut en croire les jurys qui cultivent l'orange et le citron.

Je déteste. Je déteste toutes ces récentes bâtisses identiques, comme clonées, qui sont des expositions de matériaux plus à leur place dans les parcs industriels que dans les rues commerciales ou résidentielles : plaques de métal, grillages, blocs de béton, palplanches d'aluminium ou d'acier.

Pourquoi ces immeubles se ressemblent-ils tous s'ils sont destinés à des usages différents ? Si leurs architectes ont l'individualité et l'originalité qu'ils affichent ? Effet de mode ? Ou, comme pour la musique, influence des lieux où ils ont grandi ?

En effet, en regardant bien, on reconnaît les écoles-usines des années soixante et soixante-dix, leurs couloirs sans fenêtres, les gymnases, les vestiaires avec leurs rangées de casiers métalliques.

Jean-Pierre Issenhuth, écrivain enseignant, évoque dans son dernier livre le désarroi qui l'a saisi quand il est entré dans ces prisons d'une société qui déteste ses enfants.

Mardi 3 avril

Aux États généraux du français, les jeunes du Parti québécois réclament l'unilinguisme dans l'affichage, mais manifestent leur magnanimité en recommandant que l'on tolère le bilinguisme dans certaines régions à potentiel touristique élevé. Très rigolo, puisque les principales destinations touristiques du Québec ne sont pas le trou du rocher Percé et la pêche aux poulamons sur la Pérade, mais Montréal, avec dix millions de visiteurs par an, et Québec! Donc, affichage bilingue pour 80 % de la population.

On a entendu aux États généraux si mal nommés les alarmistes de service habituels, qui tiennent le français pour un agonisant ou un prématuré qu'il faut garder sous perfusion. Outre que je ne crois pas un mot de ces périls appréhendés, je note que les Cassandre sont au pouvoir depuis vingt-cinq ans, disposent de toutes les ressources de l'État, du contrôle de l'école et des programmes scolaires. Et rien n'aurait changé? Si c'est vrai, quel échec, quel aveu!

S'il faut s'inquiéter, c'est bien plus de la qualité du français et de son enseignement que des microvariations du pourcentage d'anglophones. Congressistes et enquêteurs pourraient commencer par exiger que les lois et règlements soient rédigés en une langue claire, concise et élégante. Et les formulaires et communiqués. Que les ministres, députés et grands commis de l'État parlent une langue correcte, et non pas celle du ministre actuel de l'Éducation. Qu'ils préparent soigneusement leurs allocutions au lieu d'improviser et de bafouiller à pleins micros.

La langue n'est pas quelque chose de statique, mais qui évolue sans cesse. On peut choisir dans quel sens. J'ai travaillé près d'un an à Bruxelles, il y a fort longtemps. Le français qu'on y parlait était, disons, surprenant. Or je ne sais quand la chose s'est produite, mais je remarque, tout à coup, une disparition : les bulletins de nouvelles belges de TV5 ne sont pas plus intéressants qu'autrefois, mais l'accent belge a disparu, non seulement chez les annonceurs, mais chez presque tous les gens que l'on interviewe dans la rue. Fini cet accent nasillard qui évoquait le marseillais triste, nous étonnait et en France faisait rire-ke. Y a-t-il eu un plan quinquennal de diction et de rapprochement du français commun? Est-ce l'influence de la télévision française voisine qui francise le Belge moyen, comme ici la télé américaine anglicise? Pourrait-on imaginer qu'ici aussi la télévision puisse contribuer à améliorer la langue, syntaxe et accent, et stoppe l'écart qui se creuse entre le français et le québécois?

C'est ranimer le débat sur l'identité des Québécois et la réalité de leur nature française, évidemment, mais c'est un faux débat. Octave Crémazie disait qu'il n'existerait pas si nous parlions huron, mais voilà, nous ne parlons pas huron. Nous parlerons ou français ou anglais, pas un hybride. D'ailleurs, voici la question que je veux poser : en abandonnant certaines particularités régionales difficiles, en se rapprochant du tronc français commun, les Belges ont-ils perdu leur belgicité? (Je n'écrirai ni belgitude ni québécitude ; en inventant cette géniale désinence, le président-poète Léopold Senghor décrivait la solitude d'une Afrique rejetée. Ici, la solitude ne pourrait qu'être volontaire, si les Canadiens français décidaient de tourner le dos au grand marché de la francophonie pour choisir le repli sur le marché local et son patois.)

Samedi 7 avril

Une deuxième commission régionale de la santé publique, celle de Rimouski, demande un moratoire sur l'expansion de la production de porcs. On peut aimer ou ne pas aimer la viande de ces OGMPMNT (organismes génétiquement modifiés par méthode naturelle traditionnelle, *i. e.* par accouplement), mais le problème n'est pas là. Il se trouve à l'aval de la bête.

En effet, la viande n'est qu'un sous-produit du cochon, le produit principal étant le fumier. Avec chaque kilo de bacon ou de jambon viennent dix kilos de merde riche en phosphates et en nitrates (six cents millions de kilos par an, de quoi remplir toutes les piscines de la province). Un porc produit autant de déjections que six humains et on en compte six ou sept millions dans le Québec habité, un minuscule territoire limité au bassin du Saint-Laurent.

Où fourrer tout ça? La production principale de ces camps de concentration est de l'espace à déjections. Les Champs Élisiers. Car on ne sait plus où mettre les déjections de ces bêtes que l'on gave, et la surcharge de nitrates et de phosphates, responsable de la mort de plusieurs rivières, commence à souiller les eaux souterraines. Pour des dizaines, des centaines d'années, peut-être davantage. À seule fin de créer de l'espace pour étendre cette coprosphère, les pouvoirs publics encouragent le déboisement de zones dont ils subventionnaient le reboisement il n'y a pas vingt-cinq ans. Dans la Beauce, par exemple, les autorités doivent lutter contre le ministère de l'Agriculture qui prétend interdire le reboisement des terres incultes et favorise même l'abattage des forêts pour augmenter les superficies d'épandage des lisiers.

On en étend sur les terres agricoles, les non agricoles, on en disperse même en forêt, stratégie que recommandent désormais de savants techniciens de la production ligneuse, comme ils disent. Et on en met plus que moins.

Problème aussi du côté du groin. Pour nourrir les Japonais, il faut non seulement une abondance d'engrais des subventions, mais du maïs, une culture forcée qui appauvrit les terres, empêche l'assolement normal, nécessite des masses de phytocides et d'insecticides, retient mal les sols.

Le Québec copie ainsi des pratiques qui ont saccagé l'environnement en Hollande. Tout cela pour une poignée de dollars, puisqu'une côtelette sur deux est exportée vers des pays, comme le Japon, qui pourraient fort bien produire leur propre porc mais ne veulent pas s'encombrer des conséquences environnementales. En somme, importer du porc, c'est exporter la pollution. En exporter, c'est importer la pollution d'autrui. Le plus ridicule, c'est que chaque kilo de cette activité économique ruineuse est subventionné, bon an mal an, à raison d'une centaine de dollars par bête. Pourquoi ne pas donner la subvention directement aux «porchers», aux producteurs, mais en leur demandant de ne plus rien produire?

Quelques solutions?

— Expédier au Japon, avec chaque kilo de joli porc rose, découpé, conditionné, scellé sous vide, prêt à sushifier, les dix kilos de merde attenante, que Tochiro pourra étendre dans ses rizières ou sur ses golfs.

— Adapter la technique au consommateur québécois qui dispose d'une pelouse devant la maison et distribuer les surplus de lisier aux dix mille terrains de golf canadiens.

— Adopter le judaïsme comme religion d'État, quoiqu'il semble qu'Israël, où ni juif ni musulman ne mangent de la chose, en soit un gros producteur.

— Assécher la mortelle substance pour en faire les briques avec lesquelles les porcheries devraient obligatoirement être construites.

— Demander à Julie Payette d'abonner l'UPA au programme spatial.

— Revoir *Soylent Green* (*Soleil vert*) : si un spécialiste du cochon buvait à la télévision l'eau résiduelle du compostage des lisiers, peut-être peut-on en obtenir aussi un substitut extrudé du maïs ou du soya.

— Enfermer les députés en conclave jusqu'à ce qu'une fumée blanche indique qu'une solution a été trouvée.

Solution plus réaliste : une taxe sur la production de nitrates et de phosphates excédentaires. Le produit pourrait en être versé à l'environnement.

(*Note 1* : il est étonnant que les protestataires n'aient pas songé à lancer une campagne d'abstention ; en effet, pas de bacon, de sandwichs au jambon, de cretons, de saucisses, adieu goret, truie, verrat et pollution.)

(*Note 2* : la merguez est, on le sait, une saucisse d'agneau, ou parfois de bœuf, puisque l'Afrique du Nord, d'où elle nous vient, est une région musulmane ; mais au supermarché la merguez de grande distribution est faite de porc ! Mohammed s'abstenir.)

Pour désamorcer l'opposition au prochain Sommet de Québec sur la création d'une zone panaméricaine de libre-échange, le ministre canadien du Commerce international a annoncé que les documents de négociation vont être rendus publics. Les opposants se réjouissent : ils vont enfin savoir à quoi ils s'opposent.

À la Maison de la Presse, rue Sainte-Catherine, je balaie du regard les titres des revues et journaux étrangers, à l'affût de bons articles. Comme d'habitude, l'accès aux rayons est bloqué par de gigantesques Africains qui se servent de l'étalage comme bibliothèque pour lire *Jeune Afrique*. *Le Monde diplomatique* arbore une manchette sur la fièvre aphteuse qui répand dans la campagne anglaise la pestilence des carcasses qu'on brûle ou qu'on enterre. Ce journal m'a toujours paru au-dessous de sa réputation, avec sa tradition, depuis Claude Julien, d'anti-américanisme et avec ses correspondants plus ou moins inféodés aux régimes des pays où ils sont en poste. Et encore plus aujourd'hui, avec le sentencieux Ignacio Ramonet, de l'école Viviane Forrester-José Bové.

Ainsi, la ramonerie de la semaine : l'épizootie de fièvre aphteuse est une conséquence du néolibéralisme ! La preuve en est qu'elle frappe l'Angleterre de l'abhorrée Margaret Thatcher, explique l'abbé Ramonet. Et les épidémies d'avant le néolibéralisme ? Et l'absence de cas aux États-Unis, Vatican de cette pernicieuse doctrine économique ? Et inversement, pourquoi cette maladie est-elle endémique dans la plupart des pays pauvres et même dans certaines économies socialistes ?

On est en plein délire religieux, et tout près de considérer les libéraux, tenants de l'économie de marché, comme des infidèles, des porteurs de virus. À la petite école, on nous expliquait le péché mortel par une gravure montrant, au bord du sentier de la sainteté qui mène vers le ciel, les divers états d'une rose desséchée et noircie pour avoir été frôlée par un serpent. Selon le journal, les vétérinaires ont bien tort de penser que la cause de l'épizootie tient aux conditions sanitaires archaïques des élevages anglais et à la dégoûtante manie de nourrir les animaux avec n'importe quelle cochonnerie. L'agent infectieux, le voilà! le grand Satan néolibéral.

Ramonet dénonce l'abattage de plus d'un demi-million de bêtes pour satisfaire les autorités sanitaires d'autres pays et les grands commerçants de viande. Il propose donc de mettre cette viande dans le circuit de la consommation? Il accepte que le mal devienne endémique?

Nos ramonistes locaux prétendent vouloir aider le Tiers-Monde, mais s'opposent aux délocalisations d'entreprises de faible technicité vers ces pays où la main-d'œuvre est bon marché. Ils prétendent défendre l'emploi mais dénoncent toutes les politiques qui ont permis d'accroître les exportations, une attitude suicidaire dans des pays dont le marché intérieur est minuscule. Discours à deux faces. On les verra bientôt à Québec la semaine prochaine, vivant de contestation mais n'ayant rien à proposer que leur conservatisme. Partis moribonds comme le NPD, vandales qui s'infiltrent dans toutes les causes du genre, syndicats que personne n'écoute et qui sont en fait des partis politiques qui n'ont évidemment pas la bêtise d'aller se faire ratiboiser aux élections et tentent d'imposer au gouvernement par le chantage ce qu'ils ne pourraient vendre autrement à l'opinion. Mais on prendra ce carnaval au sérieux. Il bénéficie, en effet, de la complicité des médias, qui ont besoin qu'il se passe des choses. N'importe quoi mais du spectaculaire. Quoi de plus ennuyeux, à l'écran, que les délibérations des diplomates et des sociétés savantes? Quoi de plus photogénique que des manifestants, qui ont depuis longtemps appris les vertus de l'effet Greenpeace: mise en scène et déguisements, violence et actions bruyantes?

Lundi 9 avril

La ministre des Relations intergouvernementales, madame Beaudoin, s'offusque: les textes du Sommet ne sont pas encore traduits en français. Ils ne sont accessibles qu'en anglais et en espagnol.

On aimerait que ces milliers de pages soient traduites en français, mais faut-il s'étonner ? C'est que l'on compte dans les Amériques plus de trois cents millions d'anglophones, et que leur économie représente les trois quarts de l'ensemble, et davantage d'hispanophones, dont la langue seconde est aussi l'anglais. Langue officielle du Canada, le français n'y est parlé que par environ sept millions de personnes. Pas de portugais au Sommet, même si le Brésil a cent quatre-vingts millions d'habitants et un produit national brut qui dépasse celui du Canada.

Et faut-il s'étonner que les objectifs mis de l'avant soient ceux des États-Unis ? Le journal du reporter Clark Kent, alias Superman, s'appelle *The Planet*. Qui résistera à ce qui s'annonce comme une planète américaine ? Les masses défavorisées qui rêvent de prospérité, de bien-être et d'Amérique, quel qu'en soit le prix ? Les petits peuples ? Le nombre, les économies, les armes ? Ou tout simplement la culture ?

Comme jadis à Rome, la *pax americana* vient avec la *lex americana*, le numéraire, la culture… Comme jadis, le monde va se partager entre les peuples qui veulent résister et ceux qui voulaient devenir de bons Romains. Pour un Massada, un Alésia, combien de ralliements, de routes continentales, d'arcs de triomphe et d'arènes jusqu'aux confins du monde ? Même Vercingétorix, avant d'avoir l'idée de prendre la place de César, était un ami. Des ambitieux issus des marches de l'Empire, d'Afrique du Nord, d'Espagne, des rives du Danube, n'allaient pas tarder à être plus romains que les Romains et à devenir leurs empereurs. Jusqu'à ce que surviennent les Barbares. Les « wannabe américains » refusent d'être américains, mais veulent leur être semblables, ce qui finit par être la même chose.

* * *

Les radicaux que Paul Cliche, ex-journaliste, depuis longtemps permanent de la CSN, représentait à l'élection partielle dans la circonscription de Mercier, aujourd'hui, et qui ont permis à la candidate libérale de remporter la victoire avec le tiers des voix exprimées, soit le sixième des électeurs, vont-ils faire au Parti québécois cette année ou l'an prochain ce que le RIN de Pierre Bourgault a fait à Jean Lesage en 1966 : diviser le vote et provoquer sa défaite alors qu'il conservait une forte pluralité des voix ? Ou ce rôle est-il réservé à Mario Dumont et son one man show ?

Mercredi 11 avril

Mondialisation si, globalisation no ! On pourrait résumer par ce slogan à la cubaine la position que défendait hier soir, dans un cocktail, un professeur que l'on retrouvera à Québec dans dix jours.

La mondialisation est une bonne chose, expliquait-il, puisqu'elle conduit à la relativisation des nationalismes et à l'entraide universelle, alors que la globalisation... Ah ! la globalisation ! Quelle horreur ! Un complot capitaliste et américain pour saper la démocratie et donner les pleins pouvoirs aux multinationales. Donc, la mondialisation n'est pas la globalisation. Je lui demande sournoisement comment l'anglais fait la différence, comment se dit son slogan en anglais. Il ne comprend pas que le français dit « monde » là où l'anglais dit « globe », et mondialisation où l'anglais dit globalisation. *Worldlization*, en effet, ça se dit fort mal. Et ses distinctions spécieuses n'ont aucune réalité.

* * *

Au Sommet de Québec, dit le maire Jean-Paul L'Allier, il y aura neuf mille fonctionnaires. Bush à lui seul doit débarquer avec une suite de mille deux cents sherpas, diplomates, flics. C'est Héliogabale, Gengis Khan, la Cour de Chine. Ou fait-on du show-business, comme pour montrer aux manifestants — et aux électeurs — que le sort du monde est en jeu ?

Combien Roosevelt et Churchill avaient-ils de fonctionnaires et de conseillers avec eux aux Conférences de Québec en 1943 et 1944? Le Château Frontenac affichait-il complet? Et ces conférences n'étaient sans doute pas moins importantes.

Jeudi 12 avril

À Montréal, les espoirs que suscitait la reconfiguration de la municipalité en un tout organique plutôt qu'une collection de satrapies sont en train de sombrer dans l'agitation politicienne et les querelles de clocher appréhendées. On ne guérit pas aisément d'une culture de la chicane. Il n'est question que des risques et des effets négatifs. Et personne n'a encore signalé le grand, le principal avantage de la fusion, le fait que la métropole du Québec va enfin bénéficier du talent et des connaissances de la totalité de ses habitants, et non plus seulement de ceux qui résident dans l'ancienne ville. Car ceux des municipalités périphériques actuelles et des enclaves, hommes d'affaires, universitaires ou membres des professions libérales, sont des Montréalais défranchisés, des exclus des décisions sur l'avenir de leur ville. Et Montréal en est amputée et affaiblie. Mais certains peuples sont ainsi faits qu'ils préfèrent la totalité du pouvoir dans leur village à une participation à un pouvoir plus grand. Plutôt premier en Gaule que deuxième à Rome, disait César.

Au moins n'est-il pas question de rebaptiser la ville. Sur la rive d'en face, on cherche de nouveaux noms. Longueuil a trois cent cinquante ans, mais par dépit on s'apprête à en changer. Quelqu'un a déjà prétendu que ce peuple n'a pas d'histoire, pourquoi ne pas en faire la démonstration?

Vendredi 13 avril

Stabat mater de Dvorak, à Notre-Dame, hier soir. Dutoit a repris sa formation en main après une absence de deux mois et on reconnaît sa griffe : allant, précision, pas de pathos. Les solistes, dont deux Slovaques, avec des voix et une émission très slaves, sont irréprochables, contrairement à ce qui arrive parfois où un chanteur médiocre gâche le travail de l'orchestre et des chœurs. Je ne puis m'empêcher de comparer cette interprétation, que je réécouterai d'ailleurs à la radio ce soir, à celle que j'ai rapportée de Prague l'an dernier. Le ténor était le même, mais plus jeune. L'interprétation était mal servie par un enregistrement déficient, et l'ensemble montréalais est supérieur à la Philharmonique tchèque.

En écoutant la strophe *Sancta Mater, istud argas, Crucifixi fige fraga*, je pensais à un jeune collègue qui me demandait récemment « ce qu'est la culture ». Et par conséquent ce qui n'en est pas, question épouvantable à laquelle j'ai répondu, faute de mieux, que ce qui passe est de la mode, ce qui reste est de la culture. Mais la culture de qui ? Cette invocation ancienne que je sais encore par cœur, cinquante ans après l'avoir entendue, est une partie de la culture de l'Occident depuis des douzaines de générations. Mais on peut exister sans.

La basilique est pleine. Plus de deux mille personnes écoutent (religieusement, même si c'est sans rapport avec la religion) une musique slavo-germanique qui se pense souvent italienne, sur un poème du XIIᵉ siècle. Poème religieux, chrétien, mais que deux douzaines de compositeurs ont mis en musique pour des publics de religions diverses, catholiques, protestants, athées. On reprochera à cette musique d'être trop verdienne, plus théâtrale que religieuse, de vouloir faire pleurer Margot. Précisément ! *Fac me vere tecum flere*, dit le poème de Jacopone da Todi. Fais-moi pleurer. Est-ce que toute la liturgie catholique n'a pas été depuis mille ans un immense théâtre : décors somptueux, costumes chamarrés, cérémonies grandioses ? Et interminables ? Comment ne pas constater que la religion compte pour une grande partie de la culture de l'Occident, peut-être la plus grande partie, mais que l'art compte pour une grande partie de la religion !

Le décor néogothique de Notre-Dame, sorte de baroque irlando-canadien-français, avec ses contrefaçons multicolores et ses sculptures, aide à se replacer à Saint-Vit de Prague ou à la cathédrale Saint-Nicolas, où ce *Stabat mater* a dû être chanté souvent. Ici, la *Mater standa* au pied de la croix domine réellement le chœur, juste au-dessus d'un ridicule mouton à oriflamme.

Cordi meo valide... Après plus de cinquante ans, des fragments de cet hymne qui est au cœur de la liturgie du Vendredi saint me reviennent en mémoire, avec le plain-chant du récitant. Et pourtant, je n'ai pas entendu ces mots latins plus d'une dizaine de fois, soit une fois par an, de l'âge de six ans à seize ans, quand j'ai enfin eu l'audace, dans le Québec catholique de 1950, de faire l'église buissonnière. Tout cela montre l'efficacité, la force du vers mesuré, rimé, récité et de la musique pour enseigner et transmettre. De cette méthode, nous n'avons gardé que les rimettes publicitaires.

À la fin du concert, après dix secondes de silence stupéfait d'un public trop jeune pour s'être vu infliger des heures de cérémonies religieuses, ou qui depuis Vatican II n'a guère vu que les moumouneries fadasses de la nouvelle liturgie, une longue ovation éclate. Les gens repartent, pas plus religieux qu'avant, mais heureux : pendant deux heures, une tradition leur a appartenu, ils ont su qu'ils y appartenaient malgré eux.

Je subodorais que les critiques allaient, ce matin, prendre leurs distances : si peu nombreux qu'ils soient, ils écrivent d'abord pour leurs pairs, comme beaucoup de journalistes, et s'inquiètent de ce qu'ils vont penser les uns des autres. Ce sera trop sentimental, terne, pas de la vraie musique. Dvorak ? Un folkloriste... Et, de fait, l'un d'eux n'est pas au rendez-vous. L'autre demande pourquoi on joue encore « ces choses » ! Une fois suffit (l'Orchestre de Montréal n'avait pourtant pas joué cette œuvre depuis trente-quatre ans). Il y avait trop de reprises, écrit-il. Il est pourtant outré quand on omet les reprises indiquées. T... me rappelle l'empereur autrichien qui trouvait que Mozart utilisait « trop de notes ». Il me semble tard, cent vingt-cinq ans trop tard, pour faire la critique de Dvorak. Aujourd'hui, c'est celle du concert qu'il fallait faire. Il s'est profondément ennuyé : pourquoi est-il venu ? Ou pourquoi n'a-t-il pas apporté un livre ?

C'est un paradoxe que Montréal, avec une vie musicale intense, en qualité et en quantité, comme peu de villes d'Amérique sauf peut-être New York, soit si mal servie en matière de critiques.

Samedi 14 avril

Tidi. Prononcer en retroussant bien le « di ».

Depuis quelques semaines, la langue s'est enrichie d'un nouveau mot. Du moins la langue de Margaux, dix-huit mois, langue temporaire, mais qui n'en est pas moins tout à fait efficace et qui reflète déjà ce que sera le tempérament de ma première petite-fille.

« Tidi » ? demande-t-elle, le regard interrogatif, quand elle ne parvient pas à faire une chose compliquée.

« Tidi », comme dans « t'aider », retenu de « Je vais t'aider. »

Enlever un couvercle. Placer un lapin, un canard ou une étoile dans un puzzle, remettre les animaux dans l'arche, chacun par l'ouverture idoine, insérer des lettres, des chiffres dans leur boîtier de plastique à l'endroit prévu. Après quelques tâtonnements frustrants, elle disait : Tidi. Mais tout cela n'est plus un défi. Ce sont des opérations qu'elle est capable de faire depuis un bon moment.

Depuis quelques jours, le mot magique a un tout autre usage. Margaux s'amuse à m'apporter le puzzle, le boîtier ou l'arche et à placer un animal ou un chiffre légèrement de travers. Puis elle me regarde avec curiosité et dit doucement « Tidi ». Allez, Margaux, tu es capable. Non. Tidi.

Que mesure-t-elle ? Elle veut vérifier si son grand-père est capable lui aussi de réussir la manœuvre ? Possible. Mais je pense plutôt qu'elle vient de découvrir que l'on peut « faire faire » les choses aux gens. Et autrement que par le réflexe conditionné que suscitent chez l'adulte les pleurs d'un bébé.

Je comprends aussi pourquoi son geste spontané, à l'arrivée de quelqu'un, est d'aller chercher son plus beau jouet et de le lui présenter. Non pas pour montrer une possession dont elle est fière, mais pour faire comme les visiteurs, grands-parents, tantes ou cousins, qui lui apportent le plus souvent un jouet, un vêtement, des photos, des fruits. Margaux n'apporte jamais à quelqu'un un jouet qu'elle a reçu de lui, mais un autre. Elle réinvente la pratique universelle de tous les humains, l'échange.

Dimanche 15 avril

Au retour d'une promenade familiale à la cabane à sucre, où Margaux a exploré tout le parterre forestier d'un doigt aussi précis que délicat, faisant cadeau de feuilles sèches, de samares, de brindilles et de cônes d'épinette à chacun, surtout à ses jeunes cousines tout émues de l'entendre enfin dire et répéter leurs noms, nous nous sommes arrêtés à la nouvelle maison qu'elle habitera dans moins d'un mois. Maison vidée ce matin même de ses habitants et qui révèle tout à coup soixante ans de fatigue, d'outrages du climat, de négligence, de malpropreté et qui promet donc quatre semaines de travaux urgents.

Mais les pièces vides sont lumineuses, et la petite approuve, qui visite chaque pièce, fait l'essai des portes et des escaliers. C'est sa deuxième visite et elle semble comprendre que l'on reviendra bientôt et souvent. Elle aime, et ne veut plus repartir. C'est la malléabilité et l'adaptabilité de l'enfance

Elle aime déjà l'avenir tout proche avec ses grands arbres, ses trottoirs et les tricycles des pelouses voisines. Une petite, guère plus âgée qu'elle, l'accueille de son balcon en babillant avec le sourire ; c'est déjà une amie. D'enfance. Du jardin mal entretenu on aperçoit la cour de la maison qui jouxte celle-ci à l'arrière ; quatre gamins y font des trous dans un parc de sable. Margaux s'approche lentement, puis s'arrête à quelques centimètres de la ligne pourtant imaginaire où pourrait se trouver une haie. Les garçons, bien plus grands et plus âgés qu'elle, la toisent. Elle est partagée entre la curiosité et la prudence, hésite, tend une main vers sa mère et dit : « Tidi ? » sur un ton interrogatif. C'est une demande d'information plutôt que d'aide. Tidi, c'est-à-dire : Tu fais les présentations ?

Apparaissent en même temps le sens du territoire, la sociabilité, le respect des convenances et la nécessité de la coopération.

Mardi 17 avril

Une dame de CBC Newsworld a laissé un message : est-ce que j'accepterais de participer, à la suite de l'élection de la candidate libérale dans Mercier, à un débat télévisé sur l'avenir de l'idée d'indépendance ? Elle prononce « separatism », en anglais, bien sûr. N'est-ce pas la fin du PQ, s'enquiert-elle ? Qui dit débat dit pour ou contre. Qui dois-je représenter ? Dois-je être pour ou contre ? Concept inepte. Ce n'est pas dans une discussion improvisée et dans l'affrontement des partis pris que l'on peut répondre à une question comme celle-là et analyser une situation politique qui dure depuis près de quarante ans.

Mauvais prétexte, d'ailleurs. L'élue fédéraliste-nationaliste-libérale-socialiste-communautariste-féministe a obtenu le tiers des 41 % de votes exprimés, soit moins de 15 % des inscrits ! La mouvance anticanadienne a obtenu au moins le double des voix. Et a-t-on sondé les abstentionnistes ? Fin du séparatisme ? *Indeed !*

Cette élection semble plutôt illustrer l'incapacité des libéraux de décoller et annoncer la réélection, sauf récession ou autre catastrophe, du Parti québécois, qui a commencé, au dernier budget, à fertiliser ses châteaux forts de province. Quant à la sécession, les Québécois ne répondent-ils pas à la question depuis plus de vingt ans, dans les référendums comme dans les sondages, avec une ambivalence immuable ?

Je rappelle madame Machin. Non merci. *Why ? « Boring ».*

N'avez-vous pas un sujet plus stimulant? Genre environnement, fiscalité, George Bush, ou encore le NPD est-il mort? Je souris en pensant à la tête que doit faire la recherchiste de l'organe officieux de la gauche *canadian*.

Le séparatisme est-il mort…

Faut-il vraiment répondre à la question? Le référendum de 1980, avec ses 60 % de non à un leader populaire qui ne demandait pourtant que l'autorisation d'entamer des négociations sur un fédéralisme différent, n'a-t-il pas été « l'acte de décès officiel du projet d'indépendance », selon l'expression de Jacques Pelletier (*Cinq intellectuels sur la place publique*, Éditions Liber)? C'est ce que j'avais conclu à l'époque, non pas à cause de quelque fatalité, mais parce que, si le résultat d'un référendum doit être accepté par les uns, le résultat contraire doit l'être par les autres. C'était naïf. Rien n'était survenu qui justifiât la respiration artificielle qu'allait être un deuxième référendum, mais c'était compter sans l'entêtement des croyants et l'astuce des politiques. Le *remake* n'a rien changé, la réalité est de plus en plus incontournable et tout le reste, exhortations, discours, promesses, menaces, n'a été que péripéties.

Même le Parti québécois, dont l'indépendance est la raison d'être, se garde bien de la proposer. Il en a congelé le cadavre dans l'azote liquide du « bon gouvernement », de l'associationnisme étapique et du modèle européen, liquide qui fume toujours mais ne réchauffe jamais. Que les grands-prêtres du Parti québécois sont conscients de l'inanité de leur rêve, il faut en voir le signe dans le fait qu'ils ne s'en servent plus que comme incantation pour assurer leur pouvoir. Leurs propos, leurs actions révèlent moins le désir d'indépendance qu'une détestation profonde des Anglais — grattez un nationaliste et vous trouverez souvent un anglophobe.

Politique-fiction. Peu de Québécois pensent que le Québec pourrait être bientôt indépendant, mais tous font comme si. Bernard Landry prétend qu'il croit encore la chose possible pour apaiser son aile militante. Madame Malavoy fait semblant parce qu'elle a quelque chose à prouver. Les militants font comme s'ils y croyaient, pour protéger le contrôle de l'État par leur parti. Les nationalistes mous font semblant pour inquiéter le Canada anglais et appuyer leurs revendications. Jean Chrétien exagère le danger parce que le PQ est un repoussoir utile. Les milieux d'affaires, qui ont recommencé timidement à investir parce qu'ils savent que la sécession ne se fera pas, prétendent aussi la craindre, pour soutirer quelques subventions supplémentaires. Le Canada anglais s'en inquiète pour nourrir son propre nationalisme et parce que le péril bleu est un excellent prétexte pour refuser toute réforme. Et l'opinion fait mine d'avaler tout cela parce qu'elle en a marre et ne veut plus rien entendre, et qu'elle fait ainsi l'économie d'une remise à plat qui suppose non seulement le réalignement des partis mais leur remplacement. Prétendre que l'indépendance est inévitable, qu'elle est au bout du tunnel, est une grossesse psychologique. Mais tout le monde y trouve son profit.

Et cette élection? La seule chose certaine dans la vie de tout politicien trop présomptueux pour savoir quitter la vie politique à temps, c'est qu'il sera défait tôt ou tard et que, tôt ou tard, l'opposition est élue, si médiocre soit-elle. Cela finira par arriver au Parti québécois, nonobstant les Jean Charest.

Et le séparatisme? René Lévesque et le Parti québécois n'avaient pas à demander par référendum l'autorisation de négocier des réformes, ils avaient été élus pour cela. C'est sur le refus des électeurs québécois que se sont appuyés le gouvernement fédéral et le reste du Canada pour opposer un refus de tout dialogue. Sans cette « étape » désastreuse, la réforme des institutions aurait pu s'engager, le reste du Canada craignant qu'une fin de non-recevoir ne renforce le parti indépendantiste. La stratégie était fautive et le dernier père de cette confédération, qui s'est depuis blindée contre toute négociation et prémunie contre le danger, est René Lévesque.

Le *shadow-boxing* constitutionnel va continuer sans que le gouvernement québécois ne définisse ce que serait le Québec-pays, ses institutions, son orientation (puisqu'il faut que tous croient que le monde sera ce qu'ils souhaitent). De toutes façons, cette définition n'est pas nécessaire puisque la nouvelle souveraineté se ferait, selon Bernard Landry, *dans* le Canada, quitte à contester toutes les actions du gouvernement fédéral. À en doubler les institutions et à réclamer d'Ottawa les moyens de le faire. D'où le slogan : les besoins sont à Québec, les moyens à Ottawa. Dans ce système, plus besoin de partis d'opposition fédéraux, ce qui explique leur déliquescence : le pouvoir est à Ottawa, l'opposition à Québec. Les deux partis vont donc régner longtemps — et la pièce de théâtre également, ce que de plus en plus d'électeurs ont compris. Quelques réfractaires irréductibles proposent l'approche Allaire-Lisée : l'indépendance sans le nom, à petits pas, sans qu'on s'en rende compte. Est-ce la chose sans le nom ou le nom sans la chose ?

En allant « débattre » à la télévision d'une question réglée depuis trente ans et dont il ne reste que l'illusion, on se fait malgré soi un acteur de ce théâtre, et par conséquent un allié des gens en place. Le discours du gouvernement du Québec sur la fiscalité, l'assurance-maladie, l'environnement, la lutte contre Ottawa, est devenu le paravent de l'inaction. Ne rien penser, puisqu'on ne peut de toutes façons rien faire. Et l'admettre mettrait en péril l'existence même d'un spectacle vieux d'un quart de siècle : Chevrette, Brassard, ces grimaces du radicalisme, Marois, Harel, masques de la sollicitude.

Voilà ce que j'ai refusé d'aller dire à CBC, parce que c'est aux Québécois, en français, qu'il faut le dire.

Mercredi 18 avril

On appelait naguère l'entrée du Parlement la Porte du Sauvage, du nom de la belle sculpture de Louis-Philippe Hébert qui montre un Indien de bronze, les pieds crispés sur un rocher, brandissant le trident appelé nigog, l'œil fixé sur quelque truite ou saumon. Au-dessus, une autre œuvre de l'artiste, une famille indienne accroupie, dont l'un des membres bande un arc dont la flèche vise le spectateur.

Or, on ne dit plus la Porte du Sauvage mais, lourdement, la porte de la famille amérindienne, à la suite des protestations de la grande famille de l'intéressé, qui dénonce l'emploi du mot « sauvage », y voyant l'expression d'un racisme séculaire. Les « sauvages » ne sont pas sauvages, bien sûr ; mais est-ce une raison pour récrire l'histoire et réviser quatre cents ans de culture ? Cartier, Champlain, LeJeune, tous les explorateurs et chroniqueurs, qui vivaient en un temps où la science n'était pas encore une catégorie de pouvoir et n'avait pas fourni les bases frelatées du racisme et la justification de l'esclavage, écrivaient naturellement « sauvage ». Il a fallu l'influence de l'anglais pour que l'on attribue à ce mot le sens de barbare, féroce, plutôt que celui, très ancien, de « silvaticus », c'est-à-dire « qui vit dans la forêt » ou à l'état de nature — ce qui était indéniable. Si vraiment le terme avait été péjoratif, aurait-on inventé, quelques décennies plus tard, le « bon sauvage » ?

L'idée d'état de nature est un concept qui hérisse les anthropologues. Pour eux, tout est culture. Ils n'aiment pas davantage le mot « Indien », utilisé tout naturellement puisqu'il désignait les aborigènes des Indes occidentales, comme on appelait alors le Nouveau Continent. Nenni, les savants ont imposé « Amérindien », comme ils changent les noms des oiseaux et des plantes. Et aujourd'hui, dans l'Amérinde, si l'on peut aussi dire « autochtone », c'est-à-dire originaire du lieu (comme nous le sommes presque tous, d'ailleurs), on ne peut dire aborigène (quoique en anglais cela se fasse) ni indigène. Mystères de la rectitude politique. Va savoir, dirait Ducharme…

Mais au moins le bel « autochtone » de Louis-Philippe Hébert est-il toujours là. Les Indiens de Colombie-Britannique, eux, réclament la destruction des fresques qui décorent l'Assemblée législative de Victoria. On voit sur ces murales art déco — une espèce de Puvis de Chavannes mâtiné de Groupe des Sept — des femmes indiennes aux seins nus présentant des offrandes à des visiteurs occidentaux. « Humiliant ! » Les Indiennes ne se promenaient pas les seins nus ! C'étaient sans doute les seules indigènes au sud de la toundra à porter soutiens-gorge et corsages. Quant à leurs plateaux chargés de fruits et de saumon, ils dénoteraient leur état de sujétion aux blancs.

Admettons. Mais faut-il vider les musées, détruire toute la peinture médiévale, qui offense à la fois le sens religieux des uns et le rationalisme des autres, couvrir les toiles de Delacroix de regrets, brûler Gauguin, retourner l'art grec à Athènes (qui n'est clairement pas l'Athènes de Périclès), celui des pharaons aux Égyptiens (qui ne sont pas ceux de Ramsès), l'art chinois aux commissaires du peuple?

Un gouvernement qui ne serait pas confit dans la rectitude comme celui de Victoria dirait aux protestataires d'aller se peindre leurs propres fresques. Et que nous n'allons pas récrire l'Histoire. Un parti soucieux de conserver les quelques votes qui peuvent faire la différence entre la victoire et la défaite créerait une «table de concertation». Le NPD proposerait sans doute que l'on donne des cours d'art dans les réserves indiennes. Des politiciens pragmatiques couvriraient les fresques de draperies que l'on pourrait ouvrir ou fermer, selon l'identité des visiteurs. Les cyniques en feraient don au Musée national du Canada à Ottawa.

Quelque millionnaire veut-il les acheter pour son salon?

Jeudi 19 avril

Récemment, un réalisateur de Radio-Canada, mandaté pour créer une émission hebdomadaire qui résumerait les principaux événements de la semaine, voulait m'entendre expliquer ce qu'est un magazine. Il disait que plus «les gens» (pourquoi pas «le peuple»?) ont de l'information, moins ils comprennent, et qu'il fallait donc une demi-heure dominicale, entre la messe et une émission agricole, pour réexpliquer en cinq minutes ce que d'autres ont embrouillé : la mondialisation, les OGM, le réchauffement du climat. On ira donc dans les maisons de vieux, les taxis et les salons de coiffure avec une caméra cachée, pour faire dire aux clients… qu'ils ne comprennent rien à rien.

Entrera alors l'éclaircisseur de service avec quelques images repiquées des bulletins de nouvelles de la semaine. Mais ce genre de resucée pédagogique est tout sauf un magazine. Un vrai magazine n'est pas la note de bas de page des nouvelles. Un magazine explore, découvre, fouille, étonne, émeut. Il crée son propre contenu, sans être contraint par la chronique quotidienne. Quant à la prémisse selon laquelle le public ne comprend pas, nulle enquête, nul sondage n'autorise ce jugement. Le public qui s'intéresse vraiment à ces questions comprend fort bien et très vite. Ce qu'il ne comprend pas, c'est que l'on puisse lui répéter les mêmes images, lui redire les mêmes lieux communs jour et nuit, sept jours par semaine, douze mois par an et, pour certaines questions (prononcer : débat de société), pendant trente ans, sans jamais rien ajouter un iota de neuf. Et il se détourne de la politique, des analyses minute, des opinions de coin de rue, des fins de topo sentencieuses de journalistes qui ne montrent plus comme image que leur propre tête. La télé qui devait être une fenêtre sur le monde est devenue le miroir devant lequel on se rase.

On m'en reparlera, dit-on.

Samedi 20 avril

La semaine dernière, le jardin était couvert d'un mètre de neige. Six jours plus tard, il n'en subsiste que quelques plaques grises dans la haie, le long de la route et à l'ombre de la maison à l'est. Les primevères ont émergé, déjà toutes vertes, et l'herbe verdit, couverte de mouches venues y pondre leurs larves dans les lombrics.

Les scilles pointent. Des narcisses étiolés par le dernier gel, des iris hâtifs et l'orpin soulèvent les feuilles de l'automne. Les crocus fleuriront trop tôt, comme d'habitude, et gèleront, punis de leur empressement. Tout cela s'animait déjà sous une neige sapée par le dessous malgré le retard anormal du printemps. Et les érables, que mon voisin espérait voir couler plus longtemps pour compenser un début de saison tardif, se sont desséchés tous ensemble après deux semaines. Par quel tropisme secret, par quel arcane les plantes connaissent-elles le calendrier plutôt que le thermomètre? Code génétique? Réaction à la durée du jour et à l'intensité de la lumière? Les explications scientifiques satisfont l'esprit, mais pas l'œil ni le sentiment, qui restent chaque printemps interdits devant cette résurrection éblouissante, promise chaque année aussi à une rafale de décès qui dans quelques mois à peine rendront le jardin et les champs à la léthargie noirâtre où la neige les avait trouvés en décembre.

Pourquoi les espèces animales, pourtant issues d'un même phylum originel, ont-elles perdu cette capacité des végétaux de renaître constamment, pendant des siècles, des millénaires, de leur mort annuelle? Que ne sommes-nous des érables, des séquoias, ou mieux encore des quasi éternels pins bristlecone de la Sierra Nevada de Californie, *pinus longaeva*, contemporains des premiers pharaons? Récemment, des botanistes australiens disaient avoir découvert un champignon vieux d'un million d'années. Qui osera faire la première expérience transgénique de ce champignon à l'humain? Quoiqu'il y ait certains avantages à ne pas être champignon…

Pendant que la terre sèche, et en attendant le moment de reprendre le jardin et ses habitants en mains, je pars en vacances. Vers le soleil, à la recherche d'un hiatus, d'un vide plus que des plages, qui m'ennuient, et des palmiers, qui m'ont toujours semblé être des arbres artificiels, qui conviennent fort bien aux salons funéraires et aux centres commerciaux et sous lesquels il est dangereux de s'asseoir pour rêvasser ou pour lire. J'emporte à Cuba une semaine de livres : *Le Premier Homme*, dernier brouillon de Camus, que j'avais feuilleté trop vite lors de la parution et que je veux lire, cette fois, avec attention. Deux Jonathan Coe, romancier anglais descendant des *angry young men* des années cinquante et soixante, auteur de satires pissantes de la société british. Mais alors que les *angry young men* se sont enlisés, étouffés dans leur rage, Coe se marre, au risque de ne pas vraiment déranger. *Ceux que j'emporte sont La Maison du sommeil et Testament à l'anglaise.* Et Hella Haasse, une romancière néerlandaise que l'on me conseille.

Dimanche 21 avril

Le courriel jette sur l'écran de mon ordinateur une de ces petites paraboles qui se multiplient sur Internet, cet équivalent électronique des dépotoirs des mégavilles comme Mexico ou Sao Paulo, dont les squatteurs peuvent tout y trouver en cherchant assez longtemps. Aujourd'hui, nous devenons tous malgré nous des squatteurs du Web.

Voici donc ce brin de sagesse anonyme :

Pourquoi vaut-il mieux être un homme qu'une femme ?
— Les rides ajoutent au caractère et à l'autorité.
— Vos interlocuteurs ne vous dévisagent pas la poitrine pendant que vous leur parlez.
— Les garagistes ne vous mentent pas.
— Si un ami oublie de vous inviter à une réception, il reste quand même votre ami.
— Si vous avez trente-cinq ans et que vous êtes toujours célibataire, personne ne s'en aperçoit.
— Vous pouvez garder la même coupe de cheveux pendant cinquante ans. Après, la nature s'en charge.
— Vous pouvez vous faire les ongles avec un canif.

Et cetera.

Mais je trouve que l'auteur — est-il une femme ou un homme ? — oublie ce qui donne vraiment aux hommes un avantage définitif dans la vie, la petite chose sans laquelle le féminisme ne peut réaliser tous ses objectifs et toutes ses promesses : les poches — car plus personne ne dit « goussets ».

Quatre poches au moins au pantalon, cinq au veston, une

ou deux sur la chemise, trois dans le manteau. C'est-à-dire une poche pour chaque chose, une chose pour chaque poche : une pour le portefeuille, une pour la monnaie, une pour les clés de voiture, une autre pour celles de la maison et du bureau, une pour les gants. Jadis, les costumes comportaient un petit gousset pour la grosse montre : pourquoi ne pas y mettre son portable, au bout d'une chaîne en or ?

Mesure-t-on tout le temps que cet ensemble de petites caches a permis aux hommes d'économiser, par rapport aux milliers d'années que les femmes ont perdu à fouiller dans un sac à main pour trouver leur bâton de rouge ou cette foutue clé ?

Mardi 23 avril, Cuba

Ironie du hasard, pendant le Sommet de Québec sur le libre-échange, je me trouve à trois heures et demie de vol dans le seul pays de l'hémisphère qui en a été exclu. Parti de Montréal dimanche au petit matin, je n'ai vu que le début de cette conférence inaugurée par un discours accueillant du premier ministre hôte, un baratin de représentant de commerce du président des États-Unis et l'expression forte des réticences de celui du Brésil. Conférence lancée aussi par le folklore complice des idéologues opportunistes qui pensent que l'Histoire se fait dans la rue à coups de comptines, et de mes collègues de la télévision qui se vautraient dans le gaz lacrymogène, croyant enregistrer le début de l'avenir plutôt qu'une péripétie. Deux heures d'événement, vingt-quatre heures de reprises, comme une bande promotionnelle. La répétition à n'en plus finir des mêmes publicités pendant des semaines nous a peut-être habitués à tolérer celle des mêmes images d'actualité.

« Ce que les protestataires ont à dire est souvent beaucoup plus important que ce dont discuteront les délégations gouvernementales », disait il y a quelques jours Jean-Paul L'Allier.

On relativise mieux à distance. Ainsi, la chaîne TV5, la seule en français que l'on puisse capter dans mon hôtel cubain, a résumé en une simple phrase ce que la télé canadienne présente comme une manifestation d'une grande importance : *les divergences entre chefs d'État présents étaient sans doute beaucoup plus importantes que l'opposition des manifestants qui en ont détourné l'attention.* La rue est le culte d'un romantisme qui n'est pas justifié : elle a été un lieu de combat, pas de débat. Il n'en sort le plus souvent rien que des horions, du chaos ou des régimes de brutes. Le maire de Québec a peut-être changé d'avis devant le genre de protestataires qu'il se félicitait d'accueillir et leurs méthodes d'expression.

Cet événement a mis à la mode une expression jusqu'ici peu utilisée dans notre marigot politique : la « société civile ».

Sommet des peuples! clamaient les centrales syndicales, des éléments des partis socialistes et d'autres militants de l'habitude pour décrire les conférences tenues avant le Sommet. Intervention bienvenue de la « société civile », répondait l'écho de présumés analystes presque tous recrutés parmi les opposants au libre-échange. Mais ce que l'on désigne par « société civile », c'est l'ensemble des activités publiques qui se déroulent hors du cadre politique, en vertu des lois civiles et des contrats privés. Ainsi, une société qui se donnerait des règlements et des codes de comportement d'une telle perfection que tout y relèverait du contrat privé et qui parviendrait, selon le vœu de Lénine, à éliminer la nécessité de l'État — vœu hypocrite puisqu'il voulait remplacer l'État par le Parti — pourrait alors parler de société civile absolue. C'est bien autre chose que réclamaient les manifestants au Sommet, tant ceux des tables rondes de la télé que ceux de la rue. Leur démarche était au contraire, toujours et encore, de la bonne vieille politique.

Car si cette société civile est ce vers quoi tendent certains leaders économiques et des philosophes comme Amitai Etzioni, qui assistaient aux délibérations, ce n'est pas ce dont rêvent la plupart des protestataires et des émeutiers, qui déplorent au contraire ce qu'ils appellent « l'affaiblissement de l'État » et rêvent d'un retour à des modèles d'intervention gouvernementale systématique. S'opposant aux forces qui souhaitent réduire l'intervention du politique dans l'économie et la circulation des capitaux, des gens et des idées, ils proposent de la renforcer et de limiter la capacité de la vraie société civile de s'autogérer.

Castro leur a renvoyé l'ascenseur en approuvant les casseurs. Comme Maud Barlow, l'égérie de l'antiaméricanisme « canadian », dont on n'a peut-être pas remarqué qu'elle disait la même chose et justifiait la violence des manifestants.

« Société civile » rejoint « État-nation » dans le petit lexique des mots à la mode détournés de leur sens par des faiseurs d'opinion, devant un auditoire toujours impressionné par le jargon. On a donc vu des gens non élus, certains ayant même été plusieurs fois et récemment encore rejetés par les électeurs, ne représentant souvent personne, ou vivant de cotisations imposées par les lois et recueillies par la force de l'État, se poser en « représentants des peuples » devant trente-quatre chefs d'État tous dûment élus, mais dénoncés comme suppôts des oligarchies et du capitalisme (toujours ajouter « sauvage »).

Non, ni les peuples ni le peuple n'étaient représentés à Québec autrement que par leurs élus. Ce qui entourait bruyamment le périmètre de sécurité était une cohue diverse de mécontents — ce qui est fort légitime —, de nostalgiques grisonnants de 1968 et de l'avant-Mur, de leaders syndicaux qui ont la sagesse de ne pas être candidats aux élections, et contre qui leurs cotisants ont toujours voté les rares fois où ils ont eu cette mauvaise idée. Il y avait là les fondateurs de partis autant de fois mort-nés que réanimés, les marcheurs de toute persuasion qui dénoncent Nike mais prennent leurs Reebok pour un message. Ceux qui dénoncent l'exploitation du Tiers-Monde mais proposent de s'en mettre à l'abri par des mesures protectionnistes. Les analphabètes scientifiques qui tiennent José Bové pour un généticien, un biologiste et un économiste agricole alors qu'il n'est depuis trente ans qu'un militant professionnel, fermier d'opérette et vedette de la télé.

Il faut observer ce personnage, toujours en représentation, balayant des yeux les alentours, allumant sa pipe sitôt qu'il a repéré une caméra du coin de l'œil. Et Naomi Klein, *spin doctor* de l'antimondialisation, qui s'est rapidement éclipsée après avoir annoncé une participation active, voyant que l'événement ruinerait son crédit dans l'opinion nord-américaine. Son vrai marché n'est pas la gauche québécoise ni canadienne, mais le marché américain des médias et des talk-shows qui, à l'heure de l'exécution de Timothy McVeigh, n'est pas très chaud à l'égard des casseurs et lanceurs de cocktails Molotov. Son *No Logo* est en fait un NéoLogo, commerce de propos contradictoires, parfois incohérents, d'ignorance économique et d'opportunisme, « packagés » à CBC par la PME Klein-Davis, et qui semble d'un bon rapport. Adopter le vocabulaire d'autrui, c'est revêtir ses idées : les journalistes tombent dans le piège à tout coup, participant malgré eux à la manifestation même qu'ils couvrent.

Les Bové et les Klein font penser au flûtiste de Hamlin, qui menait les enfants à la rivière. Roger-Gérard Schwarzenberg, le politologue français, parle d'obscurantisme militant ; leur masse de manœuvre, elle, pratique le militantisme militant.

Mercredi 25 avril, Cayo Largo

À mon premier voyage à Cuba, il y a une vingtaine d'années, les plages étaient gardées par des militaires armés de fusils mitrailleurs, et l'hôtel peuplé du personnel navigant d'Aeroflot, képis bleu ciel grands comme des parasols et grosses bedaines, d'ingénieurs des autres pays de l'Est, tchèques et yougoslaves, méprisant les Cubains comme aucun Nord-Américain n'aurait osé le faire, et de leaders syndicaux québécois, pour la plupart de la CEQ et de la CSN, en quasi-pèlerinage.

Le régime n'a pas changé, mais les plages ne sont plus nettoyées par des prisonniers et la clientèle n'est plus la même. Les anciens touristes sont à Québec sans doute ! Les nouveaux, mes voisins de table, des Canadiens français de l'Ontario, me demandent au petit déjeuner : « Le type avec la barbe et l'étoile qu'on voit sur tous les t-shirts, c'est qui ? Ce n'est pas Castro ? » J'explique : non c'est Che Guevara. Qui ? Ernesto Guevara, dit le Che, à cause du tic argentin qui sème la conversation de « che ». Si le sort l'avait fait naître à Saint-Rosaire plutôt qu'à Rosario, il s'appellerait le « Euh » ?

Il y a aussi beaucoup de familles, car la drague n'est plus l'atout du Club Med. Familles françaises, canadiennes, belges, allemandes. Quelques Américains même, qui bénéficient d'une double nationalité. Des cadres supérieurs fatigués, des retraités. La sympathie envers le régime et l'antiaméricanisme ne sont plus le mobile premier des visiteurs de Varadero et d'autres camps de touristes, soigneusement isolés de la population. On vient parce que c'est tout près, à trois heures et demie d'avion, sans décalage horaire et pas très cher.

Jeudi 26 avril

Au bord de la mer, je regarde patiemment un horizon figé comme un souvenir. Le calme plat du matin tire un hard-edge turquoise sous une arcade de cumulus obèses. Sur cette statuaire ouatée, on projette ce que l'on veut. Très loin, deux petits catamarans dérivent imperceptiblement, tirés par un fil invisible. Des kayaks multicolores progressent en sens inverse vers une bouée rose. Une image art déco tirée d'un très ancien cahier à colorier de mon enfance, celui dont les dessins en pointillé gris se coloriaient tout seuls de mauve, de vert ou de jaune au simple contact d'un pinceau mouillé.

Puis tout se brouille, se disloque. La gym à l'eau débute au son des hop-hop du chef de gymnastique. Car en vacances, il faut participer. Vingt-six femmes et un être qui semble de sexe masculin. Un seul.

Les hommes nagent au loin, tirent à l'arc, font de la planche à voile, jouent au tennis. La participation communautaire, très peu merci. De la chasse et des duels, plutôt. Ils en ont assez de la discipline du bureau, naguère de la caserne. En groupe, ils deviennent meute. Les femmes, elles, cherchent presque systématiquement l'activité de groupe.

J'avais noté en Chine que le collectif semblait réussir aux femmes, alors que l'homme y déprime et s'y étiole. Le Pékinois du comité d'usine, le chef des brigades rurales avaient l'air abattus, au contraire des femmes souriantes, épanouies. Est-ce pour les hommes une situation contre nature ? Ou observais-je une réaction au brusque changement de statut que Mao imposait à une société machiste traditionnelle ? L'activité collective est-elle une tradition atavique au rythme du mil qu'on pile ou des battoirs des lavoirs ? Atavisme plus ancien encore de femelles groupées en hardes alors que les étalons intolérants restaient solitaires ?

J'ai été pensionnaire assez longtemps pour n'avoir pas beaucoup de goût pour la colonie de vacances, mais faute de voiture, je prends demain matin la visite guidée pour La Havane.

Vendredi 27 avril, La Havane

Grâce à l'argent de l'Unesco, le régime commence, après quarante ans, à ravaler... les façades de la fin de l'ère coloniale dans la vieille ville. Derrière, il n'y a rien, le plus souvent, que des taudis ou des locaux vides. La ville a dû être assez belle, mais on ne peut pas dire qu'elle soit une destination incontournable, qu'il s'agisse de musées, de spectacles ou de cuisine. Elle offre peu au touriste, sauf le front de mer, la citadelle, le spectacle de la rue dont le célèbre marché des vieilles belles américaines des années cinquante. Les kiosques d'artisanat n'offrent guère que des brimborions mille fois copiés.

Ironiquement, le régime fait visiter les bars d'Hemingway, les maisons d'Hemingway, les restaurants où mangeait Hemingway et a ressuscité les spectacles de cabaret des petits copains mafieux de Batista...

Le Capitole, jadis siège de l'Assemblée nationale, est devenu le Musée de la science. « Où siège désormais le Parlement ? » « Un Parlement ? Il n'y en a pas. »

L'histoire de Cuba, je la connais un peu. Juste assez pour remarquer que les guides racontent comment les Cubains ont réussi au début du siècle, après quarante ans d'échecs et de répression barbare, à mettre dehors l'Espagne toute-puissante, mais sans dire un mot de la guerre hispano-américaine qui fut la cause véritable de la perte de Cuba et des Philippines par l'Espagne et le début de l'indépendance du peuple cubain. Ces guides expliquent que le régime a évolué. Il accepte maintenant la liberté économique. Ainsi, le Cubain peut désormais posséder sa maison. Mais il ne peut en acheter une : il doit la construire de ses mains, en comptant sur le système D pour trouver des matériaux rarissimes. Et cette maison, il ne pourra pas la vendre. Il ne pourra que la léguer s'il a de la descendance, sinon il devra la remettre à la collectivité. Cette politique fait merveille pour l'État, soulagé d'une partie de la coûteuse responsabilité de loger les gens, mais ne contribue pas à la naissance d'une classe moyenne.

On peut aussi posséder un petit restaurant, mais qui ne compte pas plus de trois tables ! Cette politique améliore les statistiques du chômage endémique et permet de repérer les porteurs du virus capitaliste mais sans risque de créer une classe « aisée », c'est-à-dire avec un revenu de plus de trente dollars par mois.

Trente dollars par mois, c'est la « qualité de vie peso ». Car à Cuba, on a deux économies séparées : la « qualité de vie peso » pour la masse et la « qualité de vie dollar » pour certains. En fait, Castro a procédé, comme l'Argentine, l'Équateur ou le Panama, mais subrepticement, à la dollarisation, d'autant plus nécessaire pour le fonctionnement de la partie moderne de l'économie de Cuba que le peso, malgré la parité officielle avec le dollar américain, n'est pas une monnaie convertible, mais une sorte d'argent de Monopoly qui n'a aucune valeur hors de l'île.

Le premier partenaire commercial de Cuba est l'Espagne

naguère exécrée, suivie de la Russie et du Canada au troisième rang. Vient ensuite le Mexique voisin. L'essentiel de l'investissement étranger est hôtelier et touristique, principalement espagnol. L'Espagne profite de la spectaculaire croissance économique que lui ont apportée la démocratie et le libre-échange pour renforcer son rôle de métropole culturelle et économique de l'Amérique latine. Est-elle le modèle qu'espèrent patiemment les Cubains? Mais ces investisseurs doivent accepter « le partenariat » de l'État cubain. Tout ici doit être importé; au Club Med, me raconte un responsable qui se sent en pénitence après des destinations plus fastes, la viande vient d'Argentine, le poisson d'Amérique du Sud, les meubles d'Afrique noire ou du Nord, les tomates du Mexique, la truite parfois du Canada.

Car malgré quarante-deux ans de discours sur le travail, le progrès et la liberté, la Cuba de Castro n'apparaît pas comme une ferme modèle. De Varadero à La Havane, distance correspondant à près de la moitié de la rive nord de la grande île, on voit la plupart du temps une brousse qui semble sous-utilisée. Et partout, si j'en crois le guide et les statistiques, on en est resté aux cultures du colonialisme : tourisme, cigares et rhum, dans cet ordre.

Je note l'existence de plusieurs librairies, mais outre les manuels on n'y voit guère que des éditions en toutes langues des œuvres de Lénine, Castro, Guevara, et même de Staline et Mao Tsé-toung, comme dans les librairies ML que l'on trouvait autour de l'UQAM jusqu'en 1990, et des biographies à répétition de José Marti.

Comme en Chine il y a vingt-cinq ans, des slogans creux décorent les murs :

Ne se respecte que celui qui milite
Une révolution, un parti, un leader

On a déjà lu ça en allemand…

La révolution ou la mort

Ce qui a été vrai pour beaucoup de gens, qui ont même eu les deux. Cuba reste dirigée par un leader non seulement figé dans le passé, mais dont la longue prestation télévisée que j'ai vue donne à penser que les rumeurs qui courent sur son état de santé ne sont pas sans fondement. Cuba vit la nostalgie des brèves années où on a renversé la tyrannie, liquidé ou chassé les opposants et les rivaux, tenu tête aux Américains. La nostalgie du temps des guérilleros, avocats, médecins et simples aventuriers devenus subitement spécialistes du sucre, de la banane, du tabac et des camps de prisonniers. L'île reste un musée du communisme et de l'économie dirigée… et de l'automobile — aujourd'hui en pleine régression avec ses « vélos-pousse ». Les Cubains semblent trop las et trop abattus pour faire un Ceausescu à Castro. Le caudillo a soixante-seize ans, que se passera-t-il à sa mort ? Un coup d'État militaire ? Un printemps de velours ? Une transition planifiée ? L'évaporation d'une dictature en apparence invincible, comme en Espagne après Franco ? L'émigration massive ?

Je me dis que le Club Med, d'une certaine façon, est une reproduction en miniature de Cuba. Un camp où personne n'entre sans carte et dont on sort peu. Un univers séparé et contrôlé, où malgré les apparences règne la discipline : heures d'ouverture et de fermeture, buffets, plages, jeux… C'est une économie fermée avec sa monnaie non convertible, jadis des billes, aujourd'hui des coupons, et non échangeable au départ. Hors le sommeil et la lecture, l'activité est organisée par un comité central, surveillée par les commissaires ou *compañeros* que sont les G.O. Y règne l'*unity of purpose,* qui n'est pas l'égalité mais l'hédonisme. Le devoir d'hédonisme. Il n'est pas innocent que le Club de Gérard Blitz soit né lui aussi de la grande utopie socialiste égalitaire d'après-guerre.

Bien sûr, l'abondance de la bouffe, du sport et de l'alcool sous les palmiers est plus supportable que l'usine ou la ferme collective ou la caserne. Pour quinze jours. Six mois, disent les G.O. Après, ils regardent aussi le large, assurent-ils. Au fond, le Club était le fameux « lendemain-qui-chante… »

Le vent d'est a ramené les vacanciers autour de la piscine. L'odeur de frangipanier et des autres fragrances d'huile de bronzage se mêle au parfum du rhum dans cet espace fermé sur trois côtés par le bar et les palmiers. Combien de litres les sept à huit cents pensionnaires débitent-ils chaque jour au Club? Et sur l'ensemble de la côte? Des Montréalais venus uniquement pour la voile sont très contrariés. Le vent est au rendez-vous, mais en douze jours la voile a été interdite neuf jours! Pas déconseillée, interdite. Ce matin, c'est permis. Mais il n'y a pas de vent : pas un mouton au large, seulement quelques ondulations molles qui chavirent paresseusement sur la plage. Quand il vente, drapeau rouge.

Mais ni le maître de voile ni le chef du village n'y peuvent quoi que ce soit : c'est la garde côtière qui choisit le drapeau du jour et décide si on se baigne ou pas et si les catamarans et les flying dutchmans restent échoués. Que chacun juge de son savoir-faire, évalue le risque et fasse son choix, pas question. Pas question que le maître de voile décide si le temps est bon. À Cuba, même les Tabarly seraient collés au port.

Explication officielle : la mer est beaucoup plus dangereuse qu'il n'y paraît, et le gouvernement doit veiller à la sécurité de ses hôtes. Sans doute veut-on dire que la multiplication des noyades ferait de la mauvaise publicité au paradis du spi. L'explication officieuse semble loufoque mais en ce pays digne d'Alice et de la Reine de Cœur, elle est plus intéressante. C'est un plaisancier frustré qui la tient d'un des moniteurs : par vent soufflant à 40 ou 50 km/h, un catamaran est à quatre ou cinq heures des eaux américaines. La garde côtière serait débordée s'il lui fallait repérer les fuyards nationaux parmi des centaines de voiles blanches sur des centaines de kilomètres de côte. On n'autorise donc la voile que par petit temps.

À l'extrême est de la pointe de Varadero, apparemment à une dizaine de kilomètres au large, une structure haute et compliquée émerge de l'horizon comme un mirage. Plateforme pétrolière ou navire de guerre? *No sé.* Quand personne ne sait rien, c'est qu'il vaut mieux ne pas savoir. À l'aéroport, avant le comptoir de la police des frontières, je lis mon nom sur le sol : PARE. Arrêtez! en espagnol. Amusant. Pour entrer dans l'île, il faut le billet de retour, des sous et une réservation d'hôtel confirmée. Ou de chambre chez l'habitant. Inutile de dire que dans un pays sans téléphone et sans Internet, vivre chez l'habitant n'est pas une décision que l'on improvise. Quant au billet de retour, c'est que le régime ne veut pas de hippies qui vivent sur les plages, comme au Mexique. Cela fait désordre. Je me demande s'il arrive un âge où on ne vous laisse plus entrer sans exiger une caution ou un paiement anticipé pour le cercueil de retour.

Les Espagnols investissent beaucoup dans de nouveaux complexes hôteliers, plus luxueux que les Club Med. Des golfs verdissent à proximité. De plus en plus de Cubains travaillent dans le tourisme, une industrie qui ne va pas tarder à être la principale activité économique du pays. Pour l'instant, il est rigoureusement interdit de leur donner des pourboires ; on suggère plutôt de leur laisser des maillots, des souliers, des produits de beauté. Quel sera l'effet sur la population et l'opinion de ce déferlement de bourgeois? On ne pourra s'empêcher de comparer sa vie étriquée à celle des visiteurs, d'envier leur liberté d'aller et de venir, d'aller surtout.

MAI

Jeudi 3 mai

Ce serait sans doute une fort bonne chose que les élus se contentent d'un seul mandat.

Je me suis toujours opposé à la limitation des mandats par la loi, comme c'est le cas aux États-Unis pour le président et dans certains pays pour tous les députés ou sénateurs. C'est aux électeurs de décider qui ils veulent élire, et pour combien de temps, et non pas à quelque comité de gens décédés depuis dix, quinze, quarante ou cinquante ans. Mais on peut quand même souhaiter que les élus le fassent de leur propre chef, dans leur sagesse. Ou que les électeurs le fassent eux-mêmes. Que le député ne serve qu'une fois, comme le kleenex. En effet, un candidat ou un parti annoncent ce qu'ils souhaitent réaliser : c'est un projet ou un programme. Après cinq ans, l'élu a réussi et il part avec l'éternelle reconnaissance du peuple, ou il a échoué et laisse la place à un autre. On ne fait pas une carrière sur le dos de ses concitoyens.

Mais c'est là de la politique-fiction…

Lundi 14 mai

Malgré le temps maussade, j'ai passé plus de temps, récemment, à « réviser » le jardin qu'à rédiger ce journal. Heureusement, la pluie m'a ramené à ma table.

C'est qu'on n'y échappe pas : les plantes veulent qu'on s'occupe d'elles à leur heure, à leur temps, pas au nôtre. On les néglige une seule année et elles nous le feront payer pendant les trois suivantes. Heureusement, elles se laissent déplacer comme des meubles pour peu qu'on fasse bien attention à l'ombre et au soleil. Mais les meubles ne se multiplient pas comme les pains et les poissons de la parabole : les fleurs, elles, empiètent sur leur entourage, se bousculent, multiplient les clones, produisent des surplus incessants, et comme on n'aime pas les jeter sur le compost, il faut leur trouver d'année en année des parents adoptifs, des gens qui ne se sont pas encore fait attraper.

Ainsi, je cherche des clients pour une géante que j'ai accueillie il y a près de dix ans et qui n'en finit pas de s'étendre. Une fleur assez rare aujourd'hui et qui a d'ailleurs une histoire intéressante, ce qui m'aide à la fourguer.

Je roulais sur un petit chemin de la région quand j'aperçus assez loin, adossé à une grange désaffectée, un buisson de hauteur d'homme, aux feuilles vert foncé et luisantes, retombant un peu comme celles d'un saule. J'arrête et je demande à la dame qui habite le lieu si cette plante ne produit pas des fleurs jaunes. C'est qu'elle fait ressurgir dans ma mémoire des images anciennes. Il me semble que jadis elle était omniprésente autour des fermes, en particulier chez mes grands-parents Ouellet, dans Kamouraska.

Oui, elle fleurira en jaune à la fin de l'été. La dame pense même que sa grand-mère les appelait des soleils du Pérou. Je lui demande si elle me vendrait un petit morceau de la talle, elle accepte, et c'est ce petit morceau qui décore aujourd'hui une bonne dizaine de façades entre Stanstead et Québec. Il m'a fallu un moment pour l'identifier, puisqu'on ne trouve l'hélianthe à feuilles de saule (*salicifolia*) ni dans les jardineries ni dans les catalogues locaux. Il se peut qu'elle vienne vraiment d'un pays plus clément que le mien, le Pérou, puisque malgré ses centaines de fleurs jaunes, qui peuvent atteindre plus de dix pieds de haut, en septembre, quand toutes les autres fleurs ont disparu, elle ne se ressème pas spontanément.

Ce printemps, j'en mettrai des deux côtés de l'entrée de la ferme forestière.

Mercredi 15 mai

Les hommes politiques «battent la campagne», nous apprennent les journalistes. Gérald Tremblay a commencé à battre la campagne. Bernard Landry aussi bat la campagne. Pauvres d'eux. Faut-il les enfermer? Des mots et des expressions apparaissent ainsi que soudain tout le monde adopte. Souvent à tort et à travers, comme c'est le cas ici. Ou comme «société civile». Car on peut faire campagne ou on peut battre le tambour, ce sont des locutions tirées du langage militaire. Mais l'expression «battre la campagne» signifie «avoir perdu l'esprit»! Ou «faire une battue pour retrouver quelqu'un». Peut-être est-ce vraiment là ce que veulent dire des journalistes subtils, mais j'en doute. Il s'agit plutôt d'une confusion avec «faire campagne».

Je reste à l'affût : qui sera le premier politicien à protester?

Autre mot ramassé dans une expression toute faite, sans qu'on en vérifie le sens ni le genre et dont on nous rebat les oreilles depuis deux mois : «relâche». On ne le voyait jamais, sinon dans la publicité des théâtres : «relâche le lundi» ou «le théâtre fait relâche». Ou dans l'expression «sans relâche».

Maintenant, pas un soir sans qu'on nous parle de la relâche scolaire ou de la relâche politique. Peu de gens savent le genre de ce substantif, puisque dans toutes ces expressions, l'article est omis. D'accord, le féminin est maintenant accepté, mais jusqu'à récemment les bons écrivains et les dictionnaires distinguaient *la* relâche, lieu où un navire fait escale, et *le* relâche, fermeture momentanée d'un spectacle. Comme tous les enculages de mouche des lexicographes et des grammairiens, celui-là est en train de faire relâche.

143

Vendredi 18 mai

Souvent, les sondages révèlent de fortes différences entre les francophones et les anglophones, principalement sur les questions qui n'impliquent pas le choix d'un parti ou d'une politique. On les attribue spontanément aux différences culturelles. Pourtant, on parle de deux espèces relativement proches par la culture et les mœurs! Ne faut-il pas plutôt imputer ces divergences à la formulation des questions et au choix des mots? La mauvaise qualité des traductions improvisées m'est toujours apparue comme une des causes principales des querelles constitutionnelles entre les deux peuples du Canada. La transformation en cascade des notions de statut spécial, particulier, distinct, en est l'exemple le plus patent. Et j'ai posé assez de questions en sondage pour savoir qu'il suffit d'un mot pour orienter les résultats.

Outre les résultats et la méthodologie, les journaux devraient toujours donner les questions telles qu'elles ont été posées, en anglais et en français.

Samedi 19 mai

Prise de bec à la radio. Un citoyen dit à un leader agricole que le «droit de produire» n'existe pas, pas plus que le droit de construire au mépris des règlements d'urbanisme, celui de contrevenir au code de la route ou de se débarrasser de produits industriels toxiques dans les ruisseaux et rivières. Que seule la démagogie a pu pousser le gouvernement à avaliser la notion et à reconnaître ce droit aux industriels du porc.

Il répond qu'il n'y a pas lieu de s'inquiéter, puisque les problèmes sont à peu près réglés et que les critiques sont donc en retard. Le cochon moderne, en effet, serait tout ce qu'il y a de plus «efficace», un véritable cochon «design»: maigre, il mange peu, chie encore moins. Le volume bactérien est faible, le phosphore et l'azote réduits au minimum. En somme, cette bête dont on tire le contreplaqué de viande sèche que l'on vend pour du porc est une bénédiction pour l'environnement si on la compare aux truies et aux verrats d'antan. Je me dis qu'il faut continuer à améliorer l'espèce, développer le porc transgénique qui crotte comme un lièvre, chante comme une tourterelle, garde la maison comme un chien. Chacun aurait le sien, qu'il promènerait tous les soirs et qu'il saignerait comme jadis à la Sainte-Catherine. Ce serait la fin des grandes usines du Cochonistan. Et on serait tous membres de l'UPA, avec les avantages fiscaux correspondants.

Dimanche 27 mai

Le soleil s'abîme doucement dans le silence sourd de l'avant-souper froissé seulement par de prestes battements d'ailes dans les vieux érables. La marmotte de la maison broute des fleurs qui n'écloront jamais. Dans le champ d'en face, la famille de ratons laveurs qui squatte la grange abandonnée déterre des pousses de maïs hautes d'une main et que je devine tendres et sucrées. Je devrais aller en cueillir une ou deux pour vérifier, mais il faudrait fêler cette heure d'apaisante contemplation.

Je remercie ma paresse : un chevreuil débarque à son tour dans le garde-manger certifié par l'UPA, l'oreille et l'œil aux aguets entre chaque coup de dents. Et un deuxième. Puis, je ne le raconterai pas parce qu'on m'accuserait d'inventer…, un renard trottine nonchalant sur la route. C'est une bête étique qui sautille du derrière comme tous les renards, la queue cassée, le poil grisâtre. Sans doute celui qui a traversé le chemin juste devant ma voiture ces jours derniers. Il ne manque au rendez-vous que l'ours noir que les voisins ont aperçu récemment dans ce champ aux merveilles. Je ne bouge pas d'un doigt ni d'un cil, la vie est là.

Il y avait jadis des êtres capables d'étirer une heure comme celle-là pendant des jours, des années, toute une vie. Tous les ermitages sont installés dans des lieux de beauté, pas devant les usines, les ports, les lamaseries, les Golgotha malgré leurs croyances. Étaient-ce vraiment des divinités qu'on y priait, avant l'aube pour mettre toute cette obligation de rite derrière soi, ou plutôt la beauté du monde ? Avant la pensée scientifique, on ne pouvait pas ne pas mêler un peu de divinité, même douteuse, à la jouissance de la paix du soir. Mais je soupçonne que c'est la nature qui comptait le plus et qui compensait toute la méchanceté des dieux, simple projection et explication de la nôtre.

Le renard s'est mis au trot après un coup d'œil de mon côté. Après vingt minutes les cerfs sont rentrés dans les fourrés. Restent les ratons à peine visibles dans la nuit naissante. Les feuilles des érables deviennent des silhouettes contre le rouge du crépuscule.

JUIN

Vendredi 15 juin

Écrit-on davantage l'hiver ? Depuis que l'été est arrivé, je néglige ce journal. Les champs et les bois m'attirent bien davantage, même si le temps reste hargneux. La feuille blanche est moins intéressante que les vertes, ma plume moins que celles des oiseaux. Soleil ou pluie, l'air de juin me tire hors de la maison et me rassérène.

On pourrait penser que ce décrochage est un vieux réflexe développé jadis en seize années d'école, quand notre univers de papier s'évanouissait en juin et qu'on l'oubliait jusqu'à septembre. Entre avril et l'été, il y a les arbres à planter, les sédiments de l'hiver à nettoyer, les vivaces à rajeunir et à déplacer, les nouvelles plates-bandes à garnir. Tout ce peuple vert, cette métaphore vivante de la civilisation, semble bien dégrossi et policé mais il suffit d'une saison d'abandon pour qu'il glisse dans la misère, succombe au désordre, retourne à l'état sauvage, et que les gènes barbares tenus à grand-peine de l'autre côté des clôtures et des haies envahissent le refuge, étouffent les espèces éduquées et que cette culture avancée redevienne friche puis brousse et sauvagerie.

Et la forêt se rebelle encore plus vite. L'œil du maître engraisse les troupeaux, dit un proverbe russe. Dans une plantation, où les ravages de la neige et du verglas, du vent et des insectes sont constants, où les champignons ne prennent pas une seconde de repos, il veille à élaguer les branches brisées, à éliminer les malades de la rouille ou du chancre, à prévenir l'explosion des charançons, à assurer la diversité et à conserver des refuges pour les oiseaux. Tout cela pendant que la sève ajoute mois après mois des mètres et des mètres cubes de bois à l'hectare. D'un automne à l'autre, on reconnaît à peine son chez-soi. Tout cela prend du temps et de l'attention.

Voilà pourquoi ce journal m'apparaît soudain moins urgent. Comme directeur de magazine, j'ai requis la mort de bien des arbres. Souvent, je me demandais si la quarantaine d'hectares d'épinettes et de pins variés que je regarde croître, avec les mélèzes, les érables et divers petits bois de moindre importance, compensait le massacre.

J'ai mis beaucoup de temps aussi à préparer les réparations de la maison. L'évaluation des avaries et des mauvaises surprises qu'on aura sous les lambris et sous les bardeaux du toit, les mesures à prendre, le choix et la quantité des matériaux. Ce sera beaucoup plus considérable que prévu. Une maison de cent cinquante ans a bien des choses à cacher. On veut construire une véranda, il faut changer les fondations, redresser les murs, refaire le toit, remplacer des poutres. Tout cela devait se faire dès avril, nous ne commencerons qu'à la mi-juillet et il y en aura pour deux mois. Il sera impossible d'inviter des amis avant la mi-septembre. La rentrée.

Je penserai à la *mamma* du *signor* Bice.

Samedi 16 juin

Holà! Jérola! Jean Chrétien vient de nommer quelques nouveaux sénateurs dont la Sagouine et Jean Lapointe. On imagine déjà le maître de cérémonie du Festival de l'humour présentant un monologue de l'Honorable Comique Jean Lapointe.

Le président de l'Union des artistes, Pierre Curzi, se réjouit que l'on récompense aussi des artistes. Il considère donc que le Sénat est une «récompense», comme tant d'autres postes politiques ou administratifs. La vérité sort de la bouche des artistes.

Cela revient à dire que le Sénat est une sorte d'Ordre du Canada avec salaire et pension à vie, particulièrement utile pour remercier les candidats défaits, organisateurs d'élections, collecteurs de fonds et amis en tout genre. Jean Chrétien en a nommé plus de quarante au Sénat.

Et les autres ? On fait aussi des nominations pour plaire à l'opinion ou à des associations influentes. Certains s'en souviendront au bureau de scrutin.

Holà ! encore. Un jeune homme ambitieux hésite entre la candidature à l'Assemblée nationale et à la mairie : « Je dois penser d'abord et avant tout à ma carrière. » Le service public conçu comme marchepied.

Celui qui brûle de l'ambition d'être édile, tribun, préteur, consul, dictateur, crie qu'il aime sa patrie, et il n'aime que lui-même (Voltaire, *Dictionnaire philosophique*).

Avant la télévision, on ne voyait guère les politiciens : c'est le pouvoir qui les attirait, et ses retombées. Depuis la télévision, la vanité compte pour beaucoup, d'autant plus que les avantages pécuniaires découlant du népotisme ont beaucoup diminué. Le politicien se voit comme une vedette. Comme rocker. *Starmania.*

« J'aurais voulu être un artiste », chante l'homme d'affaires de la célèbre comédie musicale de Berger et Plamondon. J'ai vu des hommes d'affaires qui donnaient de l'argent à des artistes, je n'en ai pas vu qui souhaitaient le devenir. Par contre, j'ai vu beaucoup d'artistes qui voulaient être des hommes d'affaires, et certains y sont arrivés ! Et des gens pour qui la politique aura été une bonne affaire.

Jeudi 20 juin

Aujourd'hui, j'ai soixante-six ans. Je n'y tenais pas. On me trouve bonne mine, mais il n'en reste pas moins que c'est beaucoup.

Dans sa tête on a toujours le même âge, c'est la carcasse, les muscles, les articulations qui pensent autrement. La génétique est bonne, être nonagénaire semble l'état naturel des générations qui m'ont précédé. Mais les anniversaires de ces gens qui ont trente ans de plus que moi font passer un frisson... De toutes façons, ce n'est jamais à mon anniversaire que je sens le temps implacable avancer d'un an, mais dans la journée courte et sombre du premier janvier. Noël, Jour de l'an, tout cela m'a toujours fichu la déprime. Vive juin!

Dans *Le Premier Homme*, le héros de Camus découvre dans un cimetière militaire la sépulture de son père, mort avant sa naissance dans le grand massacre de la Première Guerre mondiale. Cormery, c'est son nom, se rend compte qu'il est désormais plus âgé que ne l'a jamais été celui qui l'a engendré. Aujourd'hui, il me vient à l'idée que moi aussi désormais je suis plus âgé que mon père décédé il y a trente ans, un mois après sa retraite. Avec un peu de chance, peut-être y aura-t-il un jour de nouveau la même différence d'âge qu'à ma naissance, vingt-neuf ans, entre lui et moi mais à l'envers...

Cormery (Camus) pense, devant le Carré du Souvenir, que «ce sol était jonché d'enfants qui avaient été les pères d'hommes grisonnants». Et c'est ainsi qu'on est Camus.

Vendredi 22 juin

Une chansonnette provoque un microdrame existentiel et identitaire. C'est qu'on l'a distribuée dans les écoles en prévision de la Fête nationale, et il paraît qu'on n'aurait pas dû puisque les couplets de Daniel Boucher seraient en français «approximatif».

Jusqu'ici, on n'en pouvait rien dire, mais *La Presse* a publié hier le «poème» incriminé. Il n'y a pas de quoi fouetter un chat, seulement de quoi moquer gentiment l'auteur, et moins gentiment les abrutis à œillères qui ont trouvé ces vers de mirliton dignes d'être proposés à des écoliers comme initiation à la création littéraire et comme leçon de morale patriotique.

Chez-Nous est une simple niaiserie, pas un crime. Infirme dans la forme, débile dans le propos, cette rengaine allie, curieusement, deux orthodoxies, le vieux chauvinisme et la nouvelle pensée *politically correct*.

«*De que ça s'passe de que j'ai l'goût*». Par quelque bout qu'on le prenne, ce n'est pas du français approximatif. Ce n'est pas du français tout court, ni du québécois, ni du joual. Plutôt du rien du tout. Du moche. Du raté.

Ça fait qu'à l'avenir m'as dire (pronom personnel de la première personne, suivi d'un verbe (awouèr?) à la deuxième, avec complément utilisé comme sujet : c'est un peu complexe en 2ᵉ secondaire?).

Pis de pas me gêner pour dire…
Que je l'aime pis que c'est d'même
de que ça s'passe de que j'ai l'goût

Quant à ceux qui, aimant ce jargon, en veulent davantage et qui partagent sans doute la pensée culturelle et sociale de l'auteur, ce sont des «vouleurs de rire». Au vouleur!

Ce n'est pas du parler populaire. Car l'essentiel de ce que certains voudraient être de l'authentique québécois contemporain n'a pas de passé : c'est une concoction artificielle fabriquée pour et par les médias, les téléromans et la pub, un espéranto de fautes communes, de tics de vedettes, de «jokes» éculées, d'anglicismes, de charabia publicitaire. Pas du joual ni du québécois : juste de l'ostindbeu, du watatatow, du gonebitch.

Cet épisode loufoque nous éclaire aussi sur l'idée que l'on se fait, en haut lieu patriotique, du rôle de l'école. Car *Chez-Nous* y a été distribué non pas pour ses vertus pédagogiques françaises, poétiques ou musicales, mais à cause de son prétendu message politique. C'est d'abord la complainte du célèbre et populaire phoque en Alaska, l'imagination et le talent en moins : à quoi bon le rêve, à quoi bon l'ambition… Restons «cheu nous» avec ceux qu'on aime. On est mieux «cheu nous» qu'à essayer de *flasher* à l'étranger. Mais pour être bien vu, aujourd'hui, il faut évidemment se montrer ouvert à l'Autre, à l'immigrant pour l'appeler par son nom : vous aussi, « monde de partout », venez. Mais tenez-vous coi et ne changez pas les meubles de place ! Et juste au cas, comme la maison « cheu nous » *que je l'aime pis que c'est d'même*

J'aimerais garder
toutes mes clés

Louis Hémon le disait : au pays du Québec, rien ne doit changer. Hémon nous les uns les autres.

Tout cela s'adresse sans doute moins aux « vouleurs de rire » qu'aux vouleurs de faire chier le bourgeois et est utilisé par les vouleurs d'enseigner au service des vouleurs d'endoctriner.

Boucher défend son texte au nom de la liberté du créateur, et il n'a pas tort, si l'on considère que cette liberté est inévitablement définie par les limites de son talent. Mais le Mouvement national des Québécois justifie son action sous prétexte qu'il faut montrer aux enfants « c'est quoi la création » ! C'est la version patriotique du « créationnisme » sans doute… Créer : faire quelque chose de rien, signifie désormais aussi faire rien de quelque chose. Mais c'est là une tout autre question. Le MNQ fête le français comme les Iroquois fêtaient Jean de Brébeuf. Par la torture.

Cela dit, on pourrait fort bien utiliser la « toune » bouchérienne à l'école : pour en faire l'analyse grammaticale et littéraire *ab absurdo*, afin de montrer comment l'incohérence grammaticale détruit le sens et que la création est impossible sans de bons outils. Ou comme piège dans un examen.

À des aspirants journalistes à qui je signalais leur incapacité de rédiger une phrase correcte et la nécessité d'aller d'abord apprendre le français, et qui m'opposaient toujours que « le lecteur va comprendre pareil », je suggérais, pour illustrer l'inanité de leur réponse, de louer une salle et une guitare et de donner un spectacle de chansons. « Je sais pas chanter, je fausse. » Ça ne fait rien, répondais-je, les gens vont reconnaître la toune. Hélas !

la chose se pratique déjà, semble-t-il. J'aurais dû citer Pierre Desproges : « J'en ai marre des chanteurs. Pourquoi ne faites-vous pas de la peinture ? » En musique, on ne peut pas fausser, dérailler, être aphone. Mais pour les paroles et l'écriture en général, on peut, semble-t-il, faire n'importe quoi. Tsoin tsoin. L'atonalité, refoulée en musique populaire, s'est réfugiée dans le verbe.

Samedi 23 juin

J'attends quelques amis pour prendre un verre. Je sais que l'un d'eux adore un martini en grignotant. Un martini avec une olive. Dans mon Landerneau, on trouve le gin et le martini, mais pour les olives c'est une autre affaire. Pas d'épicerie fine. Les succursales des grandes chaînes offrent maintenant des olives de toutes les couleurs, avec de beaux noms grecs, italiens ou marocains, mais quelque hurluberlu a décidé qu'une olive luisante, qui reflète les néons du magasin, se vendrait davantage, et désormais toutes les olives sont ointes d'huile, une huile dont on se doute qu'elle n'est pas la plus chère.

Comment met-on une olive Métro ou Provigo dans un martini sans la passer d'abord à la térébenthine ? Récemment, à une réception, on offrait de ces olives vaselinées aux invités qui barbouillaient leur verre et cherchaient où s'essuyer les doigts.

Dimanche 24 juin

Un entrefilet du *Devoir* a annoncé cette semaine le décès d'André Goulet, typographe. J'aurais aimé lire qu'il avait aussi été éditeur, entre autres, des très belles premières éditions des livres de Jacques Ferron, de son théâtre, de *Cotnoir,* des *Contes du pays incertain.* De beaucoup d'autres poètes. De beaux livres que l'on conserverait même si l'œuvre était quelconque. Aujourd'hui, avec l'offset et les papiers à demi transparents qui laissent voir le verso des pages, on ne soigne plus autant les livres. Dans ceux d'André Goulet, on peut suivre des doigts le relief des lettres dans le beau papier crémeux.

C'était l'époque où on appelait typographes ceux qui étaient, en réalité, linotypistes, un métier qui n'existe plus. Le vrai typographe, lui, dessinait les caractères, les choisissait et les utilisait. Il créait le livre. Aujourd'hui, on parle de *designers* et de « créatifs ». Créer, c'est faire quelque chose de rien : hélas ! souvent cela se voit.

Chaque ligne lue dans un journal devait avoir été tapée deux fois, la première par le journaliste devant son Underwood 22, la deuxième par un homme assis devant une machine d'une tonne, haute de deux mètres, chauffée à blanc, empestant le plomb fondu. Une salle de composition comptait une quarantaine de ces machines bruyantes. Les lignes-blocs en plomb étaient rangées à l'envers dans un cadre d'acier, la galée, sur laquelle on gaufrait une feuille d'amiante qui servait ensuite à mouler les pages en cylindres. Le journal, le magazine, le livre ne sont pas toujours apparus comme par magie à l'extrémité lointaine du fil qui sort de l'ordinateur. La littérature et le journalisme étaient des entreprises industrielles, métallurgiques.

Avec les linotypes, le plomb, la chaleur de la fonderie, avec les André Goulet, est disparu tout un vocabulaire, tout un pan de la langue : le talus, le cran, la chasse, l'œil, la casse, le casseau, la carcasse, le composteur, le lève-ligne, la galée, la morasse, le prote... Les mots semblent avoir leur poésie, mais ce ne sont que des adresses, on en change, on les abandonne. Parfois, un simple changement technique détruit des rues entières.

Lundi 25 juin

Les familles des adolescents noyés quand l'automobile qui les ramenait d'une soirée joyeuse a plongé dans une carrière abandonnée refusent que l'on traduise en justice le jeune homme qui la conduisait.

Était-il ivre, gelé ? Conduisait-il de façon dangereuse ? Il faudrait bien enquêter pour le savoir. Et s'il est coupable, ne faut-il pas que justice se fasse ? À dix-neuf ans il n'est plus un enfant, il vote, peut aller à la guerre, se marier...

Curieuse coutume québécoise que celle de ne pas châtier les responsables d'homicides pour peu qu'ils s'arment d'un autocar, d'un ascenseur ou d'une voiture plutôt que d'un couteau ou d'un pistolet. Surtout s'ils tuent en gros et que l'accident qu'ils ont provoqué prend un air de tragédie : lors de l'affaire des Éboulements, après laquelle tout le village des cinq douzaines de victimes a « compris » la douleur et le repentir du propriétaire de l'autocar défectueux ; l'ascenseur de la terrasse Dufferin à Québec, qui n'avait pas été vérifié depuis des années ; la wagonnette de Nicolet dont la conductrice négligente a été absoute par les parents des bambins morts. En France, la République sévirait ; aux États-Unis, les survivants réclameraient des amendes punitives de centaines de millions.

Pourquoi cette différence, cette mansuétude envers les responsables d'accidents meurtriers ?

On me traitera d'obsédé, mais je veux y voir un trait d'une société engendrée dans le rite catholique. Mais si ! Chez les protestants, on est jugé par ses œuvres. Chez les catholiques, on se confesse et la ferme contrition est la garantie de l'absolution. Dans la religion romaine, non seulement Dieu est magnanime, mais on n'a même pas affaire à lui : on peut s'adresser à n'importe lequel de ses commis. Et pourquoi pas recourir à l'autoabsolution en cette ère du do-it-yourself. Une seule condition : le repentir.

Où a-t-on la preuve du repentir ? à RDI et à LCN. Le coupable se repent, il n'en dort plus, il est malheureux, il pleure devant les caméras. À l'âge du bonheur obligatoire, ne le voilà-t-il pas assez puni ? La culpabilité n'est-elle pas plus dure à porter que la prison ? Accusé, levez-vous : vous êtes condamné à... des séances de thérapie. Avez-vous votre carte-soleil ?

Et voilà pourquoi on peut ici acheter un vieil autobus sans freins, ne pas faire entretenir son téléférique pendant sept ans, ficher ses produits toxiques ou son lisier de porc dans la nappe phréatique, et être au fond une victime. Comme tout le monde. Les Québécois n'aiment pas la vengeance, soit, et on ne ranime pas les morts, comme on dit. Mais il y a un devoir de justice, c'est-à-dire de vérité. Il faut faire la différence entre qui se soucie de ceux qu'on lui a confiés, et les autres.

Jeudi 28 juin

En juin, on ne traverse pas le centre-ville facilement : festivals de l'humour, de la chanson, du jazz. Hier soir, malgré le temps pourri, les rues étaient fermées et la foule nombreuse. Jazz, et bien d'autres choses : le genre devient flou, s'annexe toutes sortes de musiques, tango argentin, bossa nova, d'autres folklores. C'est que l'amateur de musique veut se sentir citoyen du monde. Mais pas de n'importe quel monde : seulement celui qui « beat », en somme ce qui a une origine ou une parenté africaine, proche ou lointaine.

J'ai écouté beaucoup de jazz, jusque dans les années soixante. Miles, Mingus, Brubeck, Adderley, Hancock plus tard. Plus maintenant, comme si ses avatars rock, disco, rap m'en avaient éloigné. Même la chanson est assommée par le battement de métronome ou de lessiveuse du tam-tam primal. Les paroles sont étouffées par des musiciens qui tapent comme des sourds — ce qui est souvent le cas — et elles semblent ne servir que de support au « beat », au lieu d'être portées par les instruments. À quoi bon des paroles ?

À l'époque où je travaillais à Radio-Canada, un stagiaire africain y multipliait les entrevues sur la déculturation de l'Afrique par l'Occident : l'Occident avait dépouillé l'Afrique de sa musique et de ses arts, il avait détruit sa culture pour lui vendre sa pacotille, Elvis, bagnoles, armes et tout.

Je n'ai jamais réussi à convaincre ce collègue que la déculturation de l'Occident par l'Afrique n'était pas moindre. Partout, les musiques de descendance africaine ont écrasé les folklores originels ou les ont transformés. La Grèce, l'Irlande, l'Afrique du Nord ont résisté plus longtemps, mais les voici à leur tour inséminées et en mutation. L'orientalisme de la fin du XIXe siècle n'était qu'une mode, la découverte des arts nègres, au début du XXe, a été un séisme qui transformé la peinture et la sculpture directement, et la musique par le détour des Amériques. Jadis, les influences étaient des inspirations, celle-là a été un destin.

Comment expliquer cette conquête fulgurante de la musique par les rythmes africains et leurs évolutions américaine, brésilienne, cubaine, jamaïcaine ? Ils ont démoli les architectures des musiques européennes, laminé les mélodies sous le marteau du rythme — ou plutôt du « beat », qui est une chose bien différente du rythme.

Dans les musiques d'Occident, de Chine, d'Inde, des pays arabes, le mouvement de la sonorité s'ordonne sur des espaces et des dimensions constamment variables. La musique crée ainsi le temps, et donc un passé, un présent et un futur. Quelque chose est arrivé, quelque chose va arriver. Le « beat » me semble au contraire découper le temps en intervalles implacablement égaux et semblables, abolissant la dimension du temps, son écoulement et par conséquent l'Histoire. Le « beat » s'éprouve physiquement, il excite et rassure à la fois, comme le tic tac d'un réveil rassure les chiots et les bébés. Il calque le rythme cardiaque, il perpétue le mouvement brownien, comme on peut le constater à la discothèque.

Jacques Attali écrit dans *Bruits* (nouvelle édition, Le Seuil) que la musique est prophétique. La musique d'une époque, dit-il, annonce les époques suivantes, l'évolution future des sociétés. Et pourquoi pas le tarot ? Ou le thé ? Tchaïkovski annoncerait Lénine ? Debussy le Front populaire ? Stravinsky les carnages du XXe siècle ? Boulez le village global et Internet ?

J'ai toujours pensé qu'au contraire les musiciens projettent et recréent dans le langage musical d'une époque ou dans celui qu'ils inventent les sons du milieu environnant, en particulier de l'enfance. Les environs de Vienne, les collines, forêts et villages qui étaient sous l'empereur François-Joseph parcourus de militaires à cheval, de malles de poste avec clairons, de chasseurs avec cors, de fêtes rurales ont leurs échos chez Bruckner et Mahler. Depuis le xxe siècle, plus de clairons ou de ländler, mais des bruits de machines. Le tintamarre et les grincements de l'ère industrielle. Les architectes ne font pas autrement : leurs œuvres actuelles, si travaillées, si « songées » soient-elles, restent implacablement à l'image des lieux où ils ont grandi… En musique comme en tout, l'enfance ne pardonne pas. Et Attali, cette mécanique infatigable ? De quel passé émergent ses questionnements, ses intuitions, ce mouvement perpétuel ?

Je ne pense pas non plus que l'explication que donne Attali de l'origine de l'atonalité soit juste. Il y perçoit le « désir des classes moyennes d'exprimer leur colère et leur douleur devant la misère ». Les classes moyennes ne se fichent-elles pas de la misère d'autrui autant que d'Arnold Schoenberg ? Elles cherchent, comme les bourgeoisies d'hier, leur agrément et leur pouvoir et souhaitent grossir leur pelote et poursuivre leur ascension. La misère était bien plus grande dans le Paris de Rameau. Ce que les classes moyennes assurent, c'est le succès des musiques dites populaires et de cinéma. Aujourd'hui, les compositeurs de musique savante ont adopté la même démarche que les peintres : en dehors de l'émotion et du sentiment, ils cherchent à faire avancer le corpus plastique ou musical par l'invention de nouvelles techniques. Ils veulent éviter de déchoir en refaisant ce qui est déjà fait. Le créateur contemporain est d'abord un critique.

Récemment, on racontait que des étourneaux imitent des sonneries de téléphone cellulaire. Les humains sont-ils si différents ? Les bruits mécaniques et industriels, usines, locomotives, voitures, mitraille, sirènes, tracteurs, remplacent celui des ruisseaux et le ranz des vaches. Si Beethoven avait vécu au début du xxe siècle, aurait-il été Richard Strauss ou Schoenberg ?

Pourquoi dit-on « le chant » de l'oiseau, mais « le bruit » du vent ? Le pinson à gorge blanche chante *Le Beau Danube bleu*.

Le ruisseau est atonal. Si la musique émerge, en fin de compte, de l'environnement auditif de l'enfance, la diversité des espèces d'oiseaux et d'animaux explique-t-elle en partie la variété des musiques selon les régions du globe?

Vendredi 29 juin

Nous avons appris à lire en silence. Le seul regard a remplacé le murmure du liseur. Ce serait depuis le Moyen Âge seulement que le récit, la compréhension, les images se forment dans l'esprit par le défilement des lettres, la beauté et l'émotion par le texte, un processus profondément abstrait.

Pourquoi la même mutation n'a-t-elle pas touché la musique, qui s'exprime en sept lettres seulement, pas vingt-six? Au lieu d'aller au concert, de nous munir d'enregistrements et de systèmes de reproduction coûteux et complexes, pourquoi la partition ne suffit-elle pas, même à ceux qui ont appris à solfier parfaitement? Il nous faut écouter les sons, « l'écoute mentale » ne satisfait pas.

Bien peu de gens peuvent lire une partition, même simple, alors que les dictionnaires les plus massifs ne les rebutent pas. L'écriture chasse-t-elle la musique? Faudrait-il apprendre la musique avant d'apprendre à lire et à écrire? On ne peut s'empêcher de noter que beaucoup de compositeurs et d'interprètes sont enfants et petits-enfants de musiciens de métier et ont donc connu les sons bien avant les lettres. La musique touche-t-elle une partie du cerveau plus ancienne, antérieure aux organes de la parole, une partie du cerveau attentive aux bruits des ruisseaux, des bêtes et du vent, une programmation archaïque qui répondrait à la stimulation des sons les plus primordiaux, cœur, artères, son des pas? Et donc du tam-tam et de ses dérivés?

La science-fiction est elle aussi une parabole de nos angoisses d'hier plus qu'une prédiction des dangers de demain. Dans *Final Fantasy*, un nouveau film qui fait parler surtout à cause de ses prouesses informatiques, des « ecowarriors » sauvent la planète des extraterrestres. Pour la millième fois. Mais cette fois les personnages ne sont pas joués par des acteurs, malgré les apparences ; ce sont des êtres virtuels conçus par ordinateur. On s'en souviendra comme du premier film du genre, tout comme *House of Wax*, qu'il fallait regarder avec des lunettes qui nous faisaient un œil rouge et un vert, fut le premier film en stéréoscopie. Et l'un des derniers.

Au mieux, la nouvelle technique aidera les producteurs à freiner l'explosion des cachets qu'exigent les vedettes. Mais si complexe que soit l'image, elle l'est moins que la parole, puisqu'il a fallu recourir à de vrais comédiens pour les voix !

Quant aux extraterrestres, ce sont, comme hier les anges et les démons, les projections de toutes nos peurs actuelles : le bloc soviétique dissous, il reste la pollution, le réchauffement du climat, la nouvelle ère glaciaire, les tsunamis, les volcans, les suppôts de la mondialisation. De tous ces combats appréhendés, toutefois, c'est la guerre aux extraterrestres qui coûte le moins cher. On peut se demander si, avec tous les canaux spécialisés dans la catastrophe quotidienne, ce genre a de l'avenir.

À quand le grand péril *intra*terrestre ? Le surgissement des monstres cachés parmi nous ?

P.-S. Il y a six mois aujourd'hui, une pleine demi-année, que je suis retraité. Officiellement. Quoique je sois aussi occupé qu'avant. Six mois aussi que je rédige ce journal presque quotidien. En principe. Je ne veux rien relire avant le 31 décembre prochain.

JUILLET-AOÛT

Vendredi 13 juillet

C'est donc mardi, à mon retour de Québec, que je m'atta-
querai avec deux mois de retard à la rénovation de la maison
des Cantons-de-l'Est. Le temps, c'est promis, sera favorable.
Après un départ raté, dans la pluie et le froid, l'été a retrouvé sa
forme normale, et juillet a amené la canicule.

Les météomanes s'étonnent depuis quelques années de la
chaleur de l'été : ce serait du jamais vu, un phénomène nouveau, sûrement le réchauffement du climat. Balconville, les nuits
où le sommeil est impossible, jamais vu, les sécheresses, les ruisseaux et les puits à sec, jamais vu. Mais le mot canicule vient de
Rome et décrit depuis Romulus ces semaines étouffantes où la
constellation du Chien se lève avec le soleil. Quoi que disent les
remplisseurs de radio et de télévision des 36 degrés des derniers
jours, nous survivrons. L'élévation modeste des températures
moyennes ne menace pas les records de l'an mil, qui permirent
aux Vikings d'occuper l'Islande puis le Groenland et de visiter
le Saint-Laurent et la Nouvelle-Angleterre. Depuis, on est mort
de froid plus souvent que de chaleur. Et si c'était « la petite ère
glaciaire » qui s'achevait ?

Mais on ne profitera guère de ce beau temps. Ce qui devait
être l'addition d'une véranda sera plus long et plus complexe que
prévu. Les fondations s'avèrent insuffisantes et il a fallu commander une pelle mécanique. Le déplacement d'une porte a

révélé que la dernière rénovation, il y a une quarantaine d'années, avait simplement camouflé les dommages de l'eau et des fourmis. Il faudra enlever une partie du toit, refaire la couverture et donc les corniches, puis les lambris extérieurs. Et ainsi de suite... Je pense au « spiritual » *Ezekiel connected dem dry bones* :

> Your toe bone connected to your foot bone,
> Your foot bone connected to your ankle bone,
> Your ankle bone connected to your leg bone,
> Your leg bone connected to your knee bone,
> Your knee bone connected to your thigh bone,
> Your thigh bone connected to your hip bone,
> Your hip bone connected to your back bone,
> Your back bone connected to your shoulder bone,
> Your shoulder bone connected to your neck bone,
> Your neck bone connected to your head bone,
> I hear the word of the Lord!
> Dem bones, dem bones gonna walk aroun'

Les vieilles maisons sont comme les tricots : si on tire un fil... Il y en aura bien jusqu'à la mi-septembre.

Mercredi 18 juillet

Margaux passe quelques jours à la maison avec ses parents, malgré les travaux en cours. Je me reproche d'avoir été distrait depuis le début de l'été et de n'avoir pas noté au jour le jour tous les émerveillements que j'éprouve à la voir prendre possession du monde. Ce que j'ai raté ne reviendra pas, hélas! À cet âge, chaque jour est une entreprise, un voyage.

Margaux travaille sans cesse. Elle ne joue pas, jouer c'est faire semblant, prendre ses distances du nécessaire. À cet âge, tout est au premier degré. Elle bosse : de grosses journées pour une toute petite enfant. Du matin au soir, apprendre les choses, bonnes et mauvaises, les usages, les mots, les gens, les fleurs, les papillons, malgré les obstacles matériels, les montagnes qui sont partout sur son chemin, car à vingt mois tout est montagne. Elle digère cette bouillie, ce pablum d'êtres et de choses des règnes animal, végétal, minéral. Voici trois peupliers, un grand, un moyen et un tout petit : papa, maman, bébé ? Une personne : un mot. Un objet : un mot. Noms d'oiseaux, d'arbres, de mets. Elle découvrira naturellement la méthode millénaire d'apprentissage, la répétition, systématique, obstinée. Un gros oiseau noir passe-t-il ? Elle le montre du doigt : co'bo, co'bo, co'bo...

Un rebord de trottoir devient un mur, une irrégularité de la pelouse une colline. Monter. Descendre. Monter. Descendre. Dix, vingt fois, jusqu'à ce que le geste ou le mot, comme l'obstacle, soit maîtrisé. C'est la méthode obligée des musiciens, celle des sportifs chez qui on l'admire, mais plus celle de l'école, où on la méprise et où elle a été remplacée par la pédagogie.

J'ai prudemment entouré d'un câble jaune et de force recommandations le coin de la maison où les tamias courent affolés, cherchant leurs souterrains dans les tas de terre et de cailloux. Margaux s'est assise près de l'aronia odorant qu'affectionnent les papillons, sous le parasol d'un frêne exotique, et regarde, hypnotisée, la pelle mécanique qui semble dévorer la maison comme une mante colossale. Je voudrais être dans sa tête.

Puis c'est le temps d'aller pique-niquer sous le grand pommier d'où les goglus observent le champ d'orge. Les goglus dont le chant de jouet électronique fait rigoler les enfants. Et elle s'endort dans le grand hamac. Je voudrais être dans sa tête.

Dimanche 19 août

Des affaires m'ont amené à Montréal ce vendredi. De passage rue Sainte-Catherine, j'ai pu constater que les architectes chargés de recycler l'ancien magasin Eaton en centre de boutiques et de bureaux n'ont pu s'empêcher d'éventrer la façade.

Cet immeuble immense — quelqu'un m'a dit que c'est le plus grand des grands magasins d'Amérique d'un seul tenant — est un bel exemple de l'architecture commerciale des vingt premières années du siècle (le dernier). Il présentait une belle unité, de la texture et du rythme avec ses centaines de fenêtres à colonnettes torsadées (deux mille fenêtres, s'il faut en croire l'entrepreneur qui vient de poser les miennes et dont la compagnie a obtenu le contrat Eaton). Mais maintenant, une balafre de verre et de métal coupe la façade de haut en bas, un coup de cymbale dissonant dans la fugue tranquille de l'œuvre originale.

Les architectes poussent les hauts cris quand on touche à leurs œuvres. Le respect du créateur. Mais ils ne se gênent pas pour maquiller ou massacrer le travail de leurs prédécesseurs. Respect zéro. La profession dénonce le «façadisme», cette mode qui consiste à coller sur les immeubles neufs les façades des édifices antérieurs qu'il a fallu démolir. On imagine le Louvre, l'Empire State Building, le musée de Gehry à Bilbao plastronnés de fragments de tout ce qu'ils ont remplacé? Absurde, mais avec la sacralisation du «patrimoine» même le plus médiocre, c'est aujourd'hui la seule façon d'obtenir une autorisation de démolition.

Il ne manque pourtant pas non plus d'architectes adversaires du façadisme qui le pratiquent cependant à l'envers en incrustant leurs boîtes de verre toutes pareilles sur des immeubles de toutes les époques. On a des exemples de cette chirurgie d'une banalité de plus en plus évidente à la Cinémathèque, ici chez Eaton et même sur l'ancien couvent qui abrite aujourd'hui l'école… d'architecture et d'urbanisme! En architecture plus encore que dans les autres arts, la mode et l'existence d'un matériau nouveau semblent dominer chaque génération. Mais la greffe sur façade est peut-être surtout une façon de marquer le territoire, comme le font les bêtes. Au moins sait-on, ce principe d'intervention étant acquis et largement accepté par la profession, que n'importe qui pourra demain sans vergogne enlever ces verrues. Comme dit l'anglais, sauce pour l'oie, sauce pour le jars.

A-t-on conservé les arcades de pierre à colonnettes que l'on a sciées et enlevées ? Il n'est pas impossible qu'elles ornent désormais le jardin, la piscine ou la salle à manger d'un entrepreneur. Ou d'un architecte.

Lundi 20 août

Avant d'aller écouter *La Création* de Haydn, qui a clôturé le festival d'été d'Orford hier à l'église Saint-Patrice de Magog, j'ai écouté la version Karajan, puis celle de Jochum. On ne suit pas sans risque les Janowitz, Wunderlich, Krenn, Berry, mais l'ensemble du festival s'est bien tiré d'affaire, le chœur surtout. Moins dramatique que Karajan, moins religieux que Jochum malgré le temple, pas plus beau que confortable.

Le texte de Milton, ou d'après Milton, pourtant faux-cul, dénonciateur, persécuteur autant que persécuté, est un hymne à la beauté et à la grandeur de la nature. On est loin du dogme romain ou du pessimisme janséniste. À quel point cette religion-là est-elle spectacle ? Le monde nouveau de Haydn n'est pas une vallée de larmes, ni un exil : c'est le Chef-d'œuvre du Grand Artiste. *La Genèse* présentant l'avantage à l'époque d'être théologiquement inattaquable, Haydn se permet des audaces qu'on ne trouve pas dans la musique de cour. Ainsi, les sept minutes de l'introduction annoncent Mahler, pas moins. Elles pourraient être la bande sonore d'un film sur les cinq premières secondes de l'univers selon Hubert Reeves.

Tout le récit est cinématographique autant que religieux. Océans, forêts, oiseaux, fruits, *La Création* est un poème panthéiste, une célébration de l'harmonie du monde.

Le monde est si grand, si merveilleux

Puis dans cette félicité naturelle naissent soudain Adam et Ève. La mission de l'univers est accomplie, et l'amour félicite le plaisir.

Comme il est bon
Le jus sucré des fruits

Comme il est suave
Le doux parfum des fleurs

Mardi 21 août

Pour avoir arraché les centaines de pousses d'*ambrosia artemisifolia* (herbe à poux) qui ressurgissent chaque été le long du chemin, plusieurs de mes hôtes fréquents étant allergiques à son pollen, je n'ai pas de difficulté à repérer du premier coup d'œil les magnifiques spécimens qui ornent le bord des trottoirs, les terrains vagues, les stationnements et même les parcs de Montréal. Ou le magnifique spécimen de la grande herbe à poux, *ambrosia trifida*, à l'angle des rues Bleury et de La Gauchetière, qui me dépasse d'un bon demi-mètre. Et je n'habite pas le Palais des Nains.

Les règlements municipaux exigent l'éradication de cette plante qui est la cause principale du rhume des foins et qui met à genoux chaque été près d'un million de Québécois qui y sont allergiques et les confine dans leurs maisons. Comme la plante est absente de plusieurs régions, on peut dire qu'au Québec un citadin sur cinq est touché. On imagine le coût des examens médicaux, des soins et médicaments, des absences au travail. De plus, comme il s'agit d'une annuelle, l'éradication n'est pas difficile : la Gaspésie y est parvenue il y a plus de soixante ans pour protéger le tourisme.

On pourrait donc penser que le maire de Montréal, spécialiste des parcs et des jardins, ferait appliquer rigoureusement le règlement municipal. Eh bien ! non. On a de la peine à le croire, mais dans une autre magnifique manifestation de la sollicitude du secteur public envers les citoyens, la Ville de Montréal en appelle à la Cour suprême d'un jugement (déjà confirmé une première fois par la Cour d'appel) qui confirme la validité d'un règlement de la Communauté urbaine qui oblige les municipalités à éliminer l'herbe à poux. Pour ne pas être en reste, Hydro-Québec aussi conteste le règlement. Quels serviteurs! La devise des Québécois est *Je me souviens*; celle de leurs élus et serviteurs : allez vous faire foutre!

Samedi 25 août

Rapport Larose. Pourquoi le gouvernement n'a-t-il pas attendu la rentrée pour publier le rapport des États généraux sur le français? Pour le fourguer en douce pendant les vacances? minimiser les débats?

Je ne suis pas allé plus loin que la lecture rapide des grands titres. Je le lirai un jour. Quand j'en aurai le temps, ou l'envie inexplicable. Ou jamais.

Faut-il vraiment se farcir toute la prose lapalissienne, et il en pleut! des organismes publics? L'abondance quotidienne, fédérale, provinciale, municipale de ce *publish or perish* public, parapublic et péripublic a toujours été le pensum de mon métier de directeur de journal. La PVNH québécoise (production verbale nationale par habitant), romans, essais, rapports, théâtre, radio, télévision, revues, journaux, monologues — le genre vraiment national — est pléthorique, et si la « fatigue culturelle » annoncée par Hubert Aquin existe, c'est sans doute que tout cela est très fatigant. Mais tout cela ne pèse pas lourd à côté du papier gaspillé par les administrations.

On culpabilise quand on empile ces tomes sur le rayon des choses à lire « un jour » : l'éducation, l'environnement, la santé. Questions cruciales, qui « interpellent » tout citoyen. Pour ne rien dire de la langue. Ah! la langue, notre identité, notre existence même…

Mais la langue est imperméable à toute cette agitation. Elle se parle, elle change, les mots ne gèlent pas pour les générations futures comme dans *Pantagruel*. Comme le philosophe qui prouvait le mouvement par la marche, il faut prouver la langue en parlant, en lisant et en écrivant, selon l'expression de Julien Gracq.

Je mets donc de côté le « roman de Larose » en attendant de le laisser partir un jour, tout neuf, dans un lot destiné à quelque bibliothèque. Un bibliothéconomiste (ça ressemble à un bibliothécaire, mais c'est plus cher) m'a déjà expliqué qu'en donnant ainsi ses livres aux institutions publiques on grève leurs budgets, on surcharge le personnel, on encombre les fichiers et, au bout du compte, on force la construction de nouveaux immeubles, avec toutes les conséquences financières et environnementales que l'on devine, et qu'il vaut mieux s'adresser au service de recyclage. Mais je n'ai jamais pu détruire des livres sans culpabiliser.

Alors, culpabilité si on les garde. Et aussi si on les jette. On n'est pas impunément judéo-chrétien.

Dimanche 26 août

L'exposition *Picasso érotique*, annoncée jusqu'à écœurement, m'a bien ennuyé. Érotique, non. Obsessif, oui. Ce foisonnement de sexes plus ou moins fonctionnels parle plus de Picasso que de l'érotisme. Et la foule titillée qui morpionne autour de ce foutoir me chasse de l'autre côté de la rue. C'est là que se trouve l'exposition qu'il faut voir, *Aluminium et Design*, autour de laquelle les agents de relations publiques et leurs récepteurs dans les médias n'ont pas fait beaucoup de bruit, mais qui est infiniment plus intéressante.

Cette collection d'objets d'aluminium est un tour d'horizon de la modernité et du coup d'arrêt de la Deuxième Guerre mondiale, qui a suspendu pour deux générations l'évolution des arts appliqués. Ce que l'on appelle aujourd'hui le « design » naît à la fin du XIXe siècle dans la foulée de l'art nouveau et du mouvement *arts and crafts*. On vient de réussir à isoler un nouveau matériau, malléable, ultraléger, qui résiste à la corrosion et dont la surface soyeuse ne ressemble à rien de ce qu'on a connu, l'aluminium. Le nouveau métal se prête admirablement à la création d'objets domestiques et d'éléments architecturaux. La Première Guerre a marqué la fin du monde ancien et provoqué le rejet de ses barèmes esthétiques. La philosophie de l'art remet l'art en question. Peinture, sculpture, architecture, arts décoratifs, tout est repensé, redéfini. L'art dit moderne a quelques décennies, les arts utilitaires suivent à leur tour et les années vingt et trente voient naître un univers d'objets où le fonctionnel triomphe des esthétiques d'avant 1914. La notion d'avant-garde imprègne la vie quotidienne, l'art propose un avenir. On le dit futuriste.

On voit aujourd'hui, après cinquante ans de déferlement de « *revivals* » provincial, colonial, beaux-arts, néoclassique, à quel point les déplacements de masses paysannes provoqués par la Deuxième Guerre mondiale et leur accession au pouvoir dans les démocraties ont stoppé net l'élan créateur d'avant-guerre. Accédant à l'aisance, les nouvelles classes moyennes ont voulu à bon droit partager les goûts des anciens possédants. La multiplication actuelle dans les lotissements de banlieue des ridicules « résidences » d'inspiration victorienne et la « marthastewartisation » du décor montrent bien que cette revanche, cette catharsis ne sont pas terminées.

Quant au design de qualité, il reprendrait plus vite le terrain perdu s'il y avait moins de designers snobs pour faire de l'épate ou faire ch... les bougalous.

Lundi 27 août

Avez-vous une anecdote à raconter ?
Quel est le plus beau souvenir de votre vie ?
Aimez-vous faire la cuisine ?
Accepteriez-vous de pousser une petite chanson ou de danser ?

Pourtant, si cette jeune femme me demande, avec une naïveté qui montre qu'elle a davantage fréquenté les boîtes de relations publiques que les salles de rédaction, d'enregistrer trois minutes de télé pour le Gala de *La Presse*, ce n'est pas à cause de ma réputation de danseur à claquettes, mais plutôt parce que j'ai patiemment bossé à la tête d'un grand magazine, non? Parce que j'ai écrit sur la politique, l'économie, la culture. Fait quelques livres et plusieurs traductions. Pas sur les paupiettes de veau. Je n'ai jamais accepté non plus d'aller raconter des anecdotes au *Détecteur de mensonges* ni fait de karaoké. Mais voilà, pour être télécompatible, il faut être intéressant. Intéressant « humainement ». La télévision braque depuis longtemps ses caméras sous le nez de gens qui préféreraient ne pas être là, mais désormais le projecteur du divertissement « interactif » se fait Big Brother et exige l'assentiment et même l'enthousiasme de ses sujets, en leur demandant de devenir, comme tout le monde, des « entertainers ».

J'ai déjà écrit que, aux savants qui annonceront en congrès mondial l'injection qui rend éternel, la télé préférera le quarteron de manifestants hurlant à la porte pour dénoncer la déshumanisation de la science et de la médecine et le sort des rats de laboratoire. Elle n'aime pas que l'inventeur du vaccin universel s'éternise sur les obstacles qu'il a affrontés, ou le recteur d'une université sur les défis de l'avenir. Elle leur demande de montrer qu'ils savent aussi être « du monde ordinaire », c'est-à-dire « du vrai monde ». Et inversement. L'écran voyeur délaisse la fiction des *soaps* pour s'installer dans la réalité des bureaux, des cuisines, des chambres à coucher, pour y montrer la méchanceté humaine et la dent longue des *survivors*. *Survivor, Loft Story*, caméras de surveillance… Il y a deux endroits où l'on baisse sa culotte : le petit coin et le petit écran.

Les politiciens fuient les intervieweurs de métier et les journalistes politiques pour faire du rigaudon chez les comiques en ce monde de rire obligatoire qui est l'Humoristan québécois. Le risque est moindre, bien sûr, et surtout plus payant électoralement, croient-ils. Le côté « humain » du politicien, le spécialiste du hot-dog contre l'homme d'État. On fait croire au public qu'il comprend l'événement s'il comprend la « nature » des protagonistes. On n'a pas besoin de savoir que Mitterrand s'approvisionnait en ortolans chez les braconniers pour comprendre Maastricht, ou de demander à Pierre Bourque s'il fait aussi de la cuisine chinoise avant de voter sur les fusions municipales.

La télévision dévore les sujets à une cadence effrénée. Elle dévore les amuseurs. Elle dévore maintenant les téléspectateurs. Elle a pris le relais de la psychanalyse, elle devient le divan universel. Et comme le psychanalyste dans son fauteuil, la caméra ne parle pas.

On fera donc une petite entrevue pour le *Gala des personnalités de la semaine*, mais strictement sur mon métier et mon travail. *Pourquoi pas sur vous?* Vous savez, je suis sans doute un personnage ennuyeux pour vous...

Et voilà! On m'aura quand même fait parler de moi. Mais je n'ai pas fait de steppettes.

Mardi 29 août

Le grand raout — non, il ne manque pas de g, oui, le mot existe, c'est même un anglicisme snob du XVIIIe siècle — organisé par la direction de *L'actualité* pour en marquer le vingt-cinquième anniversaire m'a valu un coup de fil de René Homier-Roy, *morning-man* et collaborateur occasionnel de *L'actualité* pendant vingt ans. À huit heures moins vingt.

Y a-t-il une vie après L'actualité?

J'imagine la tête de René si je lui avais répondu : non. Non, j'ai été électrogalvanisé et je fais la statue au Jardin botanique. Ou : on m'a cryophilisé dans l'azote liquide au cas où on aurait besoin d'un animateur pour vous remplacer à votre retraite. Et on me sort du frigo de temps à autre pour remplir quelques minutes de radio.

Mais c'est l'esprit de l'escalier, et je ne prends jamais l'escalier tôt le matin avant d'avoir avalé un café bien corsé...

Il semble y avoir une sorte de continuité à L'actualité...

Eh ben! mon vieux. Comme si les gens qui sont là depuis dix ou douze ans n'avaient travaillé que sous le knout, contre leurs convictions, et n'avaient attendu que le départ du Vieux pour tout foutre en l'air! Comme si un journal pouvait tout à coup changer d'orientation, c'est-à-dire changer de public, comme on change de lunettes...

Encore l'esprit de l'escalier. J'ai dû baragouiner quelque réponse qui ne risquait pas d'exiger d'explications.

Vous avez déjà été critique de cinéma?

Oui. C'était à *La Presse*. Mais c'était il y a plus de quarante ans.

Et j'aurais dû ajouter : critique mais si peu. Nous étions trois journalistes aux pages dites culturelles, un trio dont l'un ne faisait que la musique et un autre était absent pour cause de maladie. Le troisième s'est donc fait polygraphe, courant de la librairie au musée, du cinéma Palace le mardi après-midi au TNM (qui jouait à l'Orpheum) le jeudi, visitant les galeries le lundi, rédigeant les critiques en catastrophe à minuit, couvrant de temps à autre le Modern Jazz Quartet ou Brubeck au Her Majesty's, lisant le dimanche les douze romans québécois annuels. Nous nous contentions de prévenir le public de ce qu'il allait voir, ce qui n'est pas vraiment de la critique.

Mais tout cela aurait été un peu long alors qu'il fallait parler de météo et de base-ball. Et encore plus long d'expliquer que les choses ont bien changé. Dans les médias de masse, n'importe qui et tout le monde est devenu critique, écrit Martin Amis. Mais la démarche est différente : on aime ou on n'aime pas. C'est le «coup de cœur» ou ça fait chier. C'est la démocratisation du «feeling». La vraie critique, par des gens qui ont tout lu, tout vu et qui peuvent donc situer une œuvre dans un corpus, nouer les continuités, signaler les ruptures, établir la carte de la production, est devenue le domaine réservé des universitaires. En cinéma, depuis Truffaut et Carle, les critiques finissent par passer derrière la caméra, et leurs blondes devant. Vous aussi, René, vous fûtes critique de cinéma, fondant même *Ticket*, revue de critiques de films...

Quel genre de films aimiez-vous ?

J'aurais dû répondre « le genre bon ». Mais on se contentait de tout voir, avant la Nouvelle Vague, quand Christian-Jaque et Sacha Guitry étaient la gloire du cinéma français, et Vadim un intellectuel révolutionnaire. Quand John Wayne et Richard Widmark avaient encore le droit de descendre cinq cents Indiens sans que les Ligues des droits émettent un communiqué. D'ailleurs, on ne voyait que ce que le Bureau de censure du cinéma laissait passer. Le cinéma était un art populaire parce que bon marché : pour moins d'un dollar, on avait les actualités, le dessin animé, le documentaire et deux longs métrages. Deux. Tout cela projeté dans d'immenses salles Second Empire et non dans des complexes multiplex, multifrites où des gangs de yo à casquette qui croient qu'une visière sert à protéger la nuque quand on marche à quatre pattes apprennent à utiliser les escaliers mécaniques avec des culottes trop grandes.

Mais surtout, si on ratait un nouveau film, on pouvait se rattraper dans les salles moins huppées le mois suivant, puis dans les cinémas de quartier. L'onde de diffusion durait un ou deux ans.

Vendredi 31 août

Ce vendredi, j'ai envoyé promener planches, clous et marteau pour une visite des îles du lac Saint-Pierre à Sorel avec d'autres membres de Nature Conservancy, en compagnie d'un biologiste et d'un guide local. J'étais allé une fois en plaisancier, une seule fois, dans cet immense delta, le plus grand delta du monde en eau douce, selon les géographes.

En une journée, on ne fait qu'effleurer ce dédale d'îles, de marécages, de canaux tantôt larges comme des fleuves, tantôt si étroits que la barque y passe à peine, de perspectives toujours semblables et toujours différentes, tournoyant dans un pays à plat entre les courants, le vent et les arbres. C'était la grande réserve de pêche et de chasse des bandes iroquoises, abénakies et algonquines. C'est d'ailleurs l'abondance de la sauvagine et d'autres oiseaux, des frayères de moult espèces de poissons, qui a amené le groupe Nature Conservancy à s'intéresser à l'archipel et à acheter île après île pour protéger le milieu.

Il y eut ensuite, pendant deux cents ans, les communes des éleveurs des villages riverains. Il y eut même des fermes, des maisons, des hameaux avec église et école. Des catastrophes naturelles, des tragédies, des romans. Puis la vie qui change n'a laissé presque personne sur ce territoire. Rien que la faune, des pêcheurs dont l'enthousiasme sportif ou commercial a précipité la diminution, l'eau, le soleil, les arbres, la beauté. Il y a quelques douzaines de chalets, souvent sur pilotis, entre autres celui m'a-t-on dit du chef de bande Mom Boucher, comme quoi on peut être en guerre contre les flics et se pâmer devant le spectacle de la nature, surtout quand elle est accessible aux vedettes ultrarapides des clients et en bordure d'une voie maritime par où l'on peut arriver de tous les ports du monde.

En barque au ras de l'eau, ou déposé sur une batture, Sorel disparue derrière l'horizon, la rive nord également, on pourrait se croire, parmi les grands arbres, les roseaux et les herbes ondoyantes, dans le delta du Danube ou un méandre de l'Amazone. L'archipel et le fleuve ne sont plus vierges, mais il n'y paraît pas. La baisse des eaux depuis que l'on a dragué le Saint-Laurent, certaines digues destinées à augmenter le débit dans le chenal principal ont changé la topographie du delta, mais il faut les anciennes cartes pour le voir.

À partir de Montréal, le fleuve pousse tout cet ensemble d'îles, celles de Longueuil, de Boucherville, de Berthierville, de Sorel, vers la mer. Le courant les ronge en amont et les reconstitue en aval en longues queues effilées. Le sol sapé par les eaux, surtout le printemps, avec cinq mètres de crue chargée de glaçons, ne soutient plus les arbres, monumentaux peupliers liards, érables argentés et saules noirs qui basculent et appareillent vers le large. Dans une ou deux générations, quand les terres nouvelles se seront affermies, leurs descendants germeront, en bas, à l'est…

Pas de montagnes, de falaises vertigineuses battues par les flots, sculptées par la mer comme en Gaspésie, ni de fjords abyssaux, mais d'une façon, il n'y a rien de plus beau. On devrait y venir de tout le Québec, des puissances environnantes, de très loin. Mais il n'y a personne, ce qui protège ce paradis des invasions de touristes, de *souvenir shops* et de papiers gras, mais en même temps les menace, car on ne protège et ne sauve que ce que l'on connaît et que l'on aime.

Il n'y a personne, car le touriste lointain ne visite pas les parcs municipaux ou régionaux, la chute de Saint-Benêt-du-Sault ou la réserve nationale de l'éperlan. Il veut du mondial, du top niveau, de l'incontournable, l'élite olympique de l'attrait touristique, les Serengeti, les Grand Canyon, les Niagara. Tant pis pour lui, peut-on se dire, mais le tourisme est devenu dans le monde le moteur numéro un de l'économie. Et on ne viendra ici ni pour les palmiers et les plages, ni pour le verglas. C'est pourquoi j'avais proposé dans des articles de *L'actualité*, il y a plus de vingt ans, de regrouper tout ce que le Saint-Laurent comporte d'exceptionnel en un concept unifié pour créer un parc linéaire de 1500 kilomètres, le plus grand du monde puisque le superlatif est un argument de vente. Les visiteurs viendraient s'ils entendaient un jour parler du parc fluvial du Saint-Laurent, un parc égal aux plus grands.

La presque totalité des éléments constituants sont déjà propriété publique, îles, battures, caps, fonds marins. Des Mille-Îles à Anticosti, en passant par l'île Sainte-Hélène, Grosse-Île, le cap Tourmente, plusieurs sont déjà des parcs, fédéraux, provinciaux, municipaux. D'autres appartiennent à des organismes de protection et de sauvegarde de la nature.

Le Saint-Laurent lui-même n'a d'équivalent nulle part. Non seulement il est l'un des fleuves les plus grands et les plus puissants de la planète, mais il est encore somme toute fort bien conservé et même tel, sur la majeure partie de son cours, qu'avant la Découverte. C'est aussi le berceau historique d'un pays, et les quatre cinquièmes des habitants du Québec vivent le long de ses rives dans un couloir de quelques kilomètres. Il appartient encore aux poissons et aux oiseaux, il appartient aussi aux humains. Quel autre grand fleuve offre pour l'avenir un pareil exemple de cohabitation ?

Il ne faut, pour créer ce parc fluvial, que marquer d'une même couleur sur une carte tout ce qui en fait déjà partie sans que l'on s'en soit rendu compte, dresser un plan de développement de tout ce qu'il serait souhaitable d'y ajouter, sans léser les droits des uns et des autres, et trouver le moyen pour que tous ces gens se parlent. Tout cela peut se faire très vite : une centaine d'années ! Presque rien dans la vie du Père Fleuve.

Il y a deux ans, j'ai retravaillé ces vieux articles, préparé un document que j'ai montré à quelques personnes et quelques organismes, dont certains qui travaillent déjà depuis longtemps à réaliser une partie du rêve, « Un Fleuve un Parc », et c'est ainsi que je me suis retrouvé en barque, dans le Chenal du Milieu. Et à chercher des sous pour que les arrière-petits-enfants de Margaux jouent dans le plus beau parc naturel du monde.

SEPTEMBRE

Samedi 1ᵉʳ septembre

La grande question de cette première rentrée politique du nouveau millénaire, c'est l'existence du Canada. Ce pays va-t-il survivre ou s'absorber dans la galaxie états-unienne, comme jadis la Bretagne dans la France ou l'Écosse dans l'Angleterre, non pas par la conquête militaire, mais par osmose, ou par la phagocytation, comme l'amibe enveloppe et digère les cellules voisines. Ceux qui appréhendent cette évolution ne parlent d'ailleurs pas d'annexion, mais d'intégration.

Bernard Landry rentre d'une réunion, annuelle désormais, de premiers ministres canadiens et de gouverneurs américains. Comme s'ils faisaient partie d'une même entité politique. Ils ont discuté principalement d'énergie et d'eau, des ressources «communes». Voilà «communs» mon puits, mon verger, mon bois de chauffage.

Les signes d'hémorragie sont partout, se multiplient. Reagan promettait de créer une grande Amérique de l'Alaska au Rio Grande. Dick Cheney voit dans le Canada «le salut énergétique» de son pays; d'ailleurs, les États-Unis importent aujourd'hui plus de pétrole du Canada que de l'Arabie Saoudite. L'Alberta et les Territoires du Nord-Ouest s'apprêtent à multiplier les pipelines conçus en fonction des besoins immédiats des États-Unis plutôt que des besoins futurs du Canada. Le Québec et Terre-Neuve sont plus enclins à vendre de l'énergie aux Américains qu'à l'Ontario. La fusion des chemins de fer canadiens et américains et la création de réseaux continentaux reflètent la réalité politique du marché.

Les agences américaines de publicité ont mis la main sur la presque totalité des firmes canadiennes — sauf au Québec. Idem pour les services financiers et de courtage. Le NASDAQ a remplacé la Bourse de Montréal. Les grandes sociétés canadiennes sont avalées une à une par les géants américains. C'étaient des cas, cela devient un *pattern*.

Ce matin, on parle d'une carte commune pour la libre circulation des travailleurs. Demain, un passeport commun? Avec, bien sûr, des exigences communes? Avec un taux de chômage américain inférieur de moitié à celui du Québec, on voit dans quel sens se produirait le mouvement. Des milliers de Canadiens et d'Américains traversent chaque jour la frontière, des Canadiens surtout.

Les sociétés canadiennes qui ne sont pas dévorées par les firmes américaines ne rêvent que du grand marché d'outre-quarante-cinquième, « dix fois le marché canadien ». Pourtant, des Italiens, des Scandinaves, des Suisses trouvent le marché local intéressant, mais nos compradors du nord n'ont que mépris pour le bassin de trente millions de consommateurs où ils se sont fait les muscles.

Des centaines de sociétés, comme Bombardier, Alcan, le Canadien National, font leurs rapports et bilans en dollars US, comme les nouveaux riches arborent Rolex et BMW. Ces puissances pressent d'ailleurs la Banque du Canada d'adopter le dollar américain. Le gouvernement canadien n'aurait plus le moindre pouvoir économique, mais bah! puisque le Canada n'est qu'un système de santé… Dépouillé de tout pouvoir économique, le Canada ne résistera pas longtemps aux pressions constantes qu'exerce Washington pour homogénéiser les lois des deux pays. Le gouvernement américain multiplie les pressions, les menaces et le chantage : c'était hier le poisson, l'an dernier le blé, maintenant le bois d'œuvre. Les Américains achètent 80 % des exportations canadiennes : ils ont le pied sur le tuyau d'oxygène, selon l'expression populaire. Un ministre américain est même venu au Canada expliquer qu'il lui serait facile de fermer les ports canadiens de l'Atlantique et de précipiter une crise économique. En somme, si le Canada veut exploiter le grand marché nord-américain, il doit lui-même devenir un marché. Pourquoi pas l'hymne américain et une feuille d'érable parmi les étoiles du Star-Spangled Banner? On sait le poids de l'immigration écossaise dans la démographie canadienne, dans la construction du pays et dans son administration. On sait aussi comment les Écossais ont accepté l'intégration dans le Royaume-Uni en échange d'une présence massive dans l'aventure coloniale et les conseils d'administration de la City. Le processus va-t-il se reproduire au Canada?

Une étude du Carnegie Endowment for International Peace estime que le Canada et les États-Unis sont déjà plus intégrés que les pays de l'Union européenne. « La frontière va probablement disparaître avant qu'un seul politicien ait le courage d'en négocier l'abolition », y lit-on.

Dans vingt-cinq ans, dix ans peut-être, le Canada, collé comme un rémora sur le requin dont il bouffe les restes, sera-t-il un État américain? Ou dix? Un Alaska géant ou une dizaine d'Alaska, de Michigan, de New Jersey? Même l'Ontario, avec ses onze millions d'habitants, ne serait qu'un État moyen. L'unifolié comme drapeau d'État. Et le fleurdelisé?

Mais s'il est évident que Washington veut intégrer le Canada, il n'est pas sûr qu'il veuille l'annexer. Rome considérait tous les peuples conquis comme romains, mais, du point de vue du nouveau Capitole, pourquoi consentir le droit de vote à une tribu aux penchants nettement socialisants, toujours un peu antiaméricaine, seulement trente millions d'âmes, mais qui changeraient l'équilibre politique américain? Pas besoin de conquête : la succion des ressources et des firmes, l'extension des lois et des pratiques américaines à un Canada encombré par ses problèmes intérieurs suffit. Annexion ne convient pas : le mot juste est domestication.

Lundi 3 septembre

Darwin et la théorie de l'évolution seraient le fruit de la révolution industrielle. C'est la conclusion d'un livre récent de Simon Winchester qui raconte comment on a pu dresser les premiers tableaux synoptiques géologiques et paléontologiques. Quel est le rapport ? Le creusage des canaux, l'exploitation des mines, la construction des routes et des voies ferrées à partir du XVIIe siècle ont provoqué la découverte de fossiles d'animaux monstrueux. Ce fut le cas de Cuvier, entre autres, le premier à comprendre qu'il s'agissait d'espèces disparues.

Avec l'apparition du concept d'extinction naquit la notion de temps géologique, qui fit voir l'absurdité des explications bibliques et du créationnisme. Darwin avait emporté à bord du *Beagle*, en 1831, les *Principes de géologie* de Lyall, rédigés à partir de l'étude des grands travaux de construction du siècle précédent.

En somme, si l'homme descend du singe, le savant descend du dinosaure.

Mardi 4 septembre

Nouvelle question existentielle : pourquoi les requins sont-ils plus agressifs cette année ? Drame. On en est à quatre morts. Les journaux impriment de pleines pages sur les squales, qui ont dévoré quelques baigneurs. La télé est sur place pour filmer le prochain coup de dents. Les ichtyologistes n'en reviennent pas qu'on les sorte de l'obscurité des grands fonds.

Et les centaines de personnes tuées chaque année par des chiens ? Au Canada seulement, l'an dernier, cinq cent mille morsures. La moitié des enfants tués, car les victimes sont surtout des enfants, meurent le visage et la tête broyés sous la mâchoire de rottweilers et de pit-bulls, descendance dégénérée de sélections conçues pour fabriquer des tueurs, nazis de l'espèce chien.

Mais voilà, il n'y a pas eu de *Jaws* du chien, qui a d'ailleurs la chance de ne pas porter un nom dérivé de « Requiem ». C'est le chien qui tue, mais c'est avec le loup que l'on faisait peur aux braves. Aujourd'hui, dans les histoires de petit chaperon rouge, le requin a remplacé le méchant Ysengrin médiéval avec lequel il est très couru d'aller dialoguer dans les grands bois. Le politicien n'est pas né qui osera sévir contre « le meilleur ami de l'homme ». Alors qu'on peut menacer les requins sans déplaire à personne.

Mercredi 5 septembre

Deux cents personnes venant du secteur médical et hospitalier sont invitées à rencontrer le ministre de la Santé. Rien là que de très normal. On présume que dans l'état de délabrement du système et la pagaille où tout le monde se débat, le ministre a quelque chose d'important à annoncer. Comme une nouvelle réforme, la bonne celle-là, des augmentations de budget, des directives. Et comme il se doit, pas un sou de plus, puisque les réformes sont toujours censées s'accompagner d'économies.

Eh bien ! pas du tout. Non seulement, le ministre n'a rien à dire — il s'agit d'un cocktail et d'une rencontre mondaine pour ceux qui ont la naïveté de s'imaginer que l'on peut gagner quelque chose à côtoyer un ministre (sans doute un laquais prend-il les présences), à lui glisser un mot — mais ils devront payer ! C'est bien fait pour eux.

En effet, il s'agit d'une réunion partisane dont il n'y aurait rien à redire si l'invitation était adressée aux membres du parti de monsieur Trudel, de l'aile provinciale ou de l'aile fédérale, puisqu'elle a pour unique but de recueillir des fonds pour le Bloc québécois, parti croupion qui n'a, n'aura et ne peut avoir d'influence à Ottawa ni d'effet sur les affaires publiques sinon de défranchiser le Québec dans le Canada. Une parodie de sécession, une simagrée d'indépendance, puisque la vraie se dérobe.

Notons que le Bloc est un parti fédéral et que la manifestation organisée par le Parti québécois réunit des acteurs d'une juridiction provinciale. Mais l'incohérence n'est pas un mal spécifique : c'est un état général, pour utiliser un vocabulaire médical. On peut aussi se poser des questions sur la morale de cette pratique qui consiste à faire payer les administrés pour rencontrer leurs élus ou à multiplier les intermédiaires pour accéder aux services publics. Mais l'élasticité dialectique et morale de la gauche ne m'étonnent jamais : ne pèche-t-elle pas que pour la cause et le bien commun? Trop de ces gens-là ont étudié chez les jésuites.

Jeudi 6 septembre

La radio diffuse un sermon à l'emporte-pièce du Révérend Père René-Daniel Dubois. Il impute l'assassinat du poète Garcia Lorca par les franquistes, en 1936, au fascisme canadien-français de l'époque. Point d'exclamation. Cette conscience emportée d'un peuple indigne « plug» au passage sa nouvelle œuvre.

Dubois découvre que le Québec a un passé. Comme tout le monde. Il y a eu des manifestations anticommunistes à Montréal en 1936, les Canadiens français n'ont pas donné d'argent à Norman Bethune, donc c'étaient des fascistes (prononcer avec un ch).

Son monde est simpliste. Quelques centaines d'étudiants manifestent rue Sherbrooke, des associations d'étudiants ou de médecins (et on sait à quel point ces comités sont représentatifs), un chanoine, trois intellectuels et voilà tout un peuple fasciste. Le Saint-Québec, selon Dubois, aurait une culture contraire à la démocratie. Ces masses incultes méritaient bien de bosser dans la misère, d'avoir un taux de mortalité infantile de 20 %, 25 % de chômeurs. « Les élites québécoises ont une vision répugnante du peuple ! », clame-t-il, ce qui ne devrait pas avoir de conséquences à long terme puisqu'il ajoute : « Ce pays est mort ! »

Prédicateur, fulminateur, vouant le peuple aux gémonies, RDD n'est-il pas plus près des ecclésiastiques et intellectuels des années trente que de ceux d'aujourd'hui ? et parent des gens de pouvoir, qui savent toujours mieux que le peuple ce qui est bon pour lui ? Nenni. Il accomplit son devoir, explique-t-il, et « se contrecâlisse du reste à la puissance 29 ». Vingt-neuf, pas moins. Tout s'éclaircit. RDD est un clone de Michel Chartrand...

Mais on peut, même prédicateur, même imprécateur, même Michel Chartrand, dire quelques vérités. Par exemple, que le gouvernement du Québec sacrifie tout à son obsession d'indépendance. Qu'il n'agit, ou surtout n'agit pas, qu'en fonction des « conditions gagnantes » de Lucien Bouchard — les « winning conditions » si l'on veut donner sa vraie couleur à cet anglicisme. En somme, qu'il s'accroche au pouvoir pour y être toujours lors d'un éventuel Grand Jour. C'est ce que j'écris depuis vingt ans : le pouvoir tue consciemment le présent pour sauver le futur. En fait, c'est le futur que le pouvoir tue pour s'accrocher au présent. (Soit dit en passant, on peut se demander pourquoi les générations futures sont plus importantes que la nôtre.)

Mais faut-il relier ces travers communs à toutes les démocraties et l'expression de bien des bêtises dans des régimes qui précisément défendent le droit d'en dire, au fascisme des années trente, une époque où on n'avait pas besoin des deux mains pour compter les démocraties dans le monde, dont le Canada ? Et faut-il vraiment tant de logorrhée énervée pour annoncer qu'on est le dernier à lire un peu d'histoire ?

* * *

Ce que Bourque s'est planté !

Cherchant en campagne électorale à régler un agaçant petit problème (l'occupation d'un taudis « historique »), il donne sa bénédiction à une brochette de squatteurs et leur offre, contre la promesse de ne pas s'y attarder, un immeuble municipal. Promesse de squatteur : ils ne veulent plus en sortir !

Monsieur le maire devrait aller à Berlin, où il y a un très grand Jardin botanique et aussi beaucoup de squatteurs, plutôt qu'à Shanghai, où le jardin est tout petit et où les squatteurs ne font pas de vieux os, à moins que l'on admette que le Parti communiste y squatte tout le pays.

La police refuse d'intervenir, ne voyant rien qui justifie des arrestations. Et le vol? Car les squatteurs de Montréal, une coalition d'anars, d'activistes, de débris du marxisme et de punks bien plus que de simples pauvres en quête d'un toit, pratiquent avec une ferveur appliquée le slogan de Proudhon : la propriété, c'est le vol. Et le récrivent à rebours : le vol, c'est la propriété. Ce n'était pas à moi, mais je l'ai pris, donc c'est à moi.

L'arrière-ban d'intellectuels et de bonnes âmes qui approuvent les squatteurs sont-ils prêts, au nom de la lutte contre l'abus de propriété et de cette vertu théologale qu'est la charité, à inviter les squatteurs dans les pièces libres de leurs grands appartements ou dans leurs maisons de campagne inoccupées cinq jours sur sept?

Et les étudiants, les chômeurs, les mères célibataires, les travailleurs à bas salaires et les assistés sociaux, ces milliers de gens qui paient difficilement leur loyer, approuvent-ils les squatteurs qui estiment indigne d'en payer un?

Et les policiers, que feraient-ils si un squatteur, s'avisant qu'il n'a pas d'automobile, décidait d'emprunter une voiture de patrouille?

En fait, ces gens-là n'agissent pas par besoin de se loger. Ils sont une sorte de parti politique franc-tireur, un écho lointain du marxisme déshonoré, comme un syndrome post-polio. Mais ces groupes vont se défaire tout seuls. Avec l'âge. Au premier bébé. Avec la rencontre d'un nouvel ami. Le scandale, c'est la complaisance du maire, de la police, le silence des politiciens, soucieux de ne pas mettre les doigts dans ce panier de crabes et qui ne font pas prévaloir la loi. Les journalistes, aussi. Chez beaucoup d'entre eux, on sent une joie malsaine de voir les politiciens bien embêtés. Au nom de l'objectivité, ils posent aux squatteurs des questions insignifiantes et leur laissent débiter des âneries, au lieu de questions solides qui forceraient les nouvelles vedettes de la télé à montrer la structure de leur intellect.

Ils ne semblent pas se rendre compte que la péripétie dépasse le fait divers et qu'on est en pleine politique, la vraie. Mais trop d'entre eux pensent que la politique, c'est la date des prochaines élections.

Vendredi 7 septembre

Il y a un peu plus d'un an, je mettais la dernière main à mon dernier plan annuel d'édition et à l'établissement du budget 2001. On percevait déjà chez les publicitaires et les grands annonceurs les premiers signes d'un ralentissement économique : refus de s'engager à long terme, décisions de dernière minute, stagnation des budgets. J'avais traversé trois récessions comme éditeur et j'en flairais une nouvelle. Dans l'édition, nous les sentons un an à l'avance. La première compression budgétaire se fait toujours dans les budgets de marketing.

Impossible, disaient les économistes : la nouvelle économie (où donc est passée la vieille?) fonctionne selon de nouvelles règles. Mais on regardait les capitalisations se gonfler par acquisitions endossées comme on regarde boire un ivrogne en se demandant quand il va glisser sous la table.

Après des promesses d'atterrissage en douceur, de relance rapide, quelques économistes osent enfin voir que nous glissons dans une récession. Récession brève, cependant, promettent-ils, tant le milieu économique craint de provoquer la chose en prononçant le mot. On ne crie pas « Au feu! » dans un théâtre bondé. On attend de voir les flammes consumer le rideau.

Le pape des investisseurs, saint Warren Buffett, annonce huit années de vaches maigres. En punition, dit-il, des abus récents. Pourquoi huit? Les pharaons se contentaient de sept années. Dans quelques mois, on nous dira que la récession sera longue. Et ceux des économistes qui ne connaissent pas les bonnes manières parleront de déflation.

Bear market? Bush market? Quand les États-Unis tournent le dos au reste du monde et affichent un masque triste, l'optimisme s'envole par la fenêtre. Le masque est lugubre depuis dix mois. L'économie ne tient qu'à l'oxygène des réductions de taux d'intérêt et au viagra des diminutions d'impôts de Bush. On est à la limite de ce traitement : que fera-t-on quand on sera à 3 ou 2 % d'intérêt? La courbe ne peut être qu'asymptote.

Les réductions d'impôts ont un effet immédiat, mais vite passé. Les réductions de taux d'intérêt ne stimulent que l'habitation et l'achat de bagnoles. Avec la récession et la diminution des rentrées fiscales, les gouvernements se trouveront en déficit et devront offrir des taux d'intérêts plus élevés pour emprunter. Ce qui ralentira encore l'économie, déprimera davantage le marché boursier et la valeur des épargnes. Belle convergence. Mais la tentation est irrépressible pour un gouvernement qui voit venir les élections de très loin d'essayer de « manager » l'économie, à la Keynes ou à la Friedman.

Qu'est-ce qui pourrait perpétuer ou relancer la croissance? L'économie est un quadrimoteur… Les dépenses publiques, comprimées partout, non sans raison. Les investissements des sociétés : toutes ont des surplus d'inventaire et de capacité. L'exportation : mais l'Europe et l'Asie ainsi que les grands clients d'Amérique du Nord sont eux aussi en vol plané. Les consommateurs, avec deux voitures récentes dans chaque garage, quatre téléviseurs, assez d'électroménagers pour desservir une ville chinoise moyenne, un endettement record, des salaires qui n'augmentent pas, peuvent-ils traîner seuls l'économie?

Sortie de crise? La planche à billets, l'endettement. Jean Chrétien a déjà flairé le vent.

Bear market? Bush market? On ne peut que constater que Clinton est parti juste à temps. Ou qu'il aurait dû rester. L'économie n'était peut-être pas fondamentalement plus saine, mais le sourire encourageait. Alors que la mine sinistre de Bush, le front crispé d'inquiétude, n'inspire pas confiance.

Samedi 8 septembre

L'été avance inexorablement vers l'herbe sèche, les feuilles fatiguées, les nuits froides. Aux équinoxes, le soleil se couche très exactement sur le sommet pointu du mont Owl's Head, et on y est presque. Rien dans les champs que des asters et quelques rudbeckies ou verges d'or retardataires. Comme mon voisin agriculteur qui engrange son deuxième regain — donc la troisième récolte de foin et de luzerne —, les tamias de la maison courent frénétiquement du soir au matin, les bajoues pleines de samares.

L'été, je l'ai à peine vu, le nez à six pouces de planches et de revêtements divers.

Depuis trois mois, j'ai négligé ce journal. Une traduction urgente, des articles pour *La Presse, L'actualité*, un rapport d'analyse... Une maison surtout. Il me reste un cartable plein de bouts de papier griffonnés à la hâte pour qu'une idée de passage ne disparaisse pas, chassée par la suivante. Un herbier de fleurs séchées. Les dimanches matin et les jours de pluie, je ranimerai ces notes pas très soignées. Mais il ne pleut jamais !

La vieille maison avance, lentement elle aussi, comme une personne. Il faut démolir, creuser, cureter, refaire les appuis, réfléchir devant les problèmes imprévus, trouver des solutions. Mon charpentier et maître d'œuvre arrive vers sept heures trente ; tout doit être prêt. Je suis à la fois l'entrepreneur et l'assistant ; l'élève aussi. Arrêt d'une heure à midi : il mange, écoute la radio dans son camion atelier, puis fait la sieste. Je fais mon repas, expédie quelques affaires. Et ça recommence jusqu'à cinq heures trente. Après son départ, il reste une heure de nettoyage du chantier, autrement, en trois jours on serait vite enterrés. Douche, changement de tenue, promenade dans le crépuscule, souper, musique. On se contente de notes. Pour le dimanche matin. Quelle transition, après quarante ans de bureau !

Un peu de lecture aussi : je grignote, quelques pages à la fois, le colossal ouvrage de Jacques Barzun, philosophe américain d'origine française, qui à quatre-vingt-dix ans publie *From*

Dawn to Decadence, une somme de cinq cents ans de civilisation occidentale. Tout a-t-il été pensé ? Se pense-t-il encore des idées neuves ou ne reste-t-il que de nouvelles formulations ? Oui, la civilisation occidentale disparaît, telle que nous l'avons connue depuis un demi-millénaire, et une autre se cherche et se fera. Et nous serons les fossiles de demain.

Quel merveilleux prétexte pour paresser...

Dimanche 9 septembre

La conférence de Durban sur le racisme agonise dans... le racisme. Et le loufoque. On aurait pu penser que l'ONU changerait, après tant d'impuissance verbeuse en Somalie, au Rwanda, au Congo, dans les Balkans, sans parler de la chute du Mur et de la maison Marx, mais « le Machin » semble être resté le refuge des nostalgiques et des non-réformés de l'interprétation du monde selon laquelle nous marchons tous la tête en bas.

À Durban, tout ce qui n'est pas blanc affirme que le racisme, ce sont les autres, le blanc, l'Occident, et exige un *mea culpa* et des excuses. La confession, et de l'argent comme pénitence. Au « nous sommes tous des juifs allemands » de Cohn-Bendit se substitue le « vous êtes tous nazis », mot utilisé par l'hôte de la conférence, le président sud-africain Thabo Mbeki, par Arafat et quelques autres parangons de la liberté et des droits.

Les avanies et les exactions pour lesquelles on réclame réparation sont bien réelles, mais les contemporains n'ont guère de responsabilité dans l'esclavage (qui n'a d'ailleurs pas été pratiqué que par l'Occident) et les conquêtes coloniales. Quel continent, quel peuple n'a pas souffert des horreurs de l'Histoire ? Tout le monde a été perdant quelque part, Palestiniens, Maoris, Berbères, Acadiens, pour ne rien dire des multiples tribus européennes, les Français victimes des Allemands, retour de bâton des époques où les Allemands l'étaient des Français, les Irlandais des Anglais, ceux-ci des Vikings et des Normands, les Grecs des Turcs, les Chinois des Mongols, les Polynésiens des Malais, les Juifs de tout le monde, les Hurons des Iroquois, les Gaulois des Romains, ceux-là des Goths, ostro ou wisi, puis des Francs, les Neandertal des Cro-Magnon, encore une fois les juifs de tout le monde, à toutes les époques…

Changeons la Grande Muraille de Chine en mur des Lamentations et tenons chaque année, sous l'égide de l'ONU, Organisation des nations ulcérées, une Journée mondiale des Excuses.

Le vrai malheur de l'Afrique, comme de tant d'autres pays misérables, c'est d'avoir trop de dirigeants politiques qui tiennent des Huns pour la cruauté et de Caligula pour les mœurs. Durban réunit des ONG nécessaires et des penseurs qu'il faut écouter, mais c'est aussi le ralliement de trop de bouffeurs d'aide qui, ayant gaspillé ou plutôt volé celle qu'ils ont reçue, en réclament davantage. Les prêts de la Banque mondiale, créée par l'ONU, devaient après le financement initial venir… du remboursement des premiers prêts. Mais l'argent s'est métamorphosé en armes, a été englouti dans la construction de modèles de développement fondés sur les théories soviétiques. Et dans des comptes secrets. L'aide aux pays pourrait commencer par la saisie des comptes en banque de quatre douzaines de dictateurs.

* * *

Pendant ce temps, à Kaboul, haut lieu de la pureté idéologique tiers-mondiste et de la haine de l'Occident, le régime des taliban jette en prison les employés des ONG, qu'ils accusent d'avoir blasphémé en propageant les religions chrétiennes. Bien sûr, il n'existe pas beaucoup d'ONG intégristes : chez ces gens-là, le missionnaire aide et prêche surtout à coups d'imprécations, de fatwas, de cimeterres et de kalachnikovs.

En vue de quel trafic, de quel chantage ces gens ont-il été arrêtés ? Aujourd'hui, les dictateurs jouent des médias occidentaux comme d'une harpe. Ou plutôt d'un *oud*, puisque les Fous de Dieu, comme on les appelle, ce qui ne les rend pas moins fous du pouvoir, ont tendance à rester confortablement cachés derrière Mahomet. La vue d'une femme les met en état d'hystérie peccamineuse, celle d'un Occidental les fait baver de haine.

En réalité, la destruction maintenant confirmée des bouddhas géants de Bamiyan et l'arrestation de ces coopérants ne sont pas affaire de dogme ou d'amour d'Allah : c'est un geste médiatique destiné à choquer Paris, New York ou Londres. Obsédés et délinquants.

Pourquoi les gouvernements d'Occident n'annoncent-ils pas la fermeture des robinets, la cessation de toute aide et le retrait du passeport à toute personne assez bête pour aller se mettre en danger et exposer son gouvernement au chantage ? Pourquoi maintient-on le blocus de l'Iraq et pas celui de l'Afghanistan et autres culs-de-basse-fosse ?

* * *

La récession qui se creuse va coûter cher au contribuable. Non seulement par la contraction des rentrées fiscales, qui va reporter à l'infini les réductions d'impôts qu'on a laissé espérer sans les promettre, mais aussi parce qu'à une vingtaine de mois des élections on va « sauver des emplois ». C'est-à-dire en acheter.

Le premier ministre veut aller à Detroit implorer General Motors de trouver une utilité à son usine de Sainte-Thérèse. Hier pourtant, des ministres fédéraux en sont revenus bredouilles. Sans doute avaient-ils, sur l'ordre de MM. Martin et Chrétien, laissé leur carnet de chèques à la maison, ce qui n'est pas dans les habitudes du gouvernement du Québec.

Pour liquider leurs stocks et réduire leur capacité, des entreprises doivent fermer des usines. Lesquelles ? On menace tous azimuts : il y aura toujours un gouvernement pour avancer les milliards. Ce matin, Ford menace de fermer son usine d'Oakville. Voyons si les ministres fédéraux seront plus sensibles…

L'industrie de l'automobile est concentrée dans l'aisselle des Grands Lacs, sauf pour quelques ateliers attirés dans le Deep South et le Mexique par les bas salaires. C'est que la sidérurgie est née dans cette région à cause de la présence des gisements de fer du Minnesota. La machinerie aratoire a suivi, la grande agriculture se trouvant aussi à proximité, engendrant ensuite l'industrie de l'automobile. L'Ontario s'est trouvé dans la même heureuse situation. La géographie fait que le Québec est absent de cette grappe industrielle. L'usine de Boisbriand n'est pas une grappe mais un raisin sec, issue de l'insémination artificielle gouvernementale et qui a survécu jusqu'à aujourd'hui dans le poumon d'acier des subventions. On fabrique dans cette usine Potemkine vieille de trente-cinq ans des voitures tout aussi obsolètes dont les boomers ne veulent pas. Et, à l'ère des flux tendus, elle est trop loin de la grappe pour être convertie.

Mais le « modèle québécois », version française et distincte du « *British disease* », ne cesse de racheter les canards boiteux, pour éviter le ressac électoral des employés mis à pied, et de subventionner les entreprises qui n'ont pas besoin d'aide, parce qu'il faut avoir une « stratégie industrielle ».

NovaBus de Saint-Eustache, une autre combine aberrante de l'État québécois et de ses alliés syndicaux, créée pour être le Bombardier de l'autobus et conquérir le marché nord-américain, n'a pas un seul autre client que les collectivités québécoises et a dû être cédé à Volvo pour des prunes. Les Américains n'achètent qu'américain, mais que le super tap-tap de Nova soit un citron que tout le monde abhorre n'aide sans doute pas. Volvo connaît le tabac : on annonce la fermeture et hop ! Québec annonce l'achat de 825 autobus Nova.

A-t-on vraiment besoin de 825 nouveaux autobus ? À la dernière commande, les vieux que l'on disait usés, finis, irréparables, ont été rachetés dix mille dollars pièce par Toronto, qui les a remis en service. Peut-être en effet la convention collective de la Société de transport est-elle de nature à rendre prohibitif le coût des réparations. Et le gouvernement n'en finit pas de resubventionner des mises au point des nouveaux véhicules...

Petit calcul : l'achat des 825 autobus va « sauver » 350 emplois, pendant cinq ans, au coût de plus d'un million par emploi. Pensons maintenant aux 1000 emplois de General Motors. Ça va faire mal! Il y a deux ans, en plein boom, alors que les ventes de voitures brisaient des records, Québec offrait 360 millions à GM pour transformer Boisbriand en usine satellite modulaire. En bon français, en fournisseur de pièces. Qui dit que ces spécialistes de la construction mécanique ne trouveraient pas un emploi ailleurs? Et si le gouvernement du Québec a des centaines de millions de trop, pourquoi ne pas mieux viser?

Lundi 10 septembre

Pas de recherche sur les cellules embryonnaires, dit Bush, l'œil sur les voix de la droite religieuse et, déjà, sur les élections de 2004.

On peut utiliser comme cellules souches les cellules de très jeunes embryons (stade morula), qui sont encore indifférenciées, pour développer divers tissus de remplacement et peut-être guérir des affections graves qui ont résisté jusqu'ici à tous les traitements : Alzheimer, muscoviscidose, arthrite, sida… Et avec les conceptions multiples découlant des traitements contre la stérilité, on ne manque pas de microembryons de surplus. En manquerait-on que, par fécondation in vitro, on peut fabriquer des morulas à volonté. C'est ce qui inquiète.

Il n'y a plus un seul développement technique qui ne « pose un grave problème d'éthique », dans la langue de bois des journaux. Ce n'est pas le savoir qui pose des problèmes d'éthique, ce sont les individus. Tuer Abel d'une pierre était un problème d'éthique. Manger le cerveau de son ennemi aussi et, en plus, un problème médical vingt-cinq mille ans avant la naissance des docteurs Creutzfeld et Jacob.

Le journalisme scientifique étant ce qu'il est, et la couverture des sciences un autre théâtre où à-soir-on-fait-peur-au-monde, des tas de gens s'imaginent que l'on va débiter des quasi-bébés en petites tranches, alors que s'ils avaient un de ces pré-embryons dans leur assiette, ils ne le verraient pas ou le prendraient pour un grain de sésame. Pour ne rien dire de la légende selon laquelle des savants fous — ne le sont-ils pas tous? — n'attendent que les conseillers techniques de *Jurassic Park* pour ressusciter Hitler, Gengis Khan ou Al Capone. Pourquoi pas Jésus-Christ? C'est sans doute que l'on créerait un problème grave que d'avoir deux vraies Églises et huit évangiles. Il y a aussi les fondamentalistes : pour eux cette technique n'est pas dans la Bible.

Bush dit… noui : achetez du tissu existant aux laboratoires qui en ont produit dans le passé. Mais du nouveau tissu, non. Résultat, des chercheurs déménagent leurs laboratoires daredare là où les pouvoirs publics sont moins sensibles au chantage des fanatiques, en Grande-Bretagne nommément, en Italie, au Japon. Nos futurs cartilages seront chinois, notre cornée italienne ou écossaise, notre sang aura un gène de Margaret Thatcher. Bush Deux, Jean Paul Deux, même combat. Et on chuchote qu'Allan Rock se sent appelé à intervenir dans cette question scientifique, le 22 Sussex valant bien qu'on charrie un peu.

* * *

Il y a eu la Grande Peur de l'An Mil. En l'an deux mil, on a le choix. Ce matin, un institut de recherche rattaché au ministère fédéral de la Santé nous prévient que l'eau de ville puisée dans le Saint-Laurent est un cocktail d'anovulants, d'antibiotiques, de Prozac, d'hypotenseurs et d'une trentaine d'autres médicaments. Et les somnifères? Et la mari, on l'oublie?

Voilà enfin l'eau enrichie, «neutraceutique» pour employer un jargon récent. L'eau bénite, quoi. Les chercheurs vont-ils obtenir des subventions pour étudier le rapport entre une population contraceptée, calmée, planante, et l'évolution du vote?

Ou est-ce la peur de la semaine? Car, hier encore, cette eau était considérée comme parfaitement purifiée. Qu'est-ce qui est nouveau?

Ce qu'il y a de nouveau, nous explique fort heureusement un physicien interviewé à la télé, ce n'est pas la présence de ces substances, mais la mise au point d'appareils de spectrographie capables de détecter une molécule de Big Mac ou de Coca dans l'océan Pacifique. Un peu comme ces superlimiers à l'odorat si sensible que tous les océans du monde ont changé d'odeur pour eux, dit-on, après qu'on y eut jeté une cuillerée d'acide formique.

La pollution est une affaire inquiétante, surtout avec la création de centaines de milliers de nouvelles substances auxquelles le vivant n'a pas cent millions d'années d'adaptation, mais il faut voir dans quel sens on va. Il y a trente ans, l'air et les eaux de nos villes étaient littéralement dégueulasses. Banlieusard rentrant à Montréal de Belœil tous les matins, j'étais atterré par la gigantesque demi-sphère de couleur moutarde qui écrasait la ville. À cinq heures de l'après-midi, on risquait l'asphyxie à monter la rue Saint-Denis à pied.

L'opinion doit être intraitable là-dessus. Mais pas affolée.

Mardi 11 septembre

Rentré tard d'une réception de la campagne de financement de l'Orchestre symphonique, je m'attarde, contrairement à l'habitude, devant les journaux et un café qui tiédit. Je m'apprête à fêter le deuxième anniversaire de ma petite-fille, puis ensuite à assister à l'*Orestie* d'Eschyle, au Théâtre du Nouveau Monde…

Mais aujourd'hui, la méchanceté des dieux et la cruelle stupidité de leurs créatures frappent tôt. Un peu avant neuf heures, ma fille Sylvie m'appelle pour me presser d'ouvrir CNN : un avion vient de s'abîmer dans un gratte-ciel du World Trade Center. J'ouvre la télé juste à temps pour voir un avion exploser sur la tour, et il me faut un moment pour comprendre qu'il ne s'agit pas de la reprise mais d'un deuxième écrasement. Et par conséquent d'un attentat.

Pendant des heures, la télé répète, répète et répète la seconde infernale, puis l'écroulement des tours, comme pour nous convaincre que nous ne rêvons pas, que des enragés, des fous ont vraiment osé aller au-delà de l'atrocité, de l'imaginable. Pendant que le petit écran bégaye et radote, le citoyen hypnotisé spécule : qui, pourquoi, comment ? Combien de morts ? Combien d'autres terroristes, d'autres avions, d'attentats à venir… Les obsédés d'extrême droite d'Oklahoma City auraient-ils survécu à sept ans de recherches policières et à leur déshonneur ? Un autre avion se dirige, nous apprend-on, vers Camp David, symbole depuis Jimmy Carter de tous les efforts de paix au Proche-Orient, ce qui semble indiquer une motivation palestinienne. Le World Trade Center a déjà été leur cible. Assassins ? *Haschischins*, cela semble immédiatement évident. L'attentat survient dans la foulée de la conférence de Durban sur le racisme, intense exercice de propagande antioccidentale et antiblancs. Coïncidence, cause ou planification ?

Le président des États-Unis, rejoint dans une lointaine école, semble pris de court. Peut-être, simplement prévenu, n'a-t-il pas encore VU la démesure de cette monstruosité. Et depuis, c'est le silence de cet homme dont on attend une immense présence, l'assurance de sa position, un propos historique mais qui semble s'être trompé de film.

Comment punir des assassins pulvérisés en même temps que leurs victimes ? Air Jihad sera vite à court de pilotes, mais on comprend clairement que tous les pays de la galaxie occidentale et démocratique sont ou seront ciblés, pas seulement les États-Unis, et qu'ils feront face tôt ou tard non seulement à d'autres barbouzes d'Allah, mais à toutes les organisations terroristes, leurs commanditaires et les pays qui les aident. Qu'il faudra une sorte de loi antigang mondiale.

Et qu'il faudra aussi secouer Israël, qui semble et se pense un bastion avancé contre le terrorisme, mais dont la stratégie évidente consiste à refouler sans cesse et de plus en plus les Palestiniens, à disloquer ce peuple prisonnier pour l'empêcher de jamais se constituer en société fonctionnelle, en nation puis en pays, de jamais avoir une vie normale, individuelle autant que collective. Ce camp, ce goulag qui détruit la dignité d'une nation comme d'autres jadis détruisaient celle des individus, fabrique des désespérés, des fous, des virus qui contamineront le monde entier.

La guerre a déjà lieu dans les cerveaux.

Mercredi 12 septembre

Pendant quatre heures, hier soir, j'ai écouté la poésie incantatoire d'Eschyle. Les répliques de l'*Orestie* semblent avoir été écrites hier :

La ville est conquise, et s'élèvent des tourbillons de noire poussière…

Les comédiens français invités au TNM projettent le texte admirablement — sauf les femmes, qui ont de toutes petites voix comme Vanessa Paradis et qu'on peine à entendre —, ce qui nous change de la précipitation habituelle des comédiens locaux dont beaucoup semblent avoir hérité d'un gène de Jean Duceppe.

Eschyle décrit les haines d'hommes et de femmes possédés par des pulsions qu'ils ne comprennent pas et qu'ils attribuent aux puissances infernales. Ce sont les humains d'avant la raison, d'avant la Cité. Ces Atrides, ces Grecs de la légende antique semblent contemporains, par l'imprécation, par la haine, par le plaisir du sang, des fous de Dieu. C'est bien la société « fermée » décrite par Karl Popper dans *La Société ouverte et ses ennemis,* le « in-group » des sociologues. Tout pour la tribu, la famille, rien pour l'étranger, que l'on hait ou au mieux que l'on ignore. Clytemnestre trouve plus acceptable de tuer son mari que sa fille. Pourquoi? Parce qu'en tuant sa fille, on attaque son « sang », alors que le mari n'est que d'une autre « race »! Racisme à l'état premier.

Qui prend sera pris. Qui tue paiera, disent les Gorgones, esprits infernaux qui dictent la conduite des humains. Catéchisme de caravaniers. On croirait entendre les préceptes archaïques du Coran ou, quinze siècles plus tôt, de l'Exode concernant l'achat, la vente et le traitement des femmes et des esclaves. *Voici les lois : œil pour œil, dent pour dent, main pour main... si quelqu'un agit méchamment contre son prochain, en employant la ruse pour le tuer, tu l'arracheras même de mon autel, pour le faire mourir (Exode, II, 21).*

Mais à la fin de la tragédie, les dieux renvoient les monstres aux ténèbres. Athéna, déesse de la sagesse, annonce un temps nouveau, celui du règne des lois. Protégé par Apollon, le matricide Oreste est pardonné, mais sera banni de la Cité. C'est l'aurore de la société ouverte, la promesse de la liberté par la raison contre les forces obscures de l'inconscient exprimées dans la religion.

Mais deux mille cinq cents ans après Eschyle, il reste toujours des sociétés fermées, des nations entières qui se définissent par les gènes ou par le regard de Dieu, qui refusent l'Autre et qui, pour partager les techniques et la culture du monde contemporain, n'en restent pas moins des tribus.

C'est le mode d'expression archaïque des primitifs, comme Clytemnestre chantant l'assassinat d'Agamemnon son époux, que l'on retrouve dans la « poésie » de ben Laden, décrivant ainsi un attentat contre des militaires américains en Arabie : « Les corps des Infidèles volaient partout en morceaux comme des grains de poussière. Si vous aviez vu ce spectacle, vous auriez été profondément heureux et vos cœurs remplis de joie. »

Un vers d'Eschyle parmi tous les autres m'a semblé expliquer le crime d'hier mieux que toutes les savantes spéculations :

Quel mortel qui ne craint rien demeurera juste ?

Les islamistes ne craignent pas leur dieu, qui les récompensera, pensent-ils. Apatrides, ils ne craignent non plus aucune loi.

Dans leur sentiment d'invulnérabilité, ils ne craignent pas la colère des nations. Ils ne craignent même pas la mort, ce qui est pourtant l'apanage de toutes les bêtes.

Quel mortel qui ne craint rien demeurera juste ?

Jeudi 13 septembre

Les pays du monde entier dénoncent le terrorisme, même les hypocrites, même ceux qui le financent et l'appuient, même ceux qui ont du sang plein les mains, même les États délinquants. La crainte de la colère américaine est-elle chez eux le commencement de la justice... ou simplement de l'hypocrisie, « continuation de la terreur par d'autres moyens », pour paraphraser von Clausewitz ?

À la télévision, les images de la catastrophe font place aux « logues » de tout acabit, polito-socio-psycho-théo, qui malaxent et remalaxent les événements en nous débitant ce que tout le monde pense depuis deux jours. En dehors de leur discipline, ils sont des citoyens comme les autres. L'adage n'a jamais semblé aussi vrai : ceux qui parlent ne savent pas, ceux qui savent ne parlent pas. Personne ne revendique le crime.

Même la télé fermée, les bombes continuent de sauter dans les cerveaux. Le chaos s'est installé dans les esprits et les cœurs, semant la haine chez les uns, la soumission chez d'autres, qui commencent déjà, devant l'angoisse provoquée par l'impossibilité de conceptualiser la gratuité de cette cruauté, à « comprendre » les assassins et leurs motivations et à blâmer les victimes, d'autant plus allègrement qu'elles sont américaines.

C'est l'effet le plus pervers du terrorisme que d'en disséminer la justification, alors qu'il ne s'invente d'objectifs défendables, j'en suis convaincu, que pour en draper une haine maladive et le désir de mort.

Vendredi 14 septembre

Retour à mes travaux de construction, toit, lambris, peinture. Le travail des mains laisse l'esprit libre, et l'obsession qui règne depuis mardi ne s'estompera qu'à son heure, dans quelques jours, ou plus tard. L'absence des journaux et de la télévision à la campagne me ramène devant la radio. Là aussi, professeurs, animateurs, auditeurs soudés au téléphone débitent cent dix étages de lapalissades. Je revois Mastroianni dans *La Grande Bouffe*, qui marmonne la bouche pleine de spaghettis : *Il faut manger. Il faut manger. Il faut manger.* Aujourd'hui, il faut parler, il faut parler, parler, pour essayer d'assimiler l'incompréhensible, chacun selon ses préjugés.

En deux jours, la catastrophe a révélé l'abîme qui sépare la presse écrite (pléonasme, bien sûr) et la radio, confondues à tort sous le même nom de médias. La radio, hors le squelette d'information que sont les bulletins de nouvelles, répétés jusqu'à plus soif, est un pépiement continu, un mur des lamentations et du défoulement, le paradis du remplissage puisque de tous les moyens d'expression, c'est le seul qui ne puisse supporter le silence. Tout y éclate et disparaît sitôt énoncé, comme bulle de savon. Dans l'espace-temps radiophonique, il n'y a ni passé ni futur. C'est un média « hot », disait Marshall McLuhan, peu adapté à l'analyse et à la réflexion, et tout entier axé sur l'instantanéité de l'émotion.

Petit à petit, les premières platitudes consternées se constellent de bêtises. Les « animateurs » laissent invités et auditeurs — possiblement des appels de groupes organisés — utiliser l'abomination de New York pour ventiler chacun ses idées fixes et dénoncer chacun son Grand Satan : mondialisation, économie de marché, capitalisme, Amérique. Tout cela très anti, et très facile, la nature n'ayant pas gâté Bush en matière de charisme ni d'éloquence.

Les experts instantanés semblent victimes d'une attaque du virus de La Palice :

Nous faisons face à un ennemi invisible.

C'est un nouveau type de guerre.

Les USA doivent réfléchir…

Nous étions atterrés par le crime monstrueux de mardi. Je le suis maintenant par l'antiaméricanisme qui sourd de ce ressac d'émotions, par les préjugés envers les États-Unis et l'ignorance profonde de ce que sont vraiment ce pays et cette civilisation.

Est-ce que les Américains n'ont pas couru après ?

Oui, bien des fois : en 1917, de 1942 à 1945, puis en Corée, presque toujours à la demande de peuples attaqués ou de l'ONU, et le plus souvent à leur corps défendant. Ils ont couru après avec le plan Marshall, le pont aérien de Berlin, en empêchant Staline d'avaler l'Europe tout entière…

Mais ce sont des questions que l'on pose quand on écoute trop Radio-Canada, où les Affaires publiques semblent avoir été victimes d'un *hijacking* par la coalition — prétendument tiers-mondiste, mais férocement protectionniste — des antis : antiaméricains, antimarché, anticapitalisme, antimondialisation, antientreprise. C'est la position du missionnaire.

Les Américains n'ont pas su écouter.

C'est leur appui à Israël qui est la cause.

Les Américains ont commis bien pire.

Les antiaméricains qui tiennent ces propos sont bien sots de penser que seuls les États-Unis sont menacés. Eux aussi sont menacés par les taliban de tout plumage et de toute persuasion, qui les feraient sauter comme tout le monde si la chose servait leurs desseins, même s'ils n'en croient rien. Ils ont déjà visité le World Trade Center, ils pourraient être dans l'avion qu'on voudrait jeter sur EuroDisney ou le Vatican. Les fonds de pension de leurs entreprises et de leurs syndicats fondront. Et surtout ils souffriront comme tout le monde des restrictions à la liberté qu'imposera bien vite la lutte contre le terrorisme. Les intégristes n'aiment pas plus les Canadiens, même anti-américains, que les Américains. Mais quand on veut mobiliser toutes les télévisions du monde, on vise Manhattan, pas Ottawa. Ce qui protège le Canada des haschischins, des enfermeurs de femmes, des coupeurs de mains, des égorgeurs d'Algérie, des destructeurs de bouddhas, des porteurs de bombes, c'est son insignifiance, pas sa philosophie distincte.

Ils ont attaqué des Américains « parce qu'Américains », comme Hitler tuait des gens parce que Juifs, mais aussi parce que ces Américains sont blancs, chrétiens, occidentaux, démo-crates, individualistes, libres, et donc « infidèles » et dangereux pour les Croyants.

L'antiaméricanisme existe aussi au Canada anglais, souligne ce matin l'historien Jack Granatstein, mais sa virulence étonne dans la province, le Québec, la plus favorable selon les sondages à l'adoption du dollar US et à l'annexion aux États-Unis. C'est sans doute un autre exemple de la subtilité et de la cohérence d'une opinion publique qui sait voter à la fois pour et contre l'indépendance, ou réclamer à grands cris une loi antigang contre les Hell's Angels et s'opposer à une loi antiterroriste.

Ces néopacifistes sont-ils les petits-enfants de ceux qui sou-tenaient, en 1940, sans toujours être pétainistes, que « la guerre des Anglais » n'était pas notre guerre et qu'il valait mieux cher-cher un accommodement avec Hitler ?

Même jour. Le soir

Ça recommence et ça continue… Le comble de la forfaiture est atteint ce matin à Radio-Canada, à la Tribune du Québec, avec la couverture en direct de la cérémonie tenue à Ottawa en mémoire des victimes de l'attentat, comme dans plusieurs autres capitales. À Paris, les cloches de toutes les églises ont sonné et le cardinal Lustiger, le grand rabbin de France et l'imam de la Grande Mosquée ont chanté ensemble l'hymne national américain. À Ottawa, quatre-vingt mille personnes ont observé trois minutes de silence. Et qui l'animateur Jean Dussault, qui entame son émission en qualifiant la recherche des terroristes de « chasse aux sorcières », a-t-il invité pour commenter la cérémonie ? « Une pacifiste, dit-il, Madeleine Parent. » Message clair : Bush est un va-t-en-guerre.

Les neuf dixièmes des auditeurs sont trop jeunes pour savoir que l'octogénaire Madeleine Parent est pacifiste, en effet, mais de l'époque où les Congrès de la paix animés par l'Union soviétique et le KGB se tenaient à Varsovie ou dans une autre capitale occupée par l'Armée rouge. Elle consent à déplorer les morts de New York, mais se hâte d'équilibrer ses regrets en ajoutant qu'elle pense davantage à ceux du Viêt-nam, de l'Irak, du Chili. Pas un mot sur les fusillés de Castro.

Ça ne s'invente pas. La provocation ajoutée à l'injure. Bien sûr, cet activisme militant n'a pas la moindre influence sur les événements, mais quel plaisir, quelle satisfaction de « picosser » !

Un professeur de sciences po explique que « les terroristes ont la même conviction et le même fanatisme que les pilotes américains qui bombardaient l'Irak » (sic). Comparer l'attentat du World Trade Center et une guerre où des militaires affrontent des militaires ? Et ça enseigne dans nos universités ! Pas à Kaboul, à Bagdad ou au Caire. À Montréal. Des jours, PC me semble signifier non pas *politically correct*, mais parfaitement con.

Je ferme la radio.

Ces savants critiques de Bush, profs de cégep que l'on croirait diplômés de West Point et de Sandhurst ou Saint-Cyr, se plaisent à évoquer les missiles Cruise, les bombes intelligentes (quel oxymore !), pour en dénoncer l'inutilité dans la guerre au terrorisme. Mais au-delà de la rhétorique destinée à calmer la douleur et la colère du peuple américain, tout le monde sait que quelques bombardements ne seraient qu'un exercice de défoulement, une crise de *road rage* internationale, et que les Américains iront bien plus loin.

Les spécialistes savent depuis longtemps que la lutte contre l'internationale terroriste sera une guerre tout aussi politique, diplomatique, économique, psychologique et culturelle que militaire, destinée à forcer chaque pays à choisir son camp, à déterminer qui sont les vrais alliés et qui sont les complices. On tentera de serrer le nœud économique et diplomatique autour des tueurs. Les vraies armes seront le contrôle des frontières, les lois sur l'immigration, la législation bancaire, les virus et les antivirus d'Internet. Et tout le monde sera soldat, même sans le savoir.

Il y a une trentaine d'années, les États-Unis ont fermé leur US Information Service, qui était pour une bonne part un service d'information culturelle du genre de celui que financent beaucoup d'autres grands pays, comme la France et l'Allemagne. Résultat, on a laissé l'information culturelle sur ce que sont vraiment les États-Unis aux Jack Valenti, Michael Jordan et Britney Spears. Aux marques de produits de consommation. Et si on ignore, ou feint d'ignorer, que ce mammouth économique et militaire est AUSSI la plus grande puissance culturelle de tous les temps et le pays le plus instruit de la planète, c'est que le véritable isolationnisme américain, contrairement au mythe, a été culturel.

Postes à pourvoir à Washington...

Une péronnelle explique dans *La Presse* que les tours détruites étaient « des tours de l'arrogance... où l'on s'active à défendre les valeurs du puritanisme : travail, effort, capital... et non comme la tour Eiffel, tout entière vouée aux plaisirs ». On a envie de pleurer : pas payante, la tour Eiffel ? Le puritanisme de New York ? ! Elle parle des « forces de l'argent » comme Pie IX et conclut que « l'image que représente [*sic*] les jumelles du World Trade Center n'était pas celle de la liberté ni de la démocratie... mais des deux arcs jaunes de McDonald ». Ah bon ! si c'est comme ça, on a bien fait de les détruire, quitte à tuer quelques milliers de pratiquants de cette religion dévoyée qu'est le culte du hamburger. « Ce sont des symboles plus que des êtres humains que les terroristes ont visés. » Ça mérite l'absolution, non ?

La dérive politique de Radio-Canada m'irrite d'autant plus que j'ai animé *Présent* pendant cinq années, à une époque où la radio générale laissait l'analyse de l'actualité au service des affaires publiques, dirigé par Marc Thibault. J'ai vu (ou plutôt entendu) ce service jadis rigoureux se diluer dans la radio générale et de divertissement et descendre toutes les marches de la médiocrité. Des animateurs parachutés du show-business pratiquent la forme simpliste d'interview qui consiste à faire semblant de prendre le contre-pied de l'interviewé. Mais le contre-pied penche toujours sur la même jambe.

Pierre Trudeau, qui détestait la liberté d'esprit qui régnait à Radio-Canada, menaçait de ne plus y diffuser que des vases chinois. Métaphore, sans doute : nous pensions à des céladons ou à des bronzes T'sin, mais d'autres ont compris vase comme dans « cruche », chinois comme dans « mao ».

John Saul dénonce « les bâtards de Voltaire », dans l'essai qui porte ce titre, attribuant tous les maux de la planète et les horreurs du xxe siècle au culte de la raison, réel ou imaginaire, culte dont le génial pamphlétaire serait le symbole sinon le créateur. Formule brillante, quoique les exploits des colonialistes au xixe siècle et ceux des Staline, des Hitler, des Pol Pot, et aujourd'hui des ben Laden et des Kadhafi, semblent plutôt déraisonnables, et guère différents de ceux de Gengis Khan ou de Simon de Montfort, qui n'avaient jamais entendu parler de Voltaire. Mais en paraphrasant cette formule, on peut tout aussi bien parler des « bâtards de Marx », qui sans l'avoir jamais lu traînaillent dans les universités, les syndicats, la bureaucratie et les médias la monnaie dévaluée du *Capital* et de ses exégètes. Souvent trotskistes d'avant-hier, ils ont pratiqué l'entrisme que prêchait le père de l'Armée Rouge et se sont creusé une galerie dans le système en attendant le Grand Jour, devenant des taupes, ces jésuites du militantisme. L'infantilisme et la propagande sont les deux faces de la même fausse monnaie.

Mon animateur préféré a concocté pour son émission téléphonique une question qui est un sophisme, et en soi une réponse : *Est-ce que les États-Unis ont le droit d'attaquer au nom du bien?* Mais il n'est nullement question de cela. Ils n'attaquent pas au nom du bien, ils se défendent. Ils cherchent à empêcher d'autres attentats et à protéger leurs ressortissants.

Dimanche 16 septembre

Auteur français. Onze lettres. Il occupe à lui seul la dernière ligne d'une grille de mots croisés que j'ai repérée sur une pile de vieux journaux. La première lettre est J. Un peu plus loin : GR. Facile. Julien, mais Gracq ou Green ?

Le Larousse m'étonne : Julien Green, car c'est la bonne réponse, « écrivain *américain* d'expression française ». Green, né et mort à Paris à 98 ans, est un écrivain irrémédiablement français. De « nationalité » américaine, soit, avec passeport à l'avenant, mais écrivain français. La France a-t-elle des scrupules quant à la nationalité de ses écrivains, comme les Québécois avec Mordecai Richler, qu'on préfère dire Canadien que Québécois d'expression anglaise ? Pourtant, Kessel, né en Argentine, est classé dans le Larousse comme écrivain français. Ou Cendrars, né en Suisse. Ou la comtesse de Ségur, née Rostopchine : tous écrivains *français* d'origines xyz.

Pourquoi ce traitement différent ? Sentiment antiaméricain ? Je note que Tahar Ben Jelloun, écrivain français d'origine marocaine, est lui aussi « écrivain *marocain* » quoique d'expression française. Dis-moi où tu es né, je te dirai…

Antonine Maillet est-elle écrivain canadien d'expression québécoise… ou écrivain québécois d'expression acadienne ? !

Lundi 17 septembre

Resuite des mea-culpa sur la poitrine des voisins.

On nous lit à la radio le message d'évêques québécois qui dénoncent « le désir de vengeance » et recommandent de tendre l'autre joue. Même eux. Ils ont bien changé depuis Bernard de

Clairvaux. Il faudrait éviter « l'escalade ». Typique de la gauche bien pensante d'appeler les mesures de défense une escalade. On pensait que l'escalade avait commencé mardi dernier, à huit heures cinquante. Ils disent que le recours à la force ne réglera rien. Eh bien ! non, il faut ne rien faire. Peut-être écrire à ben Laden, poste restante, une lettre où on lui dirait qu'il nous a vraiment fait de la peine. Poliment, pour ne pas l'irriter. C'est comme un sport qui opposerait une équipe d'attaquants à une autre qui consisterait simplement en un gardien de but privé de mains qui bloquerait le ballon de la joue.

Celui qui tend l'autre joue après le 11 septembre est un masochiste qui mérite la grande claque qui va lui atterrir dans la face...

Suit le « *phone-in* », formule qui avait du sens quand il fallait « libérer la parole », mais qui est totalement dépassée et déshonorée par tous ses abus quotidiens. Les tavernes, version canadienne du café du commerce, ayant disparu, les « conversations de taverne » ont dû trouver un refuge. Conversations de taverne et de corde à linge. Ceux qui y participent ne représentent pas non plus « l'opinion », les sondages le montrent à l'occasion. Les« lignes ouvertes » sont le déshonneur des médias, une manipulation de l'opinion contre laquelle les FPJQ de ce monde (Fédération professionnelle des journalistes), qui se veulent pourtant les chiens de garde de l'éthique, ne protestent pas. Chacune de ces « tribunes téléphoniques » a son public bien particulier : car ce qui en détermine le niveau et l'orientation est le niveau et l'orientation de l'animateur, sa rigueur ou sa complaisance. Le feuillet paroissial n'intéresse que les fidèles, les revues idéologiques n'intéressent que les idéologues de même chapelle.

Naguère, l'information radio consistait à trouver quelqu'un qui sache de quoi il parle pour répandre l'information. La nouvelle mode sert à inviter un tas de gens qui ne savent pas ce qu'ils disent à répandre leur ignorance, écrit l'humoriste américain P. J. O'Rourke.

* * *

Au-delà des belles paroles, Vladimir Poutine appuiera peut-être vraiment Washington. Il a tout intérêt à laisser les États-Unis faire le ménage pour lui et le débarrasser des régimes qui financent et soutiennent ses propres islamistes tchétchènes. Ces derniers viennent de capturer un poste militaire russe, meublé de quelques généraux. D'autres ont commis hier un attentat suicide à Goudermès.

C'est vraiment tout l'Occident, et pas seulement l'Occident géographique, qui est visé, c'est-à-dire la modernité, la laïcité, la démocratie. La raison, n'en déplaise à John Saul. Les chefs des communautés musulmanes du Canada font appel à la tolérance. Saddam Hussein aussi, et Kadhafi, et le chef des taliban! Quelques-uns se sont inquiétés qu'on regarde musulmans et personnes d'origine arabe «avec suspicion». Délit de faciès. Que s'imaginent-ils? Tous les suspects ont des noms arabes, des passeports de pays arabes. Des terroristes vivaient à Montréal et il s'y en trouve peut-être encore. Les gens qui se révoltent à juste titre contre le regard que les services de sécurité portent sur eux n'ont pas hélas! fini de sentir le poids du soupçon. Et, partant du principe qu'il vaut mieux pêcher là où le poisson se trouve, il serait étonnant que l'on mette sous surveillance les Chevaliers de Colomb, la Société Saint-Jean-Baptiste ou les Raëliens. S'il est vrai que le terroriste peut vivre des années sans se faire remarquer dans son milieu, comment le repérer sans visiter, enquêter, mettre sous écoute? D'autant plus qu'on n'a pas entendu de fatwas contre les assassins. Elles sont sans doute réservées aux péchés théologiques.

Il ne faut pas dire, paraît-il, que les terroristes sont des fous. La pensée PC l'interdit. Mais tous les fous ne portent pas un chapeau à trois cornes avec des clochettes. La paranoïa assassine et suicidaire est inscrite sur la liste des innombrables comportements que la confrérie des psychiatres qualifie de maladies mentales. Si ces gens ne sont pas des fous, et des fous furieux, qui donc l'est?

C'est une autre forme d'infirmité que l'incapacité de reconnaître ce qui nous menace, de distinguer l'ennemi. Syndrome de Stockholm : les victimes d'enlèvement finissent par s'identifier avec leurs kidnappeurs et par les défendre.

Mardi 18 septembre

Vingt pour cent d'intérêt. Une carte de crédit, un grand magasin ? Une de ces sociétés de prêts à la consommation qui proposent de ne payer le frigo que dans un an, quitte à matraquer celui qui oublie la date butoir ? Des usuriers, sans doute !

Le fisc fait payer des intérêts à quiconque lui doit des impôts, ce qui est normal, mais peut-on imaginer que les gens que nous élisons pour légiférer contre l'usure la pratiquent ? On comprend aussi que l'État exige une prime par rapport aux taux courants : trop de contribuables trouveraient commode d'éviter une discussion avec leur directeur de banque. Une sorte d'emprunt autogéré. Mais 20 %, vraiment ? Et avec de l'argent déjà lessivé par le fisc, soit environ 40 % de la somme due. C'est sans doute la nouvelle morale sociale-démocrate dont nous abreuvent les missionnaires de la solidarité. Le « Robin des banques » qui dénonce, au nom de la mouvance sociale-démocrate, les profits des institutions financières s'excite pour bien moins. Le gouvernement fédéral se contente de 9 % à 13 %. Il faut dire qu'il dispose de moins de fonctionnaires par contribuable.

Faites payer les riches ! disent certains. Mais les retardataires sont principalement des travailleurs autonomes, pigistes, écrivains, musiciens et des retraités. Des gens qui doivent déjà s'imposer des rapports trimestriels, percevoir les taxes de vente, mensuellement s'ils se sont constitués en petites sociétés. Plus de trois cent mille personnes paient ces taux d'intérêt usuraires, soit le tiers des contribuables.

Par contre, à ceux qui ont trop payé, l'État versera des intérêts de 3,35 %, soit le sixième de ce qu'il exige. Ici, Ottawa paie le double, 7 %. Pour le reste, on est payé en leçons de morale, c'est-à-dire en monnaie de singe. On est confondu devant tant d'honnêteté et d'amour du peuple.

Mercredi 19 septembre

L'an dernier, Richard Desjardins dénonçait par un film, *L'Erreur boréale*, la surexploitation des forêts, qui mettront, assure-t-on, cent ans à se remettre du régime actuel, étant entendu que l'on arrête tout de suite le carnage.

Cette année, un autre cinéaste dénonce les conséquences du mode industriel de production des porcs. Je n'ai pas vu *Bacon* et j'ignore si le film frappe juste ou exagère les méfaits environnementaux, mais le système lancé il y a vingt ans par Jean Garon est une absurdité : une production lourdement subventionnée, destinée pour moitié ou davantage à l'exportation. L'instituteur, le fonctionnaire, le médecin, le conducteur d'autobus, le plombier, le journaliste paient des impôts pour nourrir les Japonais ! Le producteur de porcs, lui, s'arrange sans doute pour ne pas en payer et les mettre plutôt dans son petit cochon.

Exporter, d'accord, mais quand ça rapporte.

Les producteurs se défendent et excipent du droit de produire qu'ils ont réussi à faire inscrire dans les lois. Pourquoi pas dans la Constitution ? L'industrie pétrolière, la chimie, les mines, le papier aimeraient aussi avoir ce prétendu droit de produire à tout va, sans restrictions, privilège dont ils ont longtemps bénéficié, d'ailleurs, ne laissant après leur disparition et l'épuisement des ressources que des cratères toxiques et des catastrophes écologiques. Pourquoi recommence-t-on avec l'agriculture ?

Mardi 25 septembre

Le suicide d'un joueur invétéré soulève des questions sur le jeu, les casinos et les loteries. Débat de société, clament certains.

re un. Tout ici est « débat de société » sitôt que deux peres divergent d'opinion.

'ai déjà pensé que les loteries étaient un impôt sur la naïvete. J'ai écrit là-dessus dès 1961, dans *Cité Libre*, un article auquel je ne retrancherais pas un mot aujourd'hui. La loterie, qui reverse moins que les bookmakers, est un impôt sur les classes moyennes et les moins moyennes, puisque ni les millionnaires ni les entreprises n'achètent de « gratteux ». Même des prestataires de l'aide sociale y laissent une partie de leur chèque.

Le tandem Landry-Marois se vante d'avoir exempté d'impôts près de 40 % des Québécois. Mais comme le jeu presse surtout le citron des gens modestes, on peut dire que la loterie est l'impôt de ceux qui croient cette fiction démagogique.

Le *doublespeak*, selon l'expression d'Orwell, est manifeste : les élus s'inquiètent des conséquences du jeu, monopole d'État, mais font mine de ne pas savoir que ce monopole dépense plus de cinquante millions de dollars par an en publicité. Et quelques millions de plus pour suggérer aux accros de ne pas jouer trop, et mettre les adolescents en garde. Ne serait-il pas plus simple d'interdire à Loto-Québec de faire quelque publicité que ce soit ? Tous les codes d'éthique ne remplaceront jamais l'honnêteté et la rigueur intellectuelle. Le jeu est un mal nécessaire puisqu'il se pratiquera de toutes façons, et il vaut mieux le garder sous haute surveillance que d'ouvrir la porte à la pègre, mais faut-il vraiment stimuler cette activité à coups de millions ?

« Un jour, ce sera ton tour… » disait une pub, disparue parce qu'elle aurait été sanctionnée par les lois si elle avait été utilisée par le secteur privé. En effet, la probabilité mathématique d'un gain à la loterie est à peu près la même que le risque d'être frappé par la foudre. Qui accepterait de payer cinq dollars par semaine pour une assurance spécifique contre la foudre ?

J'en conclus que l'achat d'un billet de 6/49 n'est pas le fruit de la naïveté, mais une taxe sur la curiosité, l'adrénaline, le goût du risque, la peur d'être encore une fois déçu, en fait, une taxe sur le masochisme. Pourquoi s'inquiéter que les gens perdent leur chemise si c'est ce qu'ils cherchent?

Désormais, la pub du jeu est un aveu : elle confesse que « ça ne change pas le monde... » Ce qui est absolument juste douze millions neuf cent quatre-vingt-dix-neuf mille neuf cent quatre-vingt-dix-neuf fois sur treize millions! En bon français, on nous dit qu'on ne nous donnera rien.

J'entends déjà la réponse : et les rentrées fiscales? Alors, pourquoi ne pas y ajouter la drogue, la prostitution...

Samedi 29 septembre

Margaux se traîne les pieds dans les feuilles mortes, laissant derrière elle un sinueux sillage vert. Après avoir beaucoup joué, ri, couru, elle s'est retirée de la tribu festive réunie pour l'anniversaire de son père et explore les grandes pelouses de la maison Trestler à Vaudreuil, si concentrée sur sa découverte que nul appel, nulle chanson, nul jouet ne la distraient.

La longue sécheresse d'août a fait tomber les feuilles des ormes et des érables prématurément. Ces copeaux brûlés et racornis craquent et bruissent sous le pied. *Froush froush.* Ils parlent. Margaux les écoute consciencieusement. Ce bruissement a-t-il moins de sens que l'assourdissant jacassement de douzaines de conversations sur la terrasse?

C'est son premier automne debout. Libre. Et elle réinvente spontanément, toute seule, sans démonstration, sans incitation, l'antique cérémonie de la feuille morte que tous les enfants réinventent depuis que les étés ont une fin. Elle les pousse du pied, amasse cette étrange matière chantante en petites jonchées, prend les feuilles à pleines mains et les jette en l'air. Elles retombent sans hâte en valsant, la force de la gravité leur est légère. Voilà quelque chose que l'on a le temps de voir tomber, au contraire de tout le reste.

Assise dans sa récolte jusqu'à la taille, elle regarde la lumière de l'automne filtrée par les arbres dorés, soudain lointaine, imperméable aux distractions et aux appels des adultes qui ont autre chose à faire et à lui faire faire. C'est l'âge dont nul ne se souvient et que les adultes ne connaîtront jamais : l'âge où tout est neuf. L'âge du bonheur de la découverte par tous les sens à la fois plutôt que par l'abstraction et les leçons. Ce n'est pas encore celui des pourquoi : ce qui est est. Rien n'étonne, tout est possible, pourquoi pas ? Comment savoir les détours de cette exploration, de cette absorption ? Les feuilles sont des êtres qui descendent de leur logis aérien pour venir jouer avec la gent enfantine et remontent se coucher le soir, la fête finie, non ?

Comment savoir ? Clairement, dans le débat entre nature et culture, entre inné et acquis, je reste persuadé que les tenants de l'acquis et du tout-culture ont encore bien des explications à donner et que la part de l'inné est infiniment plus grande que ne l'admettent aujourd'hui la science bien pensante, pour qui l'humain est *tabula rasa,* et la philosophie égalitariste qui ne voit en tout que la trace du social et de la culture. Que l'ADN recèle non seulement les gabarits de notre forme matérielle, mais une grande partie de nos comportements. Et que l'éducation peut guider et utiliser ce matériau, mais qu'on ne peut écraser cette marée primordiale sans faire de l'individu un bonsaï ou un expatrié.

Dimanche 30 septembre

Une place s'est ouverte inopinément dans une garderie. La petite Margaux a eu un choc. Elle a détesté. Du moins les premiers jours. Elle part fort contente de faire métro-boulot-dodo, comme papa et maman, et même, petit mensonge, comme grand-papa. Mais, une fois à la garderie, elle voit partir tous ces grands menteurs, péripétie imprévue et fâcheuse. Protestations. Premier abandon, d'autant plus troublant qu'il se double de la disparition de la gardienne avec qui elle passait toutes ses journées depuis un an.

Vous ne perdez rien pour attendre : à cinq heures, ce ne sont plus des protestations, mais la punition. Qui donc enseigne à de si petites personnes le regard précis qui fait mal, comme si on avait joué la comédie depuis toujours, la bouderie qui rejette, les raffinements qui blessent, le mot jamais prononcé encore qui bouleverse l'infidèle, l'art de la vengeance ? Avis aux futurs séducteurs : il ne faudra pas l'embêter, celle-là. On se sent coupable, malheureux, puis c'est la vie. On s'adapte, les enfants mieux encore. On va voir les amis, on apprend à défendre son territoire, ses affaires, à les partager.

Je parlais de ces choses avec des connaissances qui sont dans la diplomatie et dont le fils de quatre ans n'a jamais connu que l'attention des amah et des nurses dans des postes où la domesticité ne manquait pas. Rentré récemment, il se retrouve pour la première fois à la garderie, en prématernelle, et a ce mot : « C'est la consigne pour enfants ? »

OCTOBRE

Mardi 2 octobre

On disait le Parti québécois en difficulté. C'est fait, le PQ tout-puissant dans les circonscriptions francophones a été défait dans deux d'entre elles. Les commentateurs invoquent l'usure du pouvoir, une campagne tardive, l'idée de souveraineté. Des fatalités extérieures au parti, en somme. Mais personne n'a mis en cause la médiocrité des candidats : deux d'entre eux ont fait banqueroute. La gestion des affaires publiques n'est pas le refuge des incapables, ont jugé les électeurs. Selon certains, la baisse du nombre de suffrages exprimés depuis quelque temps tiendrait au mode de scrutin. Voter pour la médiocrité dans un scrutin proportionnel ou uninominal, quelle différence ?

Un collègue proche du pouvoir trouve le bilan des vingt-cinq dernières années de vie politique que j'ai dressé pour le numéro du vingt-cinquième anniversaire de *L'actualité* « justifiable mais sévère ». Or, qu'y disais-je ? La même chose que les ministres.

Ainsi, décrochage, enseignement du français, niveau culturel des maîtres... la grande réforme scolaire des années soixante n'a pas tenu ses promesses et le ministre de l'Éducation réclame un profond changement de culture et une nouvelle « révolution ». En matière de santé, pour tout dire, on a trois commissions d'enquête, une fédérale et des provinciales dont celle du Québec! Les mandarins continuent à équilibrer les budgets par le rationnement. La ministre envoie les malades en sous-traitance dans les hôpitaux américains. *Evohe! Vae aegrotantes!*

Quant au projet fondateur du parti qui domine l'actualité politique québécoise et canadienne depuis trente ans, l'indépendance, il semble désormais irréalisable, un Canada pris par surprise en 1976 s'étant désormais armé au fil des vantardises, des menaces creuses et des référendums pour intervenir, le cas échéant, d'une manière musclée. Les premiers ministres du Parti québécois ne disent pas autre chose, qui promettent de ne pas tenir de référendum avant un horizon qui semble se confondre avec la parousie.

Qu'ai-je dit de plus que les ministres? Qu'il faut une autre Révolution tranquille. Mais je ne pratique pas le jargon PC (*politically correct*), qui consiste à faire semblant de ne pas dire ce qu'on dit et à s'assurer que les gens comprennent autre chose.

Louis Cornellier, enseignant et chroniqueur au *Devoir*, me trouve pessimiste, m'écrit-il. Les choses ne vont pas bien, mais ne vont-elles pas mieux?

Le pessimisme et l'optimisme se rapportent à l'avenir. Un bilan, lui, peut être négatif ou positif.

Au demeurant, ajoute-t-il, « la bonne marche d'une société, cela ne se résume pas à une simple question d'efficacité. D'autres valeurs sont en jeu (équité, égalité, liberté, justice, démocratie) qu'il importe d'évaluer et de défendre. Vous n'allez quand même pas nier être un partisan de plus de privé dans les affaires sociales?! »

Oh si! je nie! Je suis partisan de ce qui fonctionne et je n'ai pas de religion quant au privé ou au public. L'État a la responsabilité d'assurer de bons services médicaux et une éducation de qualité. Entre autres. Par quels moyens, c'est une tout autre histoire. J'ai déjà noté que dans leur sagesse les citoyens n'ont pas confié l'approvisionnement alimentaire (plus vital encore que les services médicaux) à l'État! Quant à « la bonne marche de la société », elle ne se résume pas à l'efficacité, mais elle y vise et même la présuppose. L'égalité est un idéal, la liberté une nécessité. Quant à la justice, elle est irréalisable sans la démocratie, ni cette dernière sans la liberté. Et si l'action privée était un empêchement dirimant à la démocratie, et que le monopole du pouvoir politique en était la condition et la garantie, cela se verrait quelque part.

Après des décennies de chasse au privé dans le monde de la santé, on prétend encore que les distorsions entre la demande et l'offre résultent d'un manque de planification. La planification centralisée a partout donné lieu à des pénuries et à des rationnements. Dans le domaine de la santé, l'idée semble absurde : comment planifier les accidents, les épidémies, les nouveaux traitements, la longévité, les angoisses et les craintes éventuelles ?

Et comment éliminer ce que l'on tient pour du gaspillage ? Les planificateurs craignent d'avoir un lit d'hôpital de trop, multiplient les régies et organismes de contrôle, les contrats de performance... C'est oublier que tout système a besoin de jeu, sinon la machine se grippe. Et il est des gaspillages bien plus graves qu'un scanner ou un médecin de trop : les queues, les mois d'attente, l'absentéisme, les décès.

Répondre à la demande, voilà où sont la justice et l'équité. La démocratie est une autre affaire, une affaire politique ; mais là non plus on ne répond pas à la demande. En effet, la réaction des dirigeants du Parti québécois à leur échec est typique : leur politique est la bonne, leur programme n'a pas besoin de révision, c'est qu'il y a un problème de perception. En somme, le client ne comprend rien.

Jeudi 4 octobre

Une tête de bronze a poussé sur un coin du siège social d'Hydro-Québec, à l'angle de Saint-Urbain et de René-Lévesque. La tête de ce dernier, précisément. Érection purement politique, car ce n'est pas l'art qui y trouve son compte. Ni l'histoire. Car la présence du chef de bronze du fondateur du Parti québécois à la porte d'Hydro-Québec va renforcer la notion, fort répandue dans le public et même chez des journalistes d'un âge certain et qui devraient savoir mieux, qu'il fut le fondateur de cette société d'État en 1962. Quand René Lévesque en devint ministre de tutelle, Hydro-Québec avait dix-huit ans. Elle fut fondée en 1944 par Adélard Godbout et T.-D. Bouchard. Quand auront-ils leur statue à l'entrée d'Hydro-Québec? Hydro était déjà le numéro un de l'électricité, grâce à la nationalisation de la grande centrale de la société Montreal Light Heat and Power à Beauharnois, longtemps la plus puissante d'Amérique. Sous le gouvernement de Maurice Duplessis, elle avait déjà construit les barrages du complexe Bersimis, étendu ses lignes à 750 000 volts, terminé les études du complexe Manicouagan, commandé les plans du barrage à Coyne et Bellier, de Paris.

La vraie réalisation de René Lévesque a été d'abord de rapatrier au profit des ingénieurs et entrepreneurs locaux les contrats des chantiers colossaux de Carillon puis de Manicouagan, et de nationaliser les sociétés privées restantes, qui exploitaient en particulier le Saint-Maurice.

La tête de bronze est l'œuvre d'un artisan qui a clairement plus d'école que l'auteur de la statue qui dépare l'Hôtel du Gouvernement à Québec, mais on n'y trouve pas plus d'inspiration. La médiocrité des bronzes que l'on érige ici aux grands hommes depuis une vingtaine d'années est navrante. Le *Lévesque* de Québec, qu'il s'agisse de l'original grandeur nature ou du format familial, semble dire les deux mains tendues raides devant lui que « Parizeau a raté le Oui juste par ça de long ». À moins qu'il ne raconte une histoire de pêche. Ou qu'il tienne l'écheveau d'une fileuse. Le corps, lui, est celui d'un nabot à tête énorme, piqué sur deux jambes trop courtes, gelé dans la *rigor mortis*: on le dirait taillé dans un tronc. Le *De Gaulle* de la Grande Allée, à Québec, a lui aussi la grâce et la souplesse de Frankenstein. Le *Jean Drapeau* de la place Jacques-Cartier, à Montréal, adopte la même pose, mais avec les poings crispés. On se demande d'ailleurs ce que fait là le champion toutes catégories de la démolition du patrimoine montréalais, des autoroutes et des parkings : sa vraie place serait au bout du mât du stade, qu'il faudra bien baptiser un jour stade Jean-Drapeau. Pour que l'on se souvienne, comme le prétend la devise nationale.

Le Musée du Québec présente depuis ce printemps une fort belle exposition d'œuvres de Louis-Philippe Hébert. Dans une société plus intégrée que le Canada d'alors aux grands courants artistiques contemporains, son talent aurait fait de lui Rodin ou Bourdelle. Sa descendance est indigne de lui. Il faut dire que le XIXe siècle chérissait des modèles plus inspirants : Romains casqués, gladiateurs nus, Vercingétorix à moustaches, guerriers mousquet au poing, marquis couverts de fanfreluches, plume au chapeau. Et que dire des statues équestres ! Tandis qu'un mec en costume trois-pièces, avec la cravate comme seul relief... On devrait avoir une manufacture de bonshommes en costume trois-pièces munis d'un pivot où on piquerait des têtes diverses.

Le costume contemporain ne se prête qu'aux bustes. Pourquoi gaspiller le reste du bronze ?

Vendredi 5 octobre

Une prof (profe ?) de l'Université de la Colombie-Britannique dénonce les États-Unis « qui baignent » dans le sang.

Elle s'adresse à un congrès féministe : selon elle ce ne sont pas les Afghanes qui sont victimes de sexisme, mais les Occidentales colonisées par le capitalisme. Et l'Occident qualifie de terroristes les gens qu'il veut détruire. Elle appelle à un autre type de guerre : non pas des bombardements, mais la « bataille pour les cœurs et les esprits ». Comment ?

Il est facile de remporter la bataille des cœurs et des esprits auprès des OBL et autres mollahs : il suffit d'adopter leur version de l'Histoire, leur explication de leur infériorité économique et technique, de reconnaître la supériorité de la culture islamique, d'admettre la justification du terrorisme, de désarmer, de liquider Israël. Puis de devenir mahométan. Alors seulement, nous aurons mis fin au racisme et nous pourrons jouir de la qualité de vie que l'on trouve au Yémen, au Pakistan, en Indonésie, au Soudan, en Algérie.

On se console en se disant qu'une Sunera Thobani, c'est son nom, est inimaginable dans tous ces pays, qu'elle ne peut exister qu'ici et que c'est la gloire de nos sociétés que leur patience avec ce que Lénine appelait les idiots utiles.

Samedi 6 octobre

Il neige! Une giboulée collante assène ses gifles glacées sur les feuilles encore vertes. Romulo Larrea et son orchestre de tango n'ont pourtant pas l'air dépaysés dans la salle du petit Opéra Haskell, à cheval sur la frontière entre Québec et Vermont. La musique de Gardel et de Piazzola réchauffe un public, surtout américain, qui trouve cet avant-goût d'hiver un peu hâtif. Le contraste entre le temps et la musique me réjouit.

Jeudi 11 octobre

Un mois après le massacre de New York, une certaine opinion se cherche un nouveau sujet d'émoi. Ce sera Bush. Le 12 septembre, il n'en faisait pas assez. Aujourd'hui, il en fait trop. Ah! les frappes (l'inculture médiatique traduit *strike*, bombardement, par frappe).

Un quidam subitement devenu polémologue et islamologue dénonçait hier l'horreur des frappes et le malheur des pauvres civils qui mourront sous les bombes. Je m'attendais à ce que l'animateur lui signale qu'il y aura peut-être des bombardements si le régime talib ne prend pas ses distances avec les organisations terroristes qu'il protège, mais que pour l'instant il ne se passe toujours rien et que c'est peut-être aller un peu vite en affaires que de parler de milliers de victimes civiles. Pas un mot. Aujourd'hui, requidam, qui qualifie Bush de va-t-en-guerre en chef. On pensait que le vtegec était plutôt Oussama ben Laden. L'animateur opine.

Je n'écoute plus la radio qu'épisodiquement, pour le seul bulletin de nouvelles, ou au hasard d'un passage dans la maison et dans l'auto. Radio-Canada me pousse à écouter de plus en plus CBC. L'intox continue. Cela n'est probablement pas voulu : cela émane, comme l'odeur. On en ferait un énorme bêtisier. Ainsi, sur un ton emporté : *Les Américains tuent partout des gens par millions pour maintenir leur niveau de vie.*

Aujourd'hui on dénonce la censure, le président Bush ayant demandé aux médias de ne pas reprendre in extenso les fatwas de ben Laden et de ses diacres. Censure ? Pourtant, il n'y a pas de censure, pas d'interdiction ; on n'a fait que demander aux responsables des réseaux de se servir de leur jugement. Les diffuseurs de la propagande de ben Laden ne sont ni Tokyo Rose ni Lord Ha Ha, mais imagine-t-on Hitler ou Hirohito s'adressant aux populations des pays alliés ? Le clan anti-Bush explique qu'il faut défendre la liberté, sans comprendre que le premier défenseur de cette liberté, depuis cent ans, ce sont les États-Unis. Et que sous les mollahs et ayatollahs, elle ne durerait pas longtemps. Il ne voit pas qu'une nouvelle guerre mondiale est commencée et qu'elle ne ressemblera en rien à la dernière. Il n'y a pas que les généraux qui soient en retard d'une guerre.

Les circonstances me font réfléchir sur la faiblesse du média radio en matière d'information. Pourquoi y diffuse-t-on tellement plus d'improvisations et d'approximations que les journaux ne publieraient pas, sinon comme lettres ouvertes. Les âneries sont-elles plus évidentes en noir sur blanc ? Est-ce la nature du média ? Ou le résultat d'un détournement ?

D'ailleurs, puisque frappe il n'y a pas, pourquoi Washington les annonce-t-elle jour après jour ? Bush et Powell jouent-ils la comédie du bon-flic-méchant-flic, espérant faire l'économie d'une guerre ? Sun Tsu, général sous la dynastie des Zhou, contemporain de Confucius, a écrit dans son *Art de la guerre* que le meilleur général est celui qui remporte la victoire sans livrer bataille. Veut-on amener les taliban à lâcher le pouvoir par crainte, ce qui serait une victoire contre tous les autres États félons? Ou le Pentagone prépare-t-il longuement l'opinion internationale à un conflit?

On compare les six mille morts de septembre aux cent quarante mille morts d'Hiroshima, à ceux de la guerre du Golfe en 1991. Comment comparer les militaires morts dans des guerres déclarées, en particulier contre le Japon de 1945, quintessence de la sauvagerie qui depuis quinze ans massacrait des populations entières en Chine et en Corée, pratiquait des expériences bactériologiques monstrueuses sur ses prisonniers, et d'autre part les secrétaires, les garçons de course, les comptables, les courtiers, les pompiers de New York assassinés sans même qu'ils sachent ce qui leur arrivait?

Mais comment blâmer des gens plus ou moins bien informés quand même des Susan Sontag disent les mêmes bêtises? La prêtresse new-yorkaise de la critique de cinéma est confite d'étonnement devant le « courage » des assassins du 11 septembre, prêts à mourir pour la cause.

Quelle cause? Les nihilistes n'ont pas de cause, que de la haine. Et quel courage? Ce seraient plutôt des pleutres. Des gens qui frappent leurs victimes dans le dos et qui fuient pour ne pas affronter le reproche du monde et leur propre lâcheté. C'est le courage des hommes qui tuent leur famille, femmes et enfants, ou leurs collègues, et qui s'enlèvent ensuite la vie au lieu de défier l'opinion et la justice et d'utiliser tribunaux et médias pour défendre leur cause. C'est le courage de Marc Lépine, de mémoire de Polytechnique, né et élevé Gamil Gharbi, qui voulait lui aussi mettre les femmes sous tchador.

Samedi 13 octobre

« L'islam a une sagesse que l'Occident n'a même pas effleurée », lis-je dans un long article d'opinion que publie *Le Devoir*. On aimerait avoir une petite démonstration.

La haine de soi, de son monde et de son temps est ainsi faite de grands mouvements de toge. Que de gens qui se détestent, qui se rêvent autres, qui admirent les « braves » à la bombe, peut-être parce qu'ils rêvent d'en poser eux aussi dans leur rage rentrée contre la mondialisation, le capitalisme, les Anglais, et cetera.

Il ne faut pas dire que, sur les cent et quelque démocraties ou quasi-démocraties que compte le monde, on n'en trouve aucune dans le monde arabo-musulman. Il ne faut pas penser que certaines sociétés semblent s'être arrêtées dans leur développement technique, politique et culturel. Pour ne pas être « impérialiste », il faut dire que toutes les cultures se valent, qu'elles ne sont que différentes.

Si toutes les valeurs sont égales, pourquoi ceux qui professent ce dogme tiennent-ils que les leurs sont supérieures ?

Il ne faut pas prononcer le mot de croisade, qui froisserait paraît-il la sensibilité profonde de l'Islamie et exacerberait la rage des terroristes, les Croisades ayant été une agression impérialiste sauvage contre une civilisation supérieure. C'est oublier un peu vite qu'avant le déferlement des cavaliers arabes aux VIIe et VIIIe siècles, tout le bassin méditerranéen, du Sinaï à l'Espagne, d'Alexandrie à la mer Noire, était un univers chrétien, que les Pères de l'Église n'étaient pas romains mais égyptiens, tunisiens, syriens, grecs du Levant, espagnols. Que pendant près de cinq cents ans, les populations des régions conquises par les Sarrasins étaient des populations chrétiennes. Et que l'idée des Croisades était celle d'une première reconquista contre un envahisseur aussi craint que les Goths ou les Huns. Mais la politique et l'idéologie n'ont que faire de l'Histoire quand elle ne leur est pas utile.

Pour comprendre le retard des pays de culture musulmane, nul besoin de Berlusconi. Il suffit de lire les fondateurs du panarabisme et du Baas ou Kemal Atatürk. Pour ces leaders arabes et turc, musulmans ou chrétiens, leur retard tient à l'intolérance religieuse, au fondamentalisme qui est l'adhésion aveugle à la lettre du Coran, au rejet de la modernité, considérée comme une occidentalisation blasphématoire, à l'absence de liberté et de démocratie, à la mise à l'écart de la moitié de la population, les femmes, au système des clans et à la corruption. Devant l'échec de ces penseurs et de ces leaders, devant la dérive des divers avatars du Baas et du socialisme arabe, le salafisme auquel se rattachent tous les fondamentalismes propose un retour à l'islam pur et dur des origines. Hors de la mosquée, point de salut.

Sans doute pour mieux nous aider à comprendre tout cela, Radio-Canada fait jouer presque tous les jours depuis quelque temps des musiques arabes. On est *in* ou on ne l'est pas…

L'islam est le seul système culturel à produire de façon régulière des gens qui rejettent la modernité en bloc, comme Oussama ben Laden et les Taliban (Francis Fukuyama, *The Guardian*, 11 octobre).

Une idée, en passant… La polygamie, en privant les jeunes hommes de femmes, est-elle une des causes de la violence endémique des sociétés islamiques?

Dimanche 14 octobre

L'esprit qui met l'authenticité musulmane un peu plus haut que les mensonges de l'Occident et de la démocratie libérale est-il le même qui tient pour des *pushers* de chimie et des exploiteurs les grandes sociétés pharmaceutiques, où des centaines de savants mettent au point sous haute surveillance des médicaments contre le sida et le cancer, mais qui voit les marchands de tisanes mystérieuses, à base d'herbes inconnues et de saloperies à faire lever le cœur, comme des bienfaiteurs de l'humanité? Si le nom de la potion est chinois, c'est bon. Si les Nambikwaras ou les Jivaros nous assurent que c'est miraculeux, il ne faut même pas l'analyser en laboratoire.

Cet esprit, qui trouve plus de sagesse et de savoir dans la forêt vierge que dans les civilisations avancées, qui dénonce les péchés de l'Occident et « comprend » les terroristes, c'est la haine de soi.

Lundi 15 octobre

Deux journées splendides. Couleurs d'automne, thermomètre d'été. La neige s'était trompée d'adresse. Les prés récemment coupés et qui déjà reverdissent contrastent avec l'orange des érables qui commence à tourner à l'ocre. Serait-ce là que l'halloween a pris ses couleurs officielles? C'est l'été indien, dit-on. C'en était déjà un fin septembre, s'il faut en croire les météomanes. On nous en annoncera encore plusieurs d'ici la fin de novembre. C'est sans doute qu'il y a un été indien pour chaque tribu. Disons que celui-ci est l'été des Abénakis.

Deux fiers-à-bras ont dévasté un McDonald à coups de barres de fer, terrorisant les clients, en hurlant : À bas la mondialisation! Ils se prennent pour José Bové, et Coaticook pour Seattle. À moins que ce ne soient que des voyous en quête d'un alibi, d'une noble cape dans laquelle se draper. La religion est le dernier refuge de l'escroc, écrivait Boswell.

L'incohérence de ces bovistes est navrante : Coaticook est la capitale agricole des Cantons-de-l'Est. Ses éleveurs de porcs exportent la moitié de leur production. Les quatre cinquièmes des meubles fabriqués par Shermag, une firme de Sherbrooke, sont écoulés aux États-Unis, comme la presque totalité du matériel électronique de C-Mac, une autre firme locale. Bombardier, né à Valcourt, tout près, vend la plupart de ses Sea-Doo à l'étranger, 95 % de ses avions et la totalité de ses trains. Mais à bas la mondialisation… sans laquelle la région risque d'être une zone sinistrée! Ce qui est vrai pour l'ensemble du Québec, comme de tous les petits pays dépourvus de marché intérieur. Mais ce n'est pas la seule contradiction des verts-nologos-tiers-mondistes-antiargent qui prétendent arracher les pauvres du Tiers-Monde aux griffes des multinationales mais n'en finissent pas de défendre le protectionnisme.

Mardi 16 octobre

Note : pourquoi tant de fous de Dieu, partout, à toutes les époques ? Pourquoi fous « de Dieu » plutôt que d'autre chose ? Dieu est-il le fou en chef ?

Les musulmans canadiens craignent de faire les frais du 11 septembre et d'être la cible d'une chasse aux sorcières et d'une xénophobie. En fait, le nombre d'incidents est très limité, phénomène remarquable dans les circonstances.

Mais la pire façon de susciter l'hostilité contre les musulmans — et certains journaux subtils l'ont trouvée — est d'interviewer leurs leaders, qui épluchent les médias (« les journalistes sont des menteurs, à la solde des services secrets ») pour intenter des procès en diffamation s'ils y trouvent des propos qu'ils jugent hostiles. Leaders qui condamnent le terrorisme mais se hâtent de l'« expliquer » et de lancer leurs diatribes anti-américaines. Les plus modérés expliquent qu'OBL n'est pas un vrai musulman, mais une création des Américains.

Paroles à retenir, qui seront sans doute célèbres : le président du Conseil des musulmans de Montréal, Salam Ehmenyawy, « réserve son jugement » sur le massacre du 11 septembre. « Il n'y a aucune évidence qu'il s'agisse de gens reliés au chef d'Al Qaida, ni même de musulmans. »

La loyauté ethnique ou religieuse passe-t-elle avant la citoyenneté ?

Jeudi 18 octobre

Il y a des journées tragiques. Des comiques aussi.

Vous êtes des héros ! dit Jean Chrétien à une brigade de soldats canadiens à qui on vient d'annoncer qu'ils partent pour le golfe Persique.

Il ne fait pas de doute que les soldats canadiens, si jamais ils arrivent en Afghanistan, et s'il leur arrive d'aller au feu, se battront courageusement. Et même en héros. Mais pourquoi leur décerner le titre tout de suite ? Est-ce là, selon un mot rendu célèbre par Pierre Trudeau, de l'héroïsme appréhendé ? À moins que Jean Chrétien n'ait secrètement décidé de quitter enfin la politique et ne veuille distribuer les médailles avant son départ ? Ou simplement pour ne pas avoir à faire un deuxième discours au retour des bidasses ? Lors de la guerre du Golfe, chaque GI s'est vu remettre une décoration, même les cuistots. Pourquoi ne pas décorer même sans guerre ?

Pendant ce temps, les Communes rejettent l'étiquetage des OGM. Quatre-vingt-quinze pour cent des Canadiens sont en faveur, mais qu'est-ce que ça peut faire ? Est-ce à l'opinion de gouverner ? Est-elle élue ? Par cette décision, les députés libéraux se sont étiquetés eux-mêmes.

Lundi 22 octobre

Gaz Métropolitain va lancer une offensive commerciale pour encourager les consommateurs à utiliser le gaz naturel, plus efficace que l'électricité pour le chauffage de leurs résidences. On le sait depuis toujours mais, il n'y a pas longtemps, on payait plutôt les consommateurs pour adopter le tout-électrique.

L'étonnant est que la conférence de presse du président de Gaz Métro a lieu sous l'œil bienveillant du président d'Hydro-Québec, son concurrent et en même temps partenaire principal de la holding de tutelle de Gaz Métropolitain.

Cherchez l'erreur.

Il y a quinze jours, Hydro-Québec, qui a toujours vanté la supériorité de l'énergie propre propre propre des centrales hydrauliques, annonçait la construction d'une très grande centrale thermique à Beauharnois. Les deux décisions étonnent.

Tout récemment, en effet, des spécialistes de l'énergie annonçaient que « l'industrie du gaz naturel fait face à la première pénurie de réserves de son histoire, au moment où celle de l'électricité compte sur le gaz pour presque tous ses projets d'expansion. »

Et si Hydro-Québec vend moins de kilowattheures, ses profits et les redevances que le ministre des Finances lui réclame ne vont-ils pas diminuer? Voici la parade : Hydro-Québec demande au gouvernement de la dégager de ses promesses et de dégeler les tarifs! Et pour la première fois, la société d'État étudie sérieusement le potentiel des petites centrales et des économies d'énergie.

Vous ne voyez pas le lien? Suivez mon regard...

Il y a un mois, on annonçait qu'une erreur dans la construction d'une nouvelle centrale hydroélectrique sur la Sainte-Marguerite allait en retarder la mise en eau de plus d'un an. Et le bas niveau des grands réservoirs de la baie James est un secret d'État. Les mégacentrales du nord ne peuvent plus produire au maximum de leur capacité, le volume d'eau nécessaire dépassant de loin celui des précipitations. Pour assurer les exportations aux États-Unis, il faut donc limiter la consommation intérieure et produire autrement. D'où le gaz et les augmentations de tarifs?

Jeudi 25 octobre

Je lis avec trois semaines de retard le portrait que Brian D. Johnson consacre à Leonard Cohen dans *Maclean's*. C'est le meilleur article que j'ai lu sur ce personnage, incluant ceux que j'ai moi-même publiés dans le passé. Le genre d'article dont on fait les prix annuels.

Normalement, ce n'eût été qu'un article de circonstance motivé par la parution d'un nouveau disque du moine poète, mais Brian Johnson, qui avait réalisé ses entrevues l'été dernier, a eu la bonne idée de rappeler Cohen à Bombay au lendemain du 11 septembre. Or, il est renversé de constater que Cohen reste imperméable à l'islamophilie selon laquelle « les Américains ont couru après » et à l'antiaméricanisme qui veut que les Américains soient de grands naïfs en politique internationale et Bush, bien sûr, le dernier des cons. Car bon nombre de Canadiens sont tout fiers de penser que le massacre de New York est une preuve de la supériorité de notre nature canadienne : si nous n'avons pas été attaqués, c'est que nous ne sommes pas de méchants impérialistes et que nous acceptons et comprenons les autres cultures, conséquence automatique, il va de soi, de notre nature multiculturelle. Chez plusieurs commentateurs, cette attitude se double de « smartassisme » (le son du mot français n'évoque pas la prétention arrogante qu'il a en anglais — *smart ass* — mais a une connotation « assise » qui évoque un certain confort fessier).

Non, Leonard Cohen, stoïque du bonheur impossible, chouchou de la gauche culturelle, ne partage pas cette *schadenfreude*.

Je serais très mal à l'aise de blâmer les États-Unis ou George Bush, dit-il à Brian Johnson. J'entends comme vous des Canadiens qui disent que George Bush est un crétin. D'abord, je doute que cela soit vrai. Et de toutes façons, ce n'est pas le temps de recourir aux clichés chers aux irresponsables, ceux à qui on ne demandera aucun sacrifice. Je crois qu'il faut être solidaires des Américains... C'est de la facilité de se dire qu'Oxymandias — le Puissant — doit tomber. Mais nous vivons dans l'ombre du Puissant et nous profitons de lui avec nos voitures et nos vêtements, et nous chérissons nos libertés, de mouvement et de parole. Ce sont ces institutions qu'on attaque.

En d'autres temps, les Canadiens pourraient se prétendre supérieurs aux Américains. Mais ce dont nous profitons, même la liberté de les critiquer, existe sous le parapluie de la volonté de l'Amérique de défendre ses critiques autant qu'elle-même. C'est pourquoi je pense que ce n'est pas le temps de sortir notre antiaméricanisme chronique et de le brandir comme une sorte de protection contre des attaques qui auraient fort bien pu nous viser.

Cohen est sans doute d'accord avec beaucoup des critiques que l'on fait des États-Unis, mais il a assez de sens politique pour dire les choses chacune en son temps.

Lundi et mardi, 28 et 29 octobre

Week-end à New York, principalement pour aller écouter notre orchestre symphonique à Carnegie Hall et vérifier si les triomphes récurrents qu'on nous décrit sont réels, et s'il est vrai que l'acoustique de la salle fait la différence cosmique que l'on dit. Dans les deux cas, la réponse est oui.

Pour éviter des aéroports que l'on dit congestionnés par les nouvelles mesures de sécurité, mais peut-être aussi par méfiance du talib masqué, je cède aux sirènes de la publicité et j'emprunte Amtrak. Grave erreur.

Pourtant le train qui attend sur le quai ne semble pas antédiluvien. Mais sitôt sorti de la gare, il cherche son chemin à quinze kilomètres à l'heure comme un ver aveugle. Il faut quarante minutes pour sortir de Montréal. Détour par Saint-Hubert au pas d'un joggeur. Grand paysage de cabanons de jardin et de piscines enveloppées pour l'hiver. Il s'est écoulé une heure quand le train siffle pour annoncer Saint-Jean. Pas au Nouveau-Brunswick. Saint-Jean-sur-Richelieu. Parti à la même heure, le TGV serait rendu à Poitiers ou à Dijon.

Il y en aura encore pour près de dix heures. Si Via Rail nous semble le champion de l'archaïsme et de la lenteur, c'est que nous n'avions pas encore essayé le Montréal-New York. Mais trop tard. Quoique nous pourrions toujours descendre à la frontière, louer une voiture et arriver avant le train, ou retourner à Dorval prendre l'avion et gagner cinq bonnes heures! À la frontière, cinquante minutes d'arrêt dans une *no name station* avant que les douaniers américains, aimables comme des poignées de porte, daignent monter à bord, grogner leurs questions, ordonner aux passagers d'une origine autre que canadienne ou américaine de sortir leurs bagages sur le quai, ce qui aurait été impossible en avion!

Brinquebalant sur une voie cahoteuse qui rend l'odorante toilette difficile à cibler sans dommages collatéraux, dirait Donald Rumsfeld, le train *keeps moving* à la même vitesse que la diligence de Wells Fargo vers Dodge City. On attend le viaduc de troncs d'arbres qui va s'effondrer, l'attaque des Comanches et l'irruption de Charles Bronson. L'Océan Limitée qui me transportait chaque été dans Kamouraska chez mes grands-parents Ouellet ou qui des années plus tard, bourré d'immigrants, me conduisit vers mon premier job à Montréal allait quand même plus vite.

Paysage ou pas, lac Champlain ou Adirondacks ou Catskills, le train roule de préférence en tranchée, ou en forêt, traversant entre des tas de graviers et des cours de ferraille des *towns* fatiguées, accrochées à quelques grosses baraques victoriennes ou néoclassiques qui attendent toujours *This Old House.* C'est l'avantage du train que de faire visiter les villes par les arrière-cours.

Moyenne : 45 km/h. Ce doit être un record, à moins que le Maputo-Harare n'ait récemment subi quelque avarie. Mais j'ai eu la sagesse d'apporter de quoi lire, deux fois plutôt qu'une. D'abord *Nous avons tellement dansé* de Jean d'Ormesson, qui m'a beaucoup amusé. Je pensais écrire quelque chose sur ce roman qui se déroule dans un cimetière en une petite heure, mais où l'académicien virtuose trouve le moyen de nous faire traverser tout le siècle, le New York de Meyer Lanski, une guerre mondiale, les années Kennedy... Mais je ne veux pas faire le critique littéraire : René Homier-Roy m'interrogerait là-dessus.

Une blessure à la jambe qui me confirme que les métiers de la construction sont dangereux m'empêche de marcher beaucoup dans New York. Et les terrasses propices à la flânerie sont distantes dans cette colossale caisse enregistreuse. Mais je suis venu pour autre chose.

On n'a pas exagéré, c'est un autre orchestre que celui que connaît la salle Wilfrid-Pelletier. Les musiciens, d'ailleurs, se surpassent : une mauvaise critique dans la capitale nord-américaine de la musique serait lourde à porter. Martha Argerich, angoissée comme à l'habitude, s'emporte merveilleusement, comme à l'habitude. Chaque son se détache, au contraire de la pâte endormante des salles de la Place des Arts. On entend à la perfection même ceux qui chantonnent cinq ou six rangées plus loin. Ici et là, des visages de musiciens célèbres : à trois coudées, la tête afro du pianiste virtuose Evgenyi Kissine, qui dévore des yeux le clavier et les mains d'Argerich, aussi tendu qu'elle. Le public aussi est différent. Si près de la scène, il ne peut être qu'attentif. Et généreux en applaudissements. Que de vrais amateurs, ici, pas de billets « corporatifs ».

Dimanche matin. L'idée d'aller voir Ground Zero me rebutait. Voyeurisme, me semblait-il. Mais enfin, ce ne sera pas long et on n'en parlera plus. Inutile de se déranger : le quartier est fermé, on n'approche qu'à quelques encablures, de hautes palissades de bois gris empêchent d'aller plus loin et de voir quoi que ce soit. On sait que c'est par là… on pense même voir un peu de fumée, peut-être.

C'est le réaménagement temporaire qui est intéressant : sur toute la superficie de Lower Manhattan, ou davantage, les conduites temporaires d'électricité, de téléphone, d'eau, de gaz courent sur le sol dans des utilidors de contreplaqué. Comme dans les chantiers et les villages de la baie James. On dit qu'il y a 300 000 kilomètres de fils téléphoniques dans la rue. Trottoirs de bois surélevés : des rambardes protègent les marcheurs des entorses. Aux intersections, des passerelles permettent le passage des handicapés. Des lignes, des flèches, des signes étranges, des chiffres tracés à l'aérosol rouge ou jaune marquent le pavé : le plan complet des infrastructures est écrit dans la rue pour qu'on ne perde pas de temps à chercher quoi déterrer.

Toute cette partie de Manhattan est en rénovation : bureaux, boutiques, restaurants. Il faut imaginer le *mess* de septembre. Il faut aussi voir qu'on travaillera, dans quelques semaines, comme il y a quelques mois, mais dans du tout neuf.

Pour le retour, j'ai attrapé *The Collectors* de Jonathan Frentzen, le roman *in* de la saison, paraît-il, caricature féroce de la vie des classes moyennes avec professeur, élèves, vieux gâteux, une granole. Au troisième chapitre j'arrête : ça fera une série télévisée ou un film.

À l'aller, on passait du presque novembre avec ses arbres dépouillés, l'herbe jaunie, à tous les gris de l'automne jusqu'aux platanes encore verts de New York, en passant par tous les états d'octobre. Un voyage à rebours du temps, en remontant vers l'été. Dans le sens New York-Montréal, le temps reprend son cours normal et on voit les collines de la longue vallée de l'Hudson glisser de l'été vers l'hiver. En dix heures seulement. C'est long.

NOVEMBRE

Jeudi 1er novembre

Une amie journaliste qui rentre de reportage m'envoie un courriel : « Quel magazine de Montréal serait intéressé par un article sur une semaine de vélo et d'eaux thérapeutiques à Baden-Baden, une autre autour des lacs de Côme et de Garde et à Venise. Merveilleux : même le dollar canadien permet d'y vivre fort bien pour environ cent dollars par jour. Et surtout, quel soulagement de ne pas être bombardé à longueur de journée de nouvelles sur le terrorisme et la guerre. »

L'Europe vaque joyeusement à ses petites affaires...

Ici, il est difficile d'échapper au climat de guerre. Pas la psychose, comme se plaisent à dire quelques angoissés. Le climat, tout simplement. Depuis deux mois, les journaux consacrent quatre ou cinq pages à Al Qaida tous les jours, et généralement la manchette. Le week-end, jusqu'à une vingtaine de pages. *La Presse* a affecté plus de journalistes au Moyen-Orient qu'à une campagne électorale. Et des signatures vedettes : Gruda, Ouimet, Foglia pour ne citer que ceux-là, sans compter ceux qui couvrent la question de Paris, Washington, Londres et Montréal, plus les dépêches d'agences.

Malgré tout, on n'en sait pas plus long sur les dessous de l'affaire, la conduite de la guerre, ben Laden. On a surtout droit aux états d'âme des mômes, des mendiants, des marchands de tapis, des réfugiés. Et des journalistes étrangers, les reporters se résignant, devant le vide, à s'interviewer les uns les autres.

Aux pacifistes qui lui demandent si les forces armées américaines ont demandé sa permission pour utiliser des bombes à fragmentation, Jean Chrétien répond qu'il faut laisser ces questions aux généraux. Tout comme le général Wesley Clark, qui dénonce le mot de Clemenceau pour qui la guerre était une affaire trop grave pour être laissée aux militaires. Que Chrétien laisse la guerre aux généraux et aux politiciens de Washington et de Londres en inquiète certains ; d'autres sont rassurés.

Pour aujourd'hui, la participation du Canada consiste à communiquer au FBI des renseignements qui permettent à l'attorney general de mettre les États-Unis en état d'alerte maximale, les terroristes devant frapper cette semaine.

On imagine que, n'étant pas ou plus en état de monter des coups meurtriers comme celui du 11 septembre, les terroristes s'amusent à tenir tout le monde sur les dents par de fausses alertes. Qui auront aussi l'avantage d'user à la longue la méfiance. Qui a intérêt à faire couler de l'information sur un attentat imminent ? Le terroriste qui a reçu l'ordre de mission d'aller se suicider sur une centrale nucléaire ou dans le métro et qui a peur de mourir ?

Le général Lebed, ex-candidat à la présidence de la Russie, dit qu'une quarantaine de bombes nucléaires portables ont disparu de l'arsenal russe. Loin au sud, les fondamentalistes et les pachtounes rêvent de mettre la main sur le Pakistan qui dispose d'une vingtaine de bombes atomiques. Est-ce que cela ne mérite pas un petit bombardement quotidien sur les camps des salafistes ?

Samedi 3 novembre

C'était ce matin l'ouverture de la chasse au chevreuil. Depuis septembre, des types parcourent les petits chemins, jumelles vissées aux yeux, et scrutent les bordures des champs et des bois, caméra vidéo à portée de la main. Ils font l'inventaire précis de la population de cerfs du canton : nombre, sexe, bois, habitudes. Pas un talib n'est aussi bien armé. Un cousin qui chasse sur mes terres ouvre précautionneusement comme un précieux reliquaire un boîtier digne de recevoir un stradivarius. Il s'agit d'une carabine Browning Elite, calibre 30-06. Crosse de noyer laminé, joli paysage buriné sur le bel acier bleu de la boîte de culasse. Artistes, les armuriers sont aussi férus d'arithmétique : la balle, longue de 3 cm, est précise à mille verges parcourues à 3100 pi/s. À 2930 livres/pied, l'animal est frappé comme par une voiture. Une bombe intelligente avec ça ?

Je vais reconduire mon neveu Bernard et son fils à la plantation, où le chevreuil abonde, attiré et apaisé par la présence de quelques centaines de gros cerfs d'élevage dans le champ voisin. Résultat, mon bois est le rendez-vous de chasseurs qui viennent déposer des pommes le long des hautes clôtures du camp de concentration d'à côté. Pommes, foin, sel, sirop d'érable. Perchés dans un arbre, ils attendent les affamés de sucre ou d'accouplement ; le cerf, qui n'a pas de prédateur aérien, ne regarde que devant, derrière et sur les côtés. Et l'odeur lui passe au-dessus de la tête.

À cinq heures du matin, des écharpes de brouillard traînent dans les terres basses et les creux des cours d'eau, m'obligeant à rouler parfois au pas d'un cheval. Nous arrivons à la pinède juste avant l'aube, sous une pleine lune d'un blanc glacial. En moins d'une demi-heure, la lumière rare de l'aurore se mêle à celle de la lune, créant un effet étrange : la pleine nuit à l'ouest, le début du jour à l'est. Les chasseurs installés derrière leurs paravents de jute, je rentre à la maison.

Un nuage de centaines de canards tournent en formation serrée au-dessus de l'étang, sans se poser, en une sorte de cérémonie que nous ne comprendrons jamais. Puis arrivent les bernaches, en plus grand nombre encore — et je préférerai toujours leur vieille identité d'outardes, même usurpée et scientifiquement erronée. Pourquoi les canards, qui se hâtent vers nulle part dans un sourd bruissement d'ailes, volent-ils en silence alors que les outardes cacardent sans cesse en vol? Depuis plus d'un mois, elles déferlent du matin au soir par vagues d'assaut de vingt à deux cents, descendent dans les champs de maïs que l'on vient de couper et les prairies retournées, occupent les étangs dont elles changent d'un soir à l'autre. Cela durera encore jusqu'à Noël, avec ici et là des journées de ciel vide. Voyagent-elles en tribus, en voisines? La date de départ de chaque clan est-elle celle de leurs ancêtres? Ou dépend-elle du hasard?

Ducks Unlimited a bien fait son travail : tout le pays est une basse-cour. Pas un étang, une mare sans ses squatteurs, colverts, noirs ou branchus. Les outardes se multiplient aussi bien toutes seules et même davantage. Là où leurs fientes grasses font enrager les golfeurs et les campeurs, elles font l'objet d'une éradication systématique.

Mais dans la région, où on a le culte du cerf, signe de la virilité de celui qui l'arbore sur sa camionnette, on chasse peu ces oiseaux. Sport difficile et réglementation complexe tricotée par des administrations où pullulent sans doute les âmes hostiles à la chasse et les biologistes jaloux de leurs troupeaux, qui se plaisent à rendre cette activité de plus en plus compliquée et fastidieuse : permis de chasse bien sûr, mais aussi permis d'achat d'arme, enregistrement, cours, règlements changeant chaque année — des pages et des pages dans Internet —, zones, dates… Il est interdit d'approcher la bernache, il faut la laisser s'approcher elle-même : défense de draguer. Le nombre de chasseurs diminue donc pendant que redouble le gibier. Dans les régions où la chasse est la seule activité économique, les pouvoirs publics, qui n'en sont pas à une contradiction près, dépensent pour encourager la pratique de ce sport chez les jeunes. C'est la chasse… aux votes.

Personnellement je ne chasse pas, le marché Atwater me suffit, mais je n'ai pas non plus de sentiments sur la question, ni d'émoi à voir le gibier sur l'étal du boucher ou dans mon assiette. Je trouve les chasseurs amusants qui tentent de renouer avec une tradition paléontologique après le bureau ou l'usine, mais en même temps sont aussi loin de la nature qu'un *escherichia coli* dans une boîte de Petri. Et que les lois forcent à violer toutes les règles de l'approche : il est presque comique de les voir dépenser des fortunes en tenues de camouflage pour ensuite s'affubler de vestes orangées fluorescentes visibles à des kilomètres. C'est aussi la saison où il vaut mieux rester à la maison que de se promener dans la belle forêt d'automne, même la sienne.

Dimanche 4 novembre

Pour mettre les événements de l'automne et l'action des terroristes en perspective, il faut lire tout ce que l'on peut trouver sur l'islam, son histoire, sa philosophie. Réfléchir sur les différences avec les deux autres religions du monothéisme et du livre. Sur ce qui tient de la foi et ce qui découle des cultures locales et de la politique.

Pourquoi le monde musulman semble-t-il être imperméable à la modernité ? Sur quoi a-t-il trébuché à la fin du Moyen Âge ? Pourquoi, des deux grands ensembles culturels qui évoluaient parallèlement à des niveaux à peu près comparables, la chrétienté et l'islam, ce dernier s'est-il arrêté dans le temps alors que son rival poursuivait et accélérait prodigieusement son évolution ? Pourquoi cette culture de la conquête et du commerce s'est-elle soudain refermée sur elle-même ? Pourquoi génère-t-elle aujourd'hui tant d'enragés ? Il y a quand même un moment que le catholicisme s'est libéré des Simon de Montfort et Torquemada ? Comment cette culture de la rébellion contre les tyrannies et les hiérarchies est-elle devenue un conservatoire de pratiques archaïques, d'inégalités monstrueuses, de cruauté et d'ignorance ?

Devenue ou restée ?

Un mythe à la mode veut que le monde islamique ait été, du IXe au XVe siècle, une civilisation plus avancée par son architecture, sa musique, ses écrivains, ses philosophes, ses mœurs, que l'Occident barbare et informe, stagnant dans l'obscurantisme. Réalité ou projection d'historiens et d'anthropologues soucieux d'embellir le sujet de leurs études ? Effet pervers du relativisme qui infecte les sciences sociales comme un écho ridicule de la relativité einsteinienne dans l'univers mathématique et qui sert surtout à dénigrer l'Occident et les sociétés avancées ? Le mythe découle de celui selon lequel le Moyen Âge a été une Grande Noirceur. En fait, à l'apogée de la civilisation arabe à Bagdad ou Grenade ou Samarcande, et plus tard de la civilisation ottomane à Istanbul, l'Occident vivait lui aussi un développement technique, matériel, philosophique et culturel extraordinaire : les cathédrales se multipliaient, pas moins impressionnantes que les plus grandes mosquées, les universités naissaient à Paris, Oxford, Bologne, la littérature apparaissait avec les romans de chevalerie et les lais, engendrant l'amour courtois. Où que l'on se situe par rapport à la religion, les Théodore de Barcelone, Bernard de Clairvaux, Thomas d'Aquin et autres Duns Scot n'ont rien à envier aux auteurs arabes. Ibn Khaldoun a raconté la géographie du monde d'alors ? Marco Polo l'a fait aussi. Les historiens de la culture parlent du XIIe siècle comme d'une première Renaissance.

Cette montée en puissance, en richesse et en savoir n'a pas été arrêtée même par les Croisades, par les rivalités entre la papauté et le Saint Empire, l'Angleterre et la France, même pas par la peste noire. Le monde chrétien s'est frotté au monde musulman par la guerre davantage que par les échanges, mais lui doit-il autant qu'on se plaît à le dire ?

Le premier ministre italien Silvio Berlusconi, à qui ses collègues du Conseil de l'Europe ont suggéré de fermer sa grande gueule, n'était évidemment pas le candidat idéal pour défendre les valeurs de l'Occident, mais il ne faisait qu'exprimer ce que tout le monde peut voir. L'Occident a poursuivi son développement, pour le meilleur et pour le pire, le monde musulman, quelque part, s'est figé en arrêt sur image.

Pourquoi aucun pays musulman n'est-il devenu une démocratie ? Pourquoi les tyrans y pullulent-ils ? Pourquoi la science et la technique ne s'y sont-elles pas développées? Pourquoi la presque totalité de ce qui peut y être considéré comme moderne est-elle d'importation? Qu'est-ce qui a enlisé l'Islamie? Ce ne sont ni les Croisades, ni les Mongols, ni les Turcs. Il ne peut s'agir que de quelque chose d'inhérent, d'interne à l'islam. Tous ces pays dénoncent le colonialisme — ou, dans le jargon courant, l'impérialisme. Mais l'Islam a été un premier colonialisme, l'un des plus conquérants, des plus étendus et des plus poussés. Car l'empire créé par l'Arabie n'a pas été que militaire, commercial et géographique. Un tout petit peuple, une tribu, a étendu sa culture à la moitié de l'univers, d'abord par l'épée, puis par un message révolutionnaire, lavant les cerveaux des croyances existantes, détournant des peuples entiers de leurs coutumes originelles, fermant l'avenir à toute autre influence. Il faudra attendre la découverte de l'Amérique par les Espagnols pour assister à une telle destruction culturelle.

L'Islam « déculture ». Que sont devenues les civilisations qu'il a conquises? Toute conquête détruit, mais celle de l'islam recouvre plus que toute autre les cultures et leur passé. La chrétienté se souvient de son passé, de l'en-ce-temps-là, de ses origines grecques et judaïques.

L'Islam, pourtant bien plus jeune, dernière des religions à se vouloir l'An I du monde, en vise la conquête et la domination. L'Islam ne demande pas que l'obéissance, il réclame la capitulation et l'oubli. La vie entière doit être conforme à la foi, totalement imprégnée. Il ne s'agit pas de dogmes, mais d'une pratique. La prière n'est pas intérieure. Les us et convictions ne sont pas personnels. C'est une religion du collectivisme qui préfigure le totalitarisme. À moins que le totalitarisme ne soit une rémanence archaïque. Il est absurde de croire qu'en combattant les Oussama ben Laden et autres terroristes, on ne lutte pas contre l'islam mais seulement contre l'intégrisme. L'intégrisme est la philosophie même de l'islam, qui ne distingue pas entre le religieux et le profane, entre le religieux et le civil. Tout croyant est un soldat. Que l'on soit chrétien ou animiste, on est un infidèle.

Respect de l'islam? Oui. Notre époque, qui se pense enfin libérée des religions, les respecte toutes dans la mesure où les convictions et la démarche y restent personnelles, à l'intérieur des limites de l'espace individuel. Mais qu'est-ce que l'islam respecte? Bernard Lewis, spécialiste des questions arabes et de l'islam, attribue dans *What Went Wrong* le Grand Retard de la planète Mahomet à la confusion qu'on y entretient depuis sept cents ans entre modernisation et occidentalisation et au refus d'accepter quoi que ce soit des Infidèles.

Mais l'explication me semble plutôt se trouver dans un chapitre sur la nature révolutionnaire et égalitariste de l'islam, qui explique la fulgurante marche du petit peuple jailli du désert d'Arabie pour couvrir le monde, comme Attila deux cents ans plus tôt ou Gengis Khan cinq siècles plus tard. Empruntant au judaïsme l'idée d'un Dieu unique, Mahomet arrache les masses aux terreurs des imprévisibles et cruelles divinités du polythéisme. On ne peut peut-être pas parler à ce Dieu, comme le font les chrétiens, mais il est juste, et les lois et obligations sont claires. Mahomet rejette aussi toutes les hiérarchies et déclare l'égalité de tous les croyants, quelle que soit leur couleur ou leur origine. Les ulémas sont des sages, des guides, pas des prêtres. C'est la sainteté qui fait les chefs. La notion est révolutionnaire et le décor est planté pour la chute des rois, de l'Égypte jusqu'à l'Espagne. L'adhésion et la mobilisation des populations locales expliquent le déferlement rapide de l'islam.

Mais cet égalitarisme porte en lui-même ses limites. L'abdication de l'individualité appauvrit la société. Les millions d'explorations individuelles promettent plus que les seuls préceptes d'un illuminé qui parvient à communiquer son mal de l'âme non pas tellement par la seule qualité de sa pensée qu'à cause de circonstances historiques particulières.

L'Occident laïque reste chrétien, né du judaïsme, de la Grèce ancienne, de la Rome impériale, de deux mille ans de christianisme. Mais à force de recul, de réflexion, peut-être de par sa nature profonde, il sait quand il se perd dans ses dérives totalitaires, il s'en trouve coupable, il se remet sans cesse en question.

L'Occident conquérant et criminel a inventé la confession et l'autocritique. L'islam n'en est pas encore là.

En Occident, nous n'avons qu'une vie, et limitée, et nous voulons tout organiser en fonction de cette réalité abominable. Qu'elle soit belle et heureuse. Nous n'avons rien à foutre de la gloire ou de l'approbation du Grand Mec et de ses promesses en l'air. Le ciel sera sur terre, il reste à l'aménager, de quoi trimer encore longtemps. Pas l'islam : dans cet impérialisme absolu, le ciel est encore peuplé de houris qui attendent le croyant. Et qui y attend les femmes ? Y a-t-il une différence entre les houris, les soixante-douze vierges que le Vieux de la Montagne et OBL promettent aux martyrs, et les chasses éternelles des animistes ? Entre le Dieu-est-partout et le tout-est-Dieu de l'animisme ?

Comme les empires et les idéologies, les religions ont elles aussi leurs limites. L'islam va trouver les siennes, tôt ou tard. Il a six cents ans de moins que le christianisme, le même sort l'attend. Il sera lui aussi un souvenir, une influence. Les pays libérés reprendront leur chemin.

Lundi 5 novembre

Mon portable sonne. Je viens de monter sur le toit, pour terminer le calfeutrage d'une nouvelle fenêtre. « Le premier ministre voudrait vous parler. Serez-vous là après le lunch ? » Quel heureux hasard ! En effet, la réception est plus que quelconque dans la région et au sol mon appareil n'aurait pas capté le signal. Je donne le numéro du téléphone de la maison. Et après le repas j'évite de remonter là-haut.

« Ta lettre était extrêmement convaincante. Je me demande pourquoi personne n'y a pensé avant. J'ai donné des instructions précises pour qu'on ne procède pas sans avoir étudié à fond la possibilité d'utiliser l'autoroute Ville-Marie pour loger le nouvel hôpital et pour qu'il ne se prenne aucune mesure irréversible. »

Tout a commencé le 9 octobre au concert. Bernard Landry y assistait, avec quelques membres de son cabinet. La réception qui suit n'est pas le lieu pour accrocher le premier ministre par les basques : aussi je lui demande simplement comment s'assurer qu'une lettre passera le barrage des secrétaires et des adjoints dont un homme politique a besoin pour sa protection. Il me glisse son adresse personnelle de Verchères.

C'est qu'une idée me turlupine depuis longtemps. Pourquoi chercher et acheter à grands frais un emplacement pour parachuter le futur hôpital universitaire quand on pourrait faire d'une pierre deux coups et refermer la plaie béante qui déchire et défigure la ville depuis la construction de l'autoroute Ville-Marie, il y a trente ans ? Construire le grand centre hospitalier au-dessus de l'autoroute. J'ai déjà jeté l'idée sur papier, avec quelques autres arguments qui me semblent valables : l'endroit est de propriété publique, facilement accessible de partout, à proximité d'autres hôpitaux et des grandes institutions. Et on éviterait ainsi de vider d'une intense activité professionnelle le cœur de Montréal, qui mettra sans doute une génération à s'en remettre. Quelques jours plus tard, j'envoie une lettre d'une page qui résume ce que j'avais préparé en prévision d'un futur Forum de *La Presse*.

Entre la rencontre inattendue avec le premier ministre et le coup de fil d'aujourd'hui, l'article est paru (*La Presse*, 1ᵉʳ novembre). Il devait prendre la forme d'une lettre au premier ministre ; mais après lui avoir expédié une vraie lettre, je ne pouvais plus décemment utiliser la formule et j'ai remanié le tout.

L'effet dévastateur de la fermeture de trois hôpitaux universitaires sur le tissu urbain préoccupe Bernard Landry au plus haut point. Il trouve également aberrant que l'on bâtisse deux hôpitaux, l'un de langue française, l'autre de langue anglaise, au coût de quatre milliards de dollars, dans une ville modeste comme Montréal.

Sa réaction me flatte. Mais je ne suis pas naïf, si sincère qu'il soit (et il l'est certainement car il est intelligent et le projet de chasser au diable vauvert le centre de gravité de la vie médicale, qui joue un rôle économique important à Montréal, «industrie» de pointe et du savoir s'il en est une, n'a rien d'intelligent).

Mais en matière de santé, de Marc-Yvan Côté à Jean Rochon et Rémy Trudel, a-t-on vu autre chose depuis vingt ans que de l'improvisation, de la confusion et de l'arbitraire? Il est probable que des intérêts considérables se sont mis en place dès l'annonce du choix de l'emplacement, et même avant. Ingénieurs, spéculateurs fonciers, médecins, entreprises de service. Il y a une dizaine d'années, un premier comité consultatif qui proposait un autre emplacement pour cet hôpital ne comptait-il pas parmi ses membres un vice-président de la firme qui possédait le terrain? Si je dirigeais encore un journal, j'enverrais un recherchiste faire le relevé des transactions immobilières survenues depuis deux ou trois ans autour du lieu choisi.

Je ne m'attends vraiment pas à ce que l'autoroute Ville-Marie disparaisse sous les constructions de mon vivant! Mais la démarche du premier ministre est fort gentille.

Vendredi 9 novembre

Une recherchiste de la télévision m'appelle pour me demander ce que je pense de la pratique qui consiste à «normaliser» les notes des élèves. Comme s'il s'agissait d'une affaire d'opinion.

En effet, quand plus de la moitié des élèves du secondaire ou des collèges ne parviennent pas à réussir un examen de français pourtant simpliste, ce n'est pas un reflet des lacunes de l'enseignement, semble-t-on croire en haut lieu, mais une simple conséquence de la difficulté de l'examen ou un effet de l'air du temps. On relève la moyenne générale, c'est la normalisation. La méthode peut servir à d'autres matières et même au résultat général de fin d'année. Car le ministère de l'Éducation ne fait pas d'erreurs! Comme Dieu, il ne joue pas aux dés. Il est. Et ce qui est est. Quels que soient les problèmes, quelque catastrophe que l'on constate, il a la ligne juste. Son bilan est globalement positif. Il suffit de normaliser. Y a-t-il d'autres pays où rendre un enfant a-normal s'appelle le normaliser ?

C'est que le ministre n'aime pas affronter l'ire des parents, ni les palmarès des écoles. Et surtout, s'il fallait que la moitié des élèves redoublent leur classe ou fassent quelques mois de rattrapage, combien de centaines de millions faudrait-il ajouter au budget de l'Éducation ?

Autrefois, cela se disait « passer par charité ». La charité démocratisée et universelle d'aujourd'hui signifie que, parmi les détenteurs du certificat d'études secondaires ou d'un diplôme de cégep, il y a d'une part ceux qui ont vraiment réussi, et d'autre part les normalisés. Autrement dit, il y a, dans la foule des jeunes candidats à l'université ou à l'emploi, deux sortes de diplômes : les diplômes standard et les diplômes « lite ». On devrait l'indiquer sur le parchemin, de façon à ce que les employeurs ou les universités sachent bien qui on leur envoie. Pour les enfants, ce gros cadeau égalitariste signifie qu'on remet la découverte de leurs insuffisances à leur première année d'université ou à leur premier emploi, quand il sera trop tard pour y remédier.

En arithmétique, en sciences, en anglais parlé, ils pourront toujours se reprendre. Ce n'est pas le cas de leur langue maternelle. D'ailleurs, même l'école pourrait-elle quelque chose pour ces enfants qui grandissent dans des centaines de milliers de foyers sans livres, sous la férule d'enseignants dont beaucoup n'ont aucune vie culturelle ?

Le français n'est pas enseigné, ou très mal ? Les enseignants font des fautes de grammaire et d'orthographe monstrueuses ? Peu importe, il faut se faire aimer du peuple. On ne reprend pas le peuple et encore moins ses enfants. Les gens parlent mal le français ? Ils le confessent, et faute avouée...

On n'attendait pas grand-chose des États généraux du français sur la question. Le rapport se contente de généralités. Il faut améliorer la qualité du français. Comment mettre en cause la responsabilité des enseignants, de leurs syndicats, des conventions collectives quand on a dirigé pendant des années toute cette smala ?

Dimanche 11 novembre

Vladimir Poutine, président de ce qui reste de toutes les Russies, visite celui des États-Unis à son ranch de Crawford, au Texas. À moins que je ne me trompe, c'est la première fois depuis Khrouchtchev et Johnson, il y a près de quarante ans, que les leaders des deux pays se réunissent autour d'un barbecue de mesquite.

Les anciens rivaux de la guerre froide sont tout sourires. Ils signent des accords sur la réduction de l'arsenal nucléaire, ce que les gauches réunies réclament depuis 1960. On n'en gardera que le quart environ, soit une réduction de sept mille à deux mille ogives. Bush s'en tient à son projet de parapluie antimissile ; Poutine n'est pas d'accord mais ne proteste pas.

Tout baigne, c'est le cas de le dire, puisqu'il est certainement question de pétrole autant que de l'Afghanistan. Depuis deux mois, Poutine a carrément aligné la Russie derrière l'action américaine contre Al Qaida. Il a facilité le transport et le déploiement de forces américaines et britanniques dans les « stans » de l'ex-empire soviétique, ce qui aurait été difficile sinon impossible sans l'aval du Kremlin. L'opération semble tout profit pour la Russie, qui craint l'infection fondamentaliste non seulement dans son hinterland, mais à la maison. Un Russe sur sept est musulman, et les intégristes ont commis de nombreux attentats à Moscou.

Les réserves de pétrole de la Russie, qui exporte déjà presque autant que l'Arabie Saoudite, sont colossales et figurent sans doute dans la planification de Washington, qui peut ainsi faire pression sur les hypocrites et les faux frères de Riyad qui financent le terrorisme salafiste et pourraient être renversés demain. Pour la Russie, les recettes du pétrole sont le moteur d'une expansion économique déjà bien engagée.

Mais surtout, Poutine fait-il réaliser par les Américains l'opération que ses prédécesseurs n'ont pu réussir de 1984 à 1991, le contrôle, enfin, après trois cents ans d'efforts, de ce « cœur de l'Asie », dans un « Grand Jeu » auquel ont participé les tsars, la Chine, l'Angleterre, l'Allemagne même ? Les Américains ont des moyens bien supérieurs, ce qui est devenu évident aujourd'hui, une stratégie différente, l'appui massif de leur population, mais il est clair qu'une fois la paix revenue et le Pakistan sous haute surveillance, tôt ou tard l'Afghanistan ou les particules d'États qu'on y découpera seront dans l'orbite de la Russie, la puissance la plus proche. Aucun autre État n'est en situation d'exercer son influence là-bas, ni la Chine, ni l'Inde, ni le Pakistan affaibli, ni même les USA, plus éloignés encore psychologiquement que géographiquement.

La guerre de Bush, la victoire de Poutine...

Mais la nouvelle énorme de la réduction bilatérale des armes nucléaires ne semble pas intéresser les journalistes : ils n'y consacrent que deux colonnes en page 11. Il est vrai que les États-Unis sont une contrée si lointaine... Si Bush avait décidé de tripler le nombre de ses missiles, on en aurait sûrement fait d'énormes manchettes. Mais pour l'Américain, texan de surcroît, pétrolier et républicain, c'est le délit de faciès. On n'aime Bush que bête et méchant.

Mardi 13 novembre

Umma. C'est le nom que se donne la communauté universelle des musulmans. *Umma*. Un murmure religieux. Comme dans *Um mani padme hum*, dans *Rama rama*. Comme *Amen*... *In nomine*...

Intrigant, que ce son « m » soit dans tant d'invocations. Un son enveloppant, rassurant. Maternel. *Menoummenoum*...

Le refuge, le giron que sont toutes les religions. La matrice, l'utérus où veulent retourner tous les traumatisés de l'éjection dans le monde froid et dur de la vie. La litanie est initiatique et hypnotique.

Le vocabulaire religieux n'est pas innocent. On obéit au Père, mais la religion est partout la Mère. On est « au sein » de l'église, ou en dehors. Toutes les sociétés ont été, à l'origine, des sociétés fermées, des « *in-groups* » pour causer sociologue, « *outer-directed* » selon l'expression de David Riesman, des clans où la pensée de l'individu reflète celle du groupe. Toutes les sociétés sont des « nous » exclusifs, et le nom de la plupart d'entre elles signifie : *les hommes,* et donc que l'étranger est d'une autre espèce. Mais de tous les « nous », le nous religieux est le pire, le plus intransigeant, le plus cruel, et a été le plus dévastateur. *Umma.* La communauté des choisis. Des élus. L'Autre est donc rejeté de là-haut. Le nous religieux renforce la haine tribale par l'autorité divine.

Au contraire de la tribu, dont on est de naissance ou dont on ne sera jamais, on peut entrer en *umma,* en la Mère. Mais il faut capituler, se réanéantir, redevenir embryon, gastrula, blastula, morula, gamète, donc missionnaire voué à la transmission intégrale de l'ADN collectif. Il faut des siècles d'histoire, d'invasions, d'apports extérieurs pour former une société ouverte, une société d'individus « *inner-directed* », et encore. L'invasion, la colonisation, les influences extérieures semblent des conditions de l'évolution et de la modernité.

Il faut aux religions des siècles, des millénaires et des défaites historiques, et la pire défaite de toutes, la désaffection de leurs fidèles, pour qu'elles cessent d'exclure du respect le reste de l'humanité, les incroyants, les infidèles, et qu'elles reconnaissent avoir envers eux quelque responsabilité, quelque devoir autre que de les convertir, de force s'il le faut. La chrétienté en est là, mais est-ce bien sa faute ? Jean-François Revel écrit que ne sont tolérantes que les religions en voie d'extinction.

Jeudi 15 novembre

Le regret d'été dont nous jouissions depuis qu'octobre s'est envolé avec les dernières feuilles (c'était l'été attikamek, sans doute) a brusquement suspendu ses opérations. À 3 heures 33 très exactement, un nuage d'étain a lancé sur le pays une avant-garde de bruine glacée. Juste à temps pour éteindre les brasiers où je faisais disparaître quelques souches encombrantes.

J'aime la pluie. Je laisse mon feu se noyer lentement pour errer au hasard d'un bruit ou d'un mouvement entre les grands arbres, sur une mousse d'un vert pacifique constellée de très petits champignons mauves. Le corbeau du lieu proteste comme à son habitude ; depuis vingt-cinq ans, c'est peut-être le même puisque ces oiseaux vivent longtemps. Un grand sapin s'est jeté par terre, juste en travers du chemin, une autre habitude. Le bronze frais des mélèzes découpe un relief lumineux sur le vert sombre des épinettes. Un voile de brouillard se répand dans cette splendeur mouillée.

L'obscurité venue, je m'assure que mon feu est bien mort et, trempé, je rentre…

Vendredi 16 novembre

À Kaboul, on rase gratis. Plus un talib en vue. Tous évaporés. Ou rasés, ce qui signifie que c'est la barbe qui fait le talib. Ailleurs, pour se déguiser on se colle une barbe, à Kaboul on l'enlève.

Et on entend de nouveau de la musique à la radio et dans la rue. Il est permis de s'amuser avec un cerf-volant. L'annonce de ces changements a frappé les imaginations puisque tous les journaux les jouent à la une. Pour tout dire, on a entendu des voix de femmes à la radio !

Nos idiots utiles n'en continuent pas moins de se demander si la force d'intervention américaine et leurs janissaires de l'Alliance du Nord respecteront les droits des persécuteurs. Ils persistent à penser que c'est ici que l'on viole les droits des gens et à dénoncer la violence du néolibéralisme. Ainsi, Lorraine Pagé, de mémoire de CEQ, déplore que le climat actuel (lire les bombardements américains) encourage la violence envers les femmes. Prononcez toujours « faite aux femmes », comme dans Claudel. Ces gens-là sont aussi utiles qu'une poêle à frire à un poisson.

Stanstead et ses alentours ont plus de cimetières que de villages et de stèles que d'habitants. Parfois un simple enclos au milieu des champs de maïs ou de luzerne selon l'année, vestige d'un chemin disparu sous le labour ou d'un hameau abandonné par des familles dont les descendants vivent aujourd'hui à Toronto, Calgary, Vancouver, Los Angeles, Sidney. N'importe où à l'ouest… Tels sont les Cantons-de-l'Est. L'un des plus grands de ces cimetières borde le lac Crystal, une petite pièce d'eau large de 500 mètres, à un jet de pierre de la frontière canado-américaine. Il est divisé en quartiers : catholiques français et anglais, anglican et de l'Église unie.

Hier, le lac était noir d'oies, on aurait pu le traverser sur leur dos. Les oies blanches se tiennent sur la pelouse de l'unique riverain, attirées par on ne sait quelle friandise ; les bernaches se laissent flotter à quelque distance de la rive, à l'abri des renards et des chiens. Ce matin, il n'en reste pas une seule. Le caquetage qui montait de l'eau dans le silence des cèdres, les plus silencieux des arbres, est fini.

L'an dernier, elles étaient restées jusqu'à la glace, au dernier jour de décembre. C'est le mystère de cette innombrable basse-cour transhumante d'avoir des habitudes irrégulières. Parfois elles arrivent au début de septembre et on se demande s'il fait déjà froid à Whamagoopstui (c'est de l'outardais) ou si elles ont déjà épuisé leurs pâtures. L'année suivante, elles se font parfois attendre jusqu'à la première gelée. Une année elles colonisent le champ fraîchement labouré du voisin, l'année suivante il n'y a personne. Elles couchent un soir en face de la maison, le lendemain de l'autre côté de la colline. Quelquefois il en passe des nuées comptant des milliers d'oiseaux, d'autres fois elles vont en petites escadrilles d'une ou deux douzaines. Pour sûr, elles n'ont pas de religion. Trop méfiantes. Ainsi, un étang proche où elles avaient l'habitude de s'arrêter est vide depuis deux ans, le propriétaire y ayant installé une éolienne pour maintenir le niveau de l'eau. Don Quichotte, lui, aurait foncé.

Les nouvelles mesures contre le terrorisme seront adoptées sans modifications, tranche Jean Chrétien. Pourtant, il en fait trop. Si Stockwell Day et l'Alliance proposaient un projet de loi comme le projet C-36, les libéraux crieraient au totalitarisme, invoqueraient la tradition centenaire du libéralisme, monteraient au créneau pour défendre la démocratie, les droits et les libertés.

Mais on comprend que les citoyens n'élisent pas l'Alliance. Ils ont Jean Chrétien. Le premier ministre va-t-il vraiment imposer au Parlement et au pays ce projet d'extrême droite ? Ou est-ce une opération tactique : proposer le maximum de mesures inacceptables pour conserver une marge de manœuvre, puis laisser s'effilocher les articles les moins acceptables ? Les débats dureront-ils assez longtemps pour que l'opinion sorte de la transe hypnotique du 11 septembre et réagisse aux aspects extrêmes de cette loi-cadre ?

Il y a longtemps que nous avons relégué aux oubliettes les détentions préventives, sans mandat et sans accusation. Faut-il vraiment violer les droits de la défense en imposant à tout « témoin » — qu'est-ce qu'un « témoin » ? — l'obligation de répondre, sous peine sans doute de rester en prison jusqu'à rédhibition ? Un peu de torture avec ça ? Obliger les avocats de la défense à révéler tout ce qu'ils savent de l'activité de leurs clients, sous peine d'amendes pyramidales et de peines de prison abominables ? D'ailleurs, la police aura le droit de perquisitionner dans les cabinets et d'y saisir les documents. C'est le système chinois, où l'avocat de la défense doit participer à la juste punition de l'accusé.

Parions que les avocats sérieux ne vont désormais pas se précipiter pour défendre ces gens-là ! Évidemment, les accusés ne seront pas privés de défenseurs : on leur en flanquera d'office de l'aide juridique, payés par le contribuable avec de l'argent honnêtement gagné. Et si le principe est bon pour les suspects de blanchiment d'argent, ne finira-t-on pas par l'appliquer aux gangs criminels, puis aux suspects de meurtre, de fraude, de viol? La lutte contre le terrorisme n'est pas affaire de législation, c'est le travail de la police. Qu'on ajoute du personnel aux frontières, aux aéroports, dans les avions, soit. Que les services dits secrets aient plus de moyens pour faire leur travail, encore. Mais l'équivalent de la Loi sur les mesures de guerre? Le musellement du Parlement? De tous les contrepoids, commissions parlementaires et tribunaux? Ensuite des journaux? Et pour combien de temps? Un an, deux ans, cinq ans? Jusqu'à ce que le dernier terroriste ait été arrêté et exposé au musée? Comme il y en a toujours eu et qu'il y en aura toujours, on risque que ces mesures d'exception deviennent des mesures permanentes.

La loi antiterroriste de Jean Chrétien réduira la liberté des tueurs, mais elle réduit en même temps celle des témoins, des avocats, des tribunaux, du Parlement, et celle d'un peuple tout entier. Elle comporte des clauses qui sapent la liberté d'information. Faut-il permettre aux ministres, par décret, d'interdire la diffusion de toute information qu'ils estiment préjudiciable à leur action? Le gouvernement Bush n'a pas été jusque-là. On abolit, à toutes fins utiles, la loi sur l'accès à l'information qui, si timide et impuissante qu'elle soit, et souvent contournée, embête les politiciens autoritaires comme Jean Chrétien.

Jamais on n'a osé en faire autant contre la mafia ou les Hell's Angels, qui ont pourtant tué bien plus de gens que les islamistes et qui corrompent la société, les politiciens les premiers, de façon continue.

Tout cela montre bien que le gouvernement n'a rien compris au vrai danger que représentent les ben Laden de ce monde : tirer tout l'équilibre politique de leur côté et, même dans la défaite et la mort, remporter la victoire en faisant reculer de cent ans les sociétés ouvertes qu'ils exècrent.

Le barreau, les associations de juristes s'opposent à ces mesures extrêmes. Tout comme les commissaires à l'information et à la vie privée, qui seront sans doute exposés à des pressions féroces. Certains députés du parti au pouvoir. Des sénateurs. Mais il semble que l'appareil législatif détourné de sa route légitime soit lancé contre l'édifice des libertés et que nul n'ait plus accès à la cabine de pilotage. Le projet change l'économie de notre régime de droit, et pour longtemps.

Toutes ces mesures seraient nécessaires, assure-t-on, pour combattre les armées de terroristes qui grouillent dans l'ombre. Pourtant, le millier de personnes repérées et arrêtées à ce jour aux États-Unis et au Canada l'ont été en vertu du système existant.

Et les mesures proposées n'auraient sans doute pas empêché les services d'immigration d'accueillir les faux réfugiés à la douzaine et de les inscrire à l'assistance sociale. Ou de refuser l'extradition de suspects de premier plan malgré les demandes répétées des autorités françaises ou américaines.

Ce sont de braves députés qui votent ces lois d'exception, en se bouchant le nez, assurent-ils, mais ce sont les flics qui les appliquent. On nous promet qu'ils en feront un usage judicieux, mais on ne peut oublier le passé. Ils ont volé des listes de membres des partis, planifié des attentats, incendié des granges. Les voilà soudain au-dessus de toute bavure? On préférerait qu'ils continuent à outrepasser les limites actuelles plutôt que de les abolir.

À circonstances exceptionnelles, répond le premier ministre, mesures exceptionnelles. Mais rime n'est pas raison. Et il tord le cou à l'opposition, clôt les débats d'autorité et, pour couronner le tout, renvoie le Parlement!

Souvent, les lois semblent inefficaces et on cherche des moyens radicaux pour réprimer la criminalité. Mais est-ce que cette attitude ne mène pas toujours aux abus, n'a pas toujours été renversée par la Cour suprême depuis la loi dite du cadenas? Cette approche juridique est-elle une caractéristique culturelle régionale? En effet, on ne peut s'empêcher de noter que le pays de Jean Chrétien est la porte à côté de chez Maurice Duplessis, sous le règne duquel il a grandi. Et que l'esprit des deux hommes se ressemble de plus en plus.

Il suffit d'une tragédie et de quelques semaines pour produire des lois qu'il faut ensuite des décennies pour abroger.

La Presse attend de moi un autre article pour la fin du mois. C'est une question qui mérite d'être fouillée et qui ferait un bon sujet.

Lundi 19 novembre

Une centaine de milliers de parents cherchent où fourrer leurs jeunes enfants, habituellement à l'école. Les enseignants de Montréal sont en grève. Illégale, bien sûr, puisqu'on la fait à l'encontre d'une ordonnance du conseil des services essentiels. Officiellement, le syndicat revendique l'équité salariale, un concept flou qui ne recouvre plus l'égalité de la rémunération entre les femmes et les hommes, mais entre métiers, sorti de nébuleuses évaluations sur lesquelles toutes les administrations, publiques ou privées, se cassent les dents. Un enseignant vaut-il autant qu'une infirmière, une infirmière qu'un policier, un policier qu'un médecin? *Ad infinitum,* sans qu'il soit tenu compte du besoin, de l'offre et de la demande. Autrement, on paierait bien autant un enseignant ou un médecin qu'un joueur de hockey.

Mais pourquoi à ce moment-ci, plutôt qu'en avril ou en septembre? Parce que le Parlement ne siège pas… Et parce que les derniers sondages révèlent un gouvernement affaibli, en perte de vitesse dans l'opinion. Les syndicats se tournent vite contre leur allié d'hier; le moment est idéal pour le faire chanter encore, peut-être pour la dernière fois. Car il faut savoir que la grande masse de manœuvre du Parti québécois lors des élections lui vient des centrales syndicales. Ce qui explique pourquoi les gouvernements n'osent pas renvoyer les syndicats à leur vrai rôle, la négociation des salaires et des conditions de travail, et les ont laissés usurper un rôle de partis politiques et participer à toutes les orientations de l'État sans jamais qu'ils aient de comptes à rendre aux électeurs. Cette forme d'action politique ne présente aucun risque. L'idéologie et l'intérêt se combinent pour constituer une sorte de pouvoir permanent qui transcende les partis et leur survit. Comme jadis l'Église… D'ailleurs, le nombre de leaders syndicaux qui émanent du clergé est étonnant : les prêtres ouvriers n'ont pas disparu.

La Fédération des travailleurs du Québec, la centrale qui a le mieux su jouer depuis cinquante ans de son appui au pouvoir, quel qu'il soit — Duplessis, libéraux, Parti québécois… — n'est pas en reste. Avec l'appui de Jean Rochon, le théoricien qui, ministre de la Santé, a anémié le système médical, elle se verra bientôt accorder le monopole syndical et les règles du secteur du bâtiment sur l'installation et l'entretien de toute la machinerie de l'industrie forestière et papetière, un secteur qui compterait toujours, semble-t-il, pour un emploi direct et indirect sur cinq au Québec. On se demande en remerciement de quels services rendus le gouvernement fait un tel cadeau à un groupe qui ne cesse de le faire chanter.

Ce matin, les enfants apprennent une bonne leçon : si on vous refuse quelque chose, prenez-le ! Si on refuse encore, menacez. Les enseignants se plaignent de l'indiscipline et de la violence, mais ont les classes qu'ils méritent. Ils ne sont pas tous d'accord, mais la terreur syndicale est un sacrement. La vraie question n'est pas de savoir si ces grèves contre des démunis et des sans-pouvoir, dans les hôpitaux, les transports en commun, les écoles, sont légales, mais si elles sont légitimes. Elles cesseront lorsqu'elles déclencheront la saisie des avoirs des associations fautives et la suspension de la perception automatique des cotisations par l'employeur.

Chose étonnante, la majorité des auditeurs qui ont répondu ce matin à l'appel de René Homier-Roy qui leur demandait leurs commentaires appuient les grévistes. Plus qu'étonnant. Suspect. Il n'y a rien de plus facile, en effet, pour une organisation qui compte des milliers de membres, comme un parti ou un syndicat, de noyauter ce genre d'émission.

Même jour. Le soir

La planète d'OBL se ratatine de plus en plus. Qu'il ait été vraiment le chef des fous d'Allah ou seulement leur icône médiatique, le petit royaume médiéval qu'il avait «hijacké» comme un simple avion s'était d'un coup, le 11 septembre, étendu aux dimensions de la planète. Il se pensait l'égal de l'Occident entier, qu'il voyait déjà à genoux. Vomi ensuite par tous, le voilà en quelques jours ramené de la scène mondiale dans sa province, exposé dans sa faiblesse dérisoire malgré l'horreur d'un jour. Ce matin, on assure que son réduit de 20 kilomètres carrés n'est guère plus grand que le ranch de Bush. Un douar. Il sera bientôt un homme des cavernes, mais empêché par Mahomet d'y tracer quelque image rupestre. L'illuminé se prenait pour Tamerlan, il n'est qu'une hyène traquée.

Journalistes et «analystes», politiciens par procuration, débattent déjà du procès et s'indignent de l'intention de Bush de le traduire devant des tribunaux militaires. Ne nous avaient-ils pas prévenus : ce président est un suppôt de l'extrême droite, un valet du pétrole, disaient-ils. Pis encore, un imbécile. Et la justice militaire est à la justice, selon le mot de Clemenceau, ce que la musique militaire est à la musique.

Pourtant, Oussama ben Laden, franc-tireur sans uniforme dont les séides tuent les civils comme des lapins en leur tirant dans le dos, sans déclaration de guerre préalable, ferait normalement face, selon les us de la guerre, à un peloton d'exécution sans autre forme de procès. Mais les démocraties ne sont pas en guerre, seulement en opération prophylactique, et un procès devant un tribunal militaire risquerait de jeter de l'huile sur le feu islamiste.

Le débat n'est pas sans intérêt, mais il est sans doute oiseux. Les caricaturistes et autres humoristes ont inventé un nouveau jeu, posant tout naturellement la question que les analystes de politique internationale, à côté de leurs pompes depuis deux mois, n'osent pas poser : mais où est donc passé OBL? Dans un dessin d'*Où est Charlie?* peut-être...

Il faut trouver l'ours pour avoir sa peau. Mais en fait, ne serait-ce pas l'issue idéale qu'on ne le retrouve jamais? Et si Oussama n'a pas le cran de faire ce qui s'impose, de pratiquer le martyre qu'il prêche et de se faire sauter, il est fort possible que l'assaut final ne laisse pas de problème juridique à régler. Mais on n'en saura jamais rien… Car si on l'attrapait, il faudrait bien lui faire ce procès que tout le monde craint. Après O.J.S., OBL. Ou il saurait en faire une tribune de propagande, ou il apparaîtrait comme un martyr pour les « masses arabes ». (Notons qu'on dit toujours les masses, jamais « l'opinion » en parlant de l'univers arabo-musulman…) *Idem* s'il mourait sous un bombardement ou dans une fusillade. Sa grotte deviendrait un lieu de pèlerinage, une sorte de Mecque « lite ». On finirait par y ériger une mosquée. Évadé, il continue à diriger ses réseaux, à télécommander des attentats. Pis, c'est l'échec des États-Unis, la victoire du héros.

Mais disparu, évaporé… Le vide, le silence. Comme s'il avait fui lâchement. Ce serait tellement parfait que si ça n'arrive pas tout seul on s'arrangera pour que ça arrive. M'est avis qu'on n'entendra plus parler d'El Mec.

Mardi 20 novembre

Une centaine de notables ont signé un manifeste réclamant le scrutin proportionnel. Ils attribuent la diminution de la participation électorale au fait qu'une partie de l'opinion n'est pas représentée à l'Assemblée nationale, ou pas assez. C'est la thèse que défend Jeffrey Simpson dans *The Friendly Dictatorship,* une description fort juste du régime politique canadien, où le premier ministre détient tous les pouvoirs et peut se conduire, si sa personnalité l'y pousse, comme une sorte de monarque élu.

Je comprends qu'on puisse être mécontent du système actuel (surtout si on ne parvient jamais à se faire élire, et que l'on cherche une autre voie d'accès au Parlement) mais il me semble qu'on se précipite dans une réforme importante sans en avoir minutieusement analysé toutes les conséquences. Les politologues nous assènent toujours les arguments en faveur de l'adoption de ce mode de scrutin, mais on n'entend jamais la contrepartie. Les arguments des apôtres de la réforme se résument d'ailleurs à un seul : la représentativité. Il faudrait que la proportion des députés d'un parti corresponde à la proportion du vote qu'il a obtenu. Mais des élections ne sont pas un sondage. Elles servent à choisir un gouvernement stable et fonctionnel et surtout, on l'oublie, à s'en débarrasser pacifiquement quand on n'en veut plus. Peut-être peut-on dire du système uninominal à un tour ce que Churchill disait de la démocratie : que c'est le pire système, à l'exception des autres.

La diminution de l'enthousiasme électoral, minime au demeurant, n'est-elle pas plutôt due au fait que certaines élections sont inutiles ? Ainsi, Jean Chrétien vient d'être élu bien avant la fin de son mandat, et alors qu'il n'avait pas d'opposition valable. Pourquoi se déranger ? Des élections préventives en quelque sorte, au gré du premier ministre. Il serait sans doute plus efficace de tenir les élections à date fixe que de changer le mode de scrutin.

Bien sûr, on a déjà vu des partis remporter, avec un peu plus de 50 % des voix, la totalité des sièges. Et alors ? Cela signifie simplement que ce parti est le choix de l'électorat dans toutes et chacune des circonscriptions. C'est pour cette raison qu'on ne doit pas dire « l'élection » comme on le fait fautivement aujourd'hui, mais « les » élections, puisqu'il y en a simultanément cent vingt-cinq ou trois cents. Cela montre que dans cent vingt-cinq comtés, c'est un député de ce parti et pas un autre que la population désire. Système imparfait, soit, mais ça ne dure que quatre ans. Et quand un gouvernement le veut, il existe d'autres façons de consulter l'opinion. Et quand il ne le veut pas, comme c'est le cas actuellement, aucune réforme n'y fera rien.

On prétend aussi que la proportionnelle redonnerait du pouvoir aux députés et favoriserait les vrais débats. Au contraire. Les permanents et les candidats défaits nommés par les partis en seraient encore plus dépendants : qui nommerait-on pour faire quota, sinon les plus dociles ?

D'autre part, le fait qu'un parti soit représenté par cinq, dix, ou cinquante personnes changerait-il quoi que ce soit dans une assemblée où ils sont muets sur ordre du premier ministre ou du leader de l'opposition? Ou dans un Parlement où la durée des débats peut être limitée unilatéralement par le gouvernement? Pierre Trudeau disait que les députés n'étaient rien sitôt sortis du Parlement. Ils ne sont rien non plus à l'intérieur que de simples tampons encreurs, puisque la moindre expression publique de désaccord avec la ligne du parti signale généralement la fin d'une carrière. Les seuls qu'on écoute sont ceux qui peuvent garantir une brochette de circonscriptions.

Pour donner du poids et de l'autonomie aux députés, il faut leur assurer une base personnelle, indépendante du parti. Naguère, les électeurs pouvaient décider eux-mêmes s'ils acceptaient d'être représentés à la Chambre des communes ou à l'Assemblée par leur maire ou un président de commission scolaire. Ces gens-là avaient des munitions pour résister aux pressions. Il est vrai qu'on ne les gardait pas à Québec ou à Ottawa dix mois par an. Il faut aussi éloigner les députés du piège que constituent les deux capitales, où ils sont prisonniers tant des fonctionnaires que du parti, et les ramener auprès de leurs électeurs. Il fut un temps où le député était chez lui et le fonctionnaire à Québec. Maintenant, le député est sous surveillance à Québec, et le citoyen électeur s'adresse au fonctionnaire local. Avec le télécopieur et plus encore Internet, les députés peuvent voter de n'importe où.

La proportionnelle est un rêve de bureaucrate. Une fausse réforme qui ne sert que le pouvoir des appareils. Elle amène les vrais élus à ne jamais pouvoir appliquer leurs politiques. Quant au système à deux tours que l'on propose parfois comme solution de rechange, il faut noter qu'il a été adopté là où la multiplication des partis et particules engendrés par le système proportionnel l'a rendu nécessaire. C'est un antidote.

D'autre part, dans un pays tourmenté par des divisions ethniques, linguistiques ou religieuses, ce qui est le cas non seulement du Canada, mais aussi du Québec, la proportionnelle est une recette sûre de fragmentation politique selon les mêmes lignes. On n'est pas en France ou en Allemagne, pays unitaires et homogènes. Au surplus, quand les lignes de fracture sont en même temps géographiques, on appelle à la sécession ou à la partition, comme on voudra.

Mercredi 21 novembre

Curieux phénomène philologique. L'imprécation québécoise, traditionnellement tournée vers la quincaillerie sacrée, quitte les églises et les sacristies. Du moins en politique. Ainsi, on ne dit plus un *criss* de libéral, mais un *néo*libéral. *Néo* est aujourd'hui l'insulte ultime, plus encore qu'hier le *crypto*.

Le libéralisme économique est désormais *néo*. Quelle est la différence entre libéralisme et néolibéralisme? Ou, moins usité mais entendu, entre le capitalisme et le néocapitalisme? Entre le colonialisme et le néocolonialisme? Ignacio Ramonet devrait consacrer un numéro du *Monde diplomatique* au sens profond de *néo*.

Outre le rythme, l'ampleur sonore, qui permet de mieux mâchouiller le mot dans les porte-voix, *néo* permet l'insulte subliminale en évoquant chez l'auditeur le néonazisme ou le néofascisme.

Il faut prévoir que, entré dans l'usage courant, le préfixe s'appliquera bientôt au nationalisme, au socialisme, au catholicisme...

Dimanche 25 novembre

Journée de Grey Cup, pluvieuse comme il se doit. Nous aurons le plaisir de voir à la télé trois douzaines de gros garçons patauger dans la boue glacée, preuve absolue de virilité en ce pays.

La paresse me tient et je n'ai pas envie de lire. Plutôt celle de bouquiner, un tue-temps impossible à la campagne. De voir ce qui se publie cet automne, d'un côté comme de l'autre de l'Atlantique. Je monte du Vieux-Montréal jusqu'à la rue Sainte-Catherine où se trouve la librairie française la plus proche, une succursale de la chaîne Renaud-Bray.

Des tables et des étalages, mais ce n'est pas là que je verrai facilement ce qui s'est publié cet automne. Un capharnaüm. Les « nouveautés », souvent celles du printemps dernier, voisinent avec les succès d'hier et les rossignols de l'an dernier, le roman avec les essais et les livres de cuisine, la sexualité avec la philosophie, sans parler du papier à lettres, des bougies et des décorations de Noël. Et, collé au hasard, sur un livre sur deux, le macaron « Coup de cœur » ; si le responsable des coups de cœur les a tous lus, il a dû entrer en fibrillation ! Coup de cœur, vraiment, que *L'Ombre des Taliban,* l'encyclopédique somme d'Ahmed Rashid sur l'Afghanistan, la guerre civile, ses causes, la responsabilité du Pakistan, de la Russie, des États-Unis, et sur le pouvoir talib ? Quand même pas une lecture de plage.

Je demande à un commis qui semble porter l'uniforme de l'intellectuel-de-gauche-instituteur-syndiqué — ô préjugés ! — la raison de cette confusion ; ils n'auraient pas envie, des fois, d'aller voir à côté, chez Chapters, à quoi ressemble une vraie librairie ?

« C'est le marketinge, monsieur. Le capitalisme... »

Les préjugés sont parfois — pas toujours — des sédiments d'expérience.

« On se croirait chez...

— Chez Jean Coutu », enchaîne-t-il.

Je l'interromps. Non, chez Jean Coutu, on ne mélange pas pharmacie et dépanneur, les médicaments et la lessive, le chocolat et les produits de beauté, les suppositoires et les bonbons.

Si Charles Trenet visitait aujourd'hui le Québec, il composerait : « Dans les librairies, dans les librairies... » En rentrant, je m'arrête quand même chez Chapters, pour me rassurer. Ça se peut, une librairie à Montréal ? Oui, ça se peut. On y a même une section française ; hélas, là comme chez Indigo ou dans les aéroports, un livre français est un livre américain traduit en français ! On achète ce qu'on connaît.

Les « zaffaires » culturelles souhaitent périodiquement qu'on lise davantage. Les choses iraient mieux s'il y avait moins de supermarchés et plus de vraies librairies. Question : où la future Très Grandiose Bibliothèque achètera-t-elle ses livres ? Le protectionnisme maladif que pratique le Québec, et qui réserve les achats des collectivités, censément essentiels à la survie des librairies, aux vendeurs locaux, empêche-t-il l'implantation d'une vraie grande librairie, la FNAC, par exemple ? Restent les commandes en France, par Internet.

* * *

Coup de cœur : depuis quelque temps, l'expression sévit partout, comme le pissenlit au printemps. Elle est aux tripes ce que le *flash* est au cerveau. Mais le coup de cœur, c'est l'infarctus de la critique. Il tient lieu d'argumentation critique à la télévision et dans les revues qui tiennent leurs lecteurs pour moins intelligents qu'ils ne le sont. Ces trois mots permettent d'éviter de longues discussions. Plus besoin d'expliquer pourquoi on aime un roman à l'eau de rose (surtout à l'eau de fesses, aujourd'hui), un navet, une « toune » ou un cabernet sauvignon du Haut-Karabakh. C'est le coup de cœur. Le coup est sa propre justification, le cœur l'alibi inattaquable. On économise beaucoup de papier, par rapport aux anciens modes d'appréciation par l'intelligence.

Le coup de cœur sévit aussi en politique, sous prétexte de charisme.

Lundi 26 novembre

J'ai quand même réussi hier à libérer du bazar un Philippe Sollers : *Mystérieux Mozart.* On n'aime pas toujours Sollers, qui met souvent sa virtuosité au service d'une idée ténue. Sur Mozart, ce n'est pas le cas. Mozart est inépuisable, et le souriant Amadeus Sollers connaît tout Mozart, œuvres, correspondance et vie. Il moule son talent et sa facilité (mais à ce niveau, la facilité exige beaucoup de travail) sur ceux du musicien. On le voit même assis au piano de Mozart à Salzbourg... Ce n'est pas une biographie, ni un essai, mais une série de variations sur Mozart, dans le style de Mozart. C'est léger, cela bouge, danse, mais reste chargé d'intuitions profondes sur ce que nous aurions peut-être dû entendre dans ces sonates, ces quatuors, ces opéras. Mozart compose, Sollers interprète et montre qu'il n'y a pas antinomie, comme dans la légende nourrie par le film de Milos Forman, entre les œuvres de Mozart, brillantes et élégantes, et sa vie agitée et difficile. Que les œuvres, en particulier les opéras, sont des épisodes de la vie même de Mozart, que les personnages mis en scène l'entouraient dans le quotidien, femmes, amis, évêques, rois. Que Mozart, on l'oublie en écoutant *Les Noces*, est contemporain de Beaumarchais et décrit le même monde, la bourgeoisie qui prépare le bouleversement social du XIXᵉ siècle. Les musicologues pourront déchiqueter ce livre brillant à décourager d'écrire, mais en tournant la dernière page on regrette que ce soit déjà fini. Bon critère. On peut toujours recommencer, comme on remet le disque, à la fin de la *Sonate nᵒ 10* ou du *Quatuor pour piano* dit « *La Gran Partita* ».

Samedi 29 novembre

Je pense avoir résolu une contradiction qui me tarabuste depuis deux mois. La plupart des religions sont coupables d'intolérance, d'une révulsion, envers les non-croyants et même les croyants d'autres cultes et d'autres rites, qui va de l'indifférence au rejet et souvent à la férocité. Comment concilier cette intolérance quasi universelle des religions avec l'existence de croyants tolérants, ouverts, hautement civilisés ? Et même de sociétés où cette intolérance est à peu près gommée...
J'entends déjà la réponse : il y a partout, même dans les sectes les plus agressives, des François d'Assise à côté des Savo-

narole, des Érasme face aux Calvin. Mais le phénomène ne se présente pas vraiment de cette façon. Les individus tolérants sont l'immense majorité dans certaines sociétés, ils sont presque introuvables dans d'autres. L'explication individuelle n'explique rien.

Je pense donc qu'il faut renverser le mythe universellement reçu selon lequel la religion est la plus puissante de toutes les forces culturelles, qu'elle imprègne profondément toute la vie, phagocyte les civilisations, les digère et finalement s'y substitue. Et si c'était l'inverse? L'histoire abonde d'exemples de sociétés bouleversées par un prophète, une secte, une croisade, une jihad. Mais si, au contraire, le premier choc passé c'était la religion qui est absorbée par la culture antérieure, transformée, nationalisée en quelque sorte? Si toute religion prenait ses traits définitifs dans la culture profane d'accueil : ouverte ou fermée, aimable ou farouche, agricole ou commerçante, exploratrice ou isolationniste, militariste ou pacifique. Christianisée, Rome est restée Rome et impériale. Byzance ottomane est restée rivale de La Mecque. Et à travers les siècles, la succession des religions n'ont pas changé les structures familiales dans lesquelles Emmanuel Todd et Hervé Le Bras ont trouvé l'explication de comportements politiques immémoriaux.

Si cela est vrai, transplantée à New York, à Los Angeles ou à Montréal, la religion musulmane devrait devenir une entreprise nord-américaine et se différencier de l'islam des sociétés arriérées où il a emprunté ses attitudes envers les infidèles et les femmes. Passées les premières générations d'immigrants ou de convertis, pendant que les femmes resteront voilées en Arabie, les musulmanes feront de la télé, de la médecine ou du ski aux États-Unis et au Canada. Des GI musulmans iront se battre au nom de la liberté et de la démocratie contre les fous d'Allah…

Les religions finissent probablement par ressembler aux sociétés où elles se sont implantées davantage qu'elles ne les changent, ce qui expliquerait la tolérance des uns et l'hystérie assassine des autres.

Vendredi 30 novembre

Heather Reisman, propriétaire d'une sorte de Loblaw's ou de Wal-Mart du livre, avec ses deux cents et quelques succursales d'Indigo et de Chapters, annonce qu'elle retire *Mein Kampf* des rayons, cet ouvrage sulfureux ayant fait toutes les victimes qu'on sait et pouvant sans doute inspirer quelques terroristes.

N'est-ce pas là une décision purement politicienne, pour bénéficier des manchettes? Car combien s'est-il vendu d'exemplaires de *Mein Kampf* au Canada depuis dix ans? Quelques-uns à des étudiants en histoire ou en sciences politiques? Il est introuvable dans les quelques librairies que j'ai visitées. Combien s'en vendra-t-il dans les dix prochains jours? Car il ne fait pas de doute qu'avec cette publicité gratuite il s'en vendra davantage : ceux qui y tiennent sauront bien où le trouver. Bien sûr, ce n'était pas là le but de madame Reisman. Seulement de plaire à la clientèle…

Pense-t-on que la nation allemande ivre de puissance et d'esprit de revanche aurait épargné ses victimes si *Mein Kampf* n'avait jamais été publié? Peut-on étudier l'histoire du XXᵉ siècle sans jeter un coup d'œil à ce manifeste? On tue beaucoup ces temps-ci en s'inspirant du Coran. Comme jadis des Évangiles. Ou de la Bible. Hérode tuait les enfants de l'An I, Jéhovah les aînés des Égyptiens. Si les Romains existaient encore, poursuivraient-ils les auteurs d'Astérix pour racisme et incitation à la haine et à la violence? Les enragés puisent leur inspiration partout. La censure ne règle rien.

La censure peut aussi s'en prendre à la science et à la technique. L'horizon électoral n'étant jamais hors de vue, Chrétien et tous les Brutus au pouvoir cherchent, le nez dans le vent, ce qui pourrait faire croire au public qu'on se préoccupe de sa santé morale autant que de l'autre, et sans avoir à dépenser un sou. On interdira le clonage, même pour la bonne cause, c'est-à-dire pour développer des thérapies ou des organes à partir de cellules souches. Transplanter cœur, poumons, reins, foie, oui. Des cellules développées pour la transplantation, non. Voilà des milliers d'éventuels malades qui en prennent déjà un coup, mais dans cinq, dix ou vingt ans ils se consoleront en pensant qu'on a veillé sur leur éthique.

Ces progrès scientifiques sont craints par un public que sa scolarité, c'est le moins que l'on puisse dire, n'a pas préparé à les comprendre. Le généticien passe souvent pour un Tournesol irresponsable ou machiavélique mettant au point dans son officine quelques clones blonds aux yeux bleus, ou même avec une petite moustache noire et une mèche en travers du front. Ou des armées d'esclaves Dolly à deux pattes.

Quel politicien osera dire : cessez de paniquer, tout cela est de la foutaise ? Non seulement l'humanité n'a pas attendu la biogénétique pour faire des esclaves, mais pourquoi pense-t-on que ce serait plus facile avec des produits engendrés sous contrôle technique ? Et pourquoi le clone appréhendé a-t-il toujours les traits d'Hitler ou de ben Laden ? On ne veut pas avoir plusieurs François d'Assise, plusieurs Mozart, plusieurs Paul McCartney ? Mais il n'y aura ni François d'Assise ni Hitler. Pour cloner un humain, on a encore besoin d'une femme... et de trente ans d'élevage.

En écoutant les Allan Rock et autres George Bush, dont les décisions démagogiques mettent en péril la recherche qui permettra demain de réparer des pancréas, des moelles épinières, des cerveaux souffrant de Parkinson, de développer des organes pour les greffes et des vaccins sûrs, ce sont des enfants d'aujourd'hui que nous condamnons déjà.

DÉCEMBRE

Lundi 3 décembre

Je rentre à Montréal en faisant un détour par la petite route qui longe mon bois, où je ne suis pas allé depuis la chasse. De la route, ma femme aperçoit de jeunes pins qui présentent un curieux aspect. Ils n'ont plus une branche. Je vais voir… Un quidam a transformé de deux à trois cents pins blancs en ifs. Pas l'arbre, le séchoir à bouteilles. Toutes les basses branches sont coupées à une quinzaine de centimètres du tronc. Une plantation surréaliste de Marcel Duchamp. Il n'y a pas de mystère : quelqu'un cueille des rameaux pour faire des couronnes de Noël. Nous ne sommes qu'à trois kilomètres des États-Unis, où la couronne se vend de 80 à 100 dollars locaux. La matière première, prélevée chez autrui, ne coûte rien, le travail non plus — on noue les décorations en regardant la télé — pas d'impôt, c'est tout profit.

L'artiste a évidemment choisi les sujets les plus souples, les plus jeunes, des plants de remplacement pour ceux qui avaient succombé au charançon. Pédophile ! Poussant à l'ombre des plus grands, ils sont à l'abri de cet insecte, mais manquent de lumière et ont de la difficulté à rejoindre la classe des grands. Ils perdront deux ou trois ans de croissance. Et je devrai dès cet hiver procéder à une chirurgie pour éliminer tous ces moignons qui appellent les maladies.

Inutile de se mettre en colère. Mieux vaut constater que le

chasseur-cueilleur des anthropologues n'a pas totalement disparu. Quant aux arbres, s'il y en a assez pour les porcs-épics et les castors, il y en a assez pour les gosseux. Les pins vont bientôt monter très haut, lui va rester en bas. Quoiqu'une famille de castors le moindrement vaillante puisse faire de drôles de ravages. Mais après vingt ans de résistance inutile, j'ai décidé de léguer un coin de territoire aux miens. Quel choix judicieux que le castor comme animal emblématique du Québec et du Canada : il abat autant d'arbres que possible et finit « plumé » !

Il y a quatre ans, ce sont les restes d'une grosse plantation de marijuana hautement technique que je découvrais à l'automne au fond de la plantation d'épinettes la plus éloignée du chemin.

L'an dernier, ce sont des collets de fil d'archal que j'avais repérés à quelques pieds seulement de la route. Un autre cueilleur, peut-être le même, en avait posé tout le long du chemin, aux endroits où se précipitent les lièvres surpris par les voitures fonçant sur eux. Il y en avait tous les cent pieds, une ligne de trappe s'étirant sur des kilomètres. Le chasseur-cueilleur allie les techniques du magdalénien au « pick-up » ; c'est moins fatigant que les raquettes. Et hop ! dans la caisse, pour aller les vendre à un boucher de Magog ou de Sherbrooke.

Vendredi 7 décembre

Les peintres ont quitté la maison cet après-midi, à deux heures vingt-cinq exactement, le dernier coup de pinceau donné, les réparations terminées. Cent quarante-quatre jours, moins les samedis, les dimanches et une semaine de vacances. Plus du double du temps prévu. Réparations, toutefois, qu'il faut bien appeler une restauration, puisque c'est une autre maison que nous avons découverte sous celle qui date, officiellement, de 1902. La nouvelle est plutôt contemporaine des grands érables et du pin qui la protègent au sud et qui ont bien cent cinquante ans.

La galerie que nous pensions être une addition relativement récente fait corps avec la charpente de la maison. Sous le lambris métallique des années soixante se trouvait le bardeau d'origine absolument intact. Dessous, toit et murs sont faits de planches larges de 50 centimètres. Et dessous encore, aux coins de la maison, le long des fenêtres et des portes, des poutres carrées de 20 centimètres de côté, retenues dans des solins et des sablières identiques par des tenons et mortaises piqués de chevilles d'érable longues comme l'avant-bras. Pour assurer le tout, de gros clous forgés dont la tête arrondie et bosselée a la taille d'une demi-balle de golf. La faîtière, de mêmes dimensions que les poutres, est taillée en profil pentagonal sur toute la longueur de ses 12 mètres pour que s'y appuient les chevrons. Surprise, les boiseries de la façade, cachées sous les vieilles rénovations, reproduisent exactement celles de l'intérieur de la salle à manger et du salon.

Les recherches qu'a faites Michèle dans diverses publications montrent que les fenêtres à guillotine, dont la partie mobile est plus petite que la partie supérieure fixe, étaient très populaires au Kentucky vers 1845. On en trouve encore sur quelques rares maisons de la région. Quant au type que définissent les proportions, la forme du toit et l'avancée du pare-soleil, il s'agit d'un *Lowland Country cottage*, un style originaire de la Caroline du Nord! Autant dire le bout du monde. Cela semble curieux mais, encore une fois, on en trouve plusieurs spécimens à Stanstead.

C'est la troisième fois que je rénove une vieille maison. En 1904, mon grand-père a construit sa maison. En 1940, mon père a bâti la sienne. Aujourd'hui, si elles existent encore, elles sont du quasi-patrimoine. Mais ils les ont habitées toutes neuves. J'avais toujours rêvé de faire de même, de travailler avec un architecte, de créer une demeure de mon temps et qui me ressemblerait, mais le hasard et les réalités économiques ont fait que non seulement j'ai toujours vécu, à Belœil, à Outremont et ici, dans des maisons qui ont été les maisons neuves de gens morts depuis longtemps, et qu'au rebours de mon chemin j'ai travaillé à reconstituer telles qu'ils les avaient construites. C'est la troisième fois. On ne m'y prendra plus. Mais j'ai dit la même chose la dernière fois.

Lundi 10 décembre

Je rage. L'aboyeur de Joliette, Guy Chevrette, réaffirme son intention d'utiliser l'amiante dans la construction et la réfection des routes. La nocivité de l'amiante, qui cause l'asbestose et le cancer des poumons, est universellement reconnue, et le matériau est interdit dans tous les pays développés. Mais le Québec, premier producteur mondial, qui a eu le flair de nationaliser les mines d'amiante juste avant l'interdiction, continue à dépenser des millions pour en faire la promotion et lui cherche désespérément de nouveaux usages. L'amiante est un danger public, mais pas le nôtre ! Qu'une centaine de grandes sociétés comme Dow, Honeywell, Ford, Disney, Viacom ou GM soient menacées de procès pour des centaines de milliards de dollars n'inquiète pas le cabinet. Encore une fois, le Québec est seul à avoir le pas. Car notre amiante est d'une espèce supérieure. Distincte !

Et voilà le énième moulin à vent que le don Quichotte du cabinet a l'intention de combattre avant de passer au suivant, pour parfaire sa réputation de Rommel des crisettes. Quitte à ce que ses successeurs ramassent les débris. Si la chose était possible, monsieur Chevrette ferait avec l'amiante des petits gâteaux ou une nouvelle variété de poutine.

Je n'ai aucune prétention à l'objectivité là-dessus. En 1952, étudiant au Collège de Lévis, j'ai eu l'immense malchance de trouver un emploi d'été de deux mois dans une petite compagnie d'isolation de Québec, qui exécutait presque uniquement des contrats gouvernementaux : écoles, hôpitaux, navires de guerre. La firme avait deux propriétaires, un libéral, l'autre partisan de l'Union nationale, ce qui lui permettait de s'alimenter aux deux râteliers. Aux élections provinciales de l'été 1952, j'eus même la lourde responsabilité de garder le bureau de l'entreprise pendant que tous les employés permanents transportaient des électeurs et que le proprio, le bleu, distribuait à la porte des bureaux de scrutin des billets de dix dollars et des bulletins déjà marqués en faveur du candidat de l'Union nationale en échange de leur bulletin vierge.

Près de cinquante ans plus tard, après un examen annuel de routine, le radiologiste écrit à mon médecin : « Le patient a-t-il déjà travaillé dans l'amiante ? » Non. J'avais oublié. Deux jours plus tard, l'épisode me revient. Oui, deux mois. Scan : c'est là. Calcifications de la plèvre et du poumon. Comme une bombe à retardement. L'épée… d'Asbestos. L'année suivante, mon frère m'appelle, abattu : involution du mésenchyme, chirurgie. En partant pour l'université, je lui avais légué mon job d'été. Deux mois lui aussi.

Chevrette est un bon petit soldat. Un de ces commandos à qui on peut faire faire n'importe quoi : il obéit aux ordres et ne pose pas de questions. On lui dit d'aller planter quelqu'un et il y va.

Mais l'amiante est une merde. Il a tué, il tue encore. Je ne puis être objectif sur la question, mais Guy Chevrette et le gouvernement du Québec ne le sont pas davantage. L'interdiction quasi universelle de l'amiante a été un dur coup pour le triangle Thetford-Asbestos-Danville. Que faire de ces gisements colossaux, de ces montagnes de résidus, des mineurs, des sociétés minières, des firmes de transformation ? On achètera donc les votes des électeurs et des notables de trois ou quatre précieuses circonscriptions en trouvant de nouveaux débouchés à leur meurtrière production. Il faut sauver quelques centaines d'emplois même si on sait que l'amiante a tué plus de gens qu'il n'a jamais fait travailler de mineurs.

Keynes enseignait pendant la Dépression que l'on pourrait relancer l'économie en payant les chômeurs pour faire semblant de travailler, par exemple en leur faisant creuser des trous pour remplir les trous d'à côté. Programme tout indiqué pour Black Lake, Thetford, Danville et Asbestos !

Nos mauvaises routes n'ont nul besoin de propriétés ignifuges ou isolantes, mais leur superficie, qui se mesure en milliers de kilomètres carrés, en fait un fabuleux dépotoir pour une production autrement inutilisable. Est-on si certain que l'amiante-asphalte soit absolument sans danger, comme l'affirme le professeur Chevrette ? N'est-il pas possible, et même probable, que l'on découvre après quelques années d'usage et d'usure qu'il emplit l'air de fibres assassines ? Que la route tue, selon le cliché répandu, mais cette fois qu'elle tuera au ralenti, si l'on peut dire ?

Qui passe le plus de temps sur les routes ? Un demi-million d'enfants de cinq à dix-huit ans transportés en autobus d'écoliers, deux fois par jour à raison d'une heure ou deux, deux cents jours par an, pendant dix ans ou plus ! Ou les camionneurs, qui auront peut-être une bonne raison, cette fois, de bloquer les routes. Pourquoi l'opinion, bien prompte à s'inquiéter des OGM et des clones, ne se révolte-t-elle pas devant un risque beaucoup plus immédiat ? Et les parents ? Et les banlieusards ? Parce que le trou dans la route, c'est maintenant. Le trou au poumon, on ne sait quand.

Monsieur Chevrette nous propose la roulette russe. L'amiante présente-t-il des dangers ? Est-il vraiment sûr ? Essayons, comment savoir sans avoir essayé ? On verra bien. On ne peut avoir un plus grand mépris de la santé publique. Et un plus grand souci électoral.

En Californie, on recouvre d'une épaisse couche de béton les routes tracées par inadvertance sur les gisements naturels, parce que la poussière qui s'en élève menace les environs. La vraie place de ce minerai, qu'au surplus on commence à remuer une deuxième fois pour en extraire quelques métaux rares à grand renfort de subventions, c'est au fond des cratères qu'il a laissés depuis cent ans. Et sous dix mètres de béton. Du béton sans amiante.

Peut-être dans le futur rebaptisera-t-on l'asbestose la « chevrettose ».

Samedi 15 décembre

Les imams d'Amérique déplorent le terrorisme mais se félicitent de l'intérêt que 9/11 (dans le morse de rigueur à la télé) suscite envers la mosquée. Il y aurait recrudescence de conversions. Est-ce de la simple promotion, ou cette vague est-elle réelle ? et si c'est le cas, est-ce la saveur de la semaine d'un public qui n'a pas lu tous les livres, mais qui a vu toutes les émissions de télé ?

Le tiers des six millions de musulmans d'Amérique du Nord ne sont pas des immigrants mais des convertis récents. Ils ont enfin trouvé la vérité, expliquent certains, après avoir tâté de diverses sectes, tout comme le premier psychiatre n'est jamais le bon...

Cela se comprendrait. L'islam est une affaire, *as religions go,* relativement simple. Absolue et autoritaire, ce que beaucoup attendent de la religion. Il ne présente pas les complications théologiques du catholicisme — monothéisme... mais en trois personnes, nature divine mais humaine, transsubstantiation, parthénogenèse et virginité post-partum, pour ne rien dire de la résurrection et de l'assomption. Il ne plonge pas le croyant dans l'incertitude comme le font les voies de Luther et de Calvin, incapables de dire si on est sauvé ou pas — l'angoisse se porte mal dans un siècle inauguré par Freud et fermé par Prozac. Ni dans le vide du bouddhisme sous ses divers avatars. Même pas dans la solitude de Marc Aurèle et de l'éthique autogérée.

Pas de clergé ni de hiérarchie. La conversion se fait en disant qu'il n'y a de Dieu qu'Allah et que Mahomet est son prophète. Une série de règles claires. En somme, une religion ABC : la cheville A dans le trou 1, la cheville B dans le trou 2...

Il n'est donc pas étonnant que ce soit la religion qui croisse le plus vite. Sans doute même la seule qui connaisse quelque croissance, puisque sa principale qualité est de permettre de se débarrasser de celle que l'on a sans s'aventurer dans les terres obscures de l'agnosticisme. Comme McDonald, elle s'adapte partout et ouvre des succursales par milliers.

À ceux qui souffrent d'un complexe d'infériorité, imaginaire ou réelle, elle dit que le croyant est un être supérieur puisque les esclaves et les femmes ont moins de droits, et les infidèles pas du tout. Une religion qui permet au surplus d'être un peuple élu.

Enfin, contrairement à ce que sont devenus la plupart des cultes, qui n'osent plus faire sonner des cloches et même, en certaines villes, allumer un arbre de Noël, l'islam est une religion visible, donc réelle. La pratique n'est pas non plus abstraite ni facultative. Prier cinq fois par jour (avant le lever du soleil, ce qui prouve qu'elle n'a pas été inventée au nord du cercle arctique, quand le soleil est au zénith, quand l'ombre d'un objet est égale à sa hauteur, au coucher du soleil et quand la lumière est disparue), manger halal. Parfaitement adaptée, donc, aux nostalgiques du mois de Marie, des Quarante-Heures et de la morue séchée. Pas de curés pour vous ennuyer, votre femme vous obéira.

La paix minute. Ajouter un peu d'eau.

Lundi 17 décembre

On ne voit pas encore très bien à quoi va ressembler le futur square Victoria, en chantier depuis deux ans, mais ce qui doit devenir le Parc de la Cité internationale, entre le nouveau siège social de la Caisse de dépôt et le Palais des congrès, laisse entrevoir le pire. Il s'agit d'une toute petite place qui recouvre l'ancienne tranchée de l'autoroute, ce qui est bien, mais le nouveau Palais des congrès, on le constate, est un rafistolage moche. Le mot qui convient le mieux est « cheap ». Restes de façades d'immeubles démolis (encore!) encastrées dans des rideaux de verre aveugles. Quant à la façade sur la future place, avec ses trois cents panneaux de verre rouges, orange, violets, verts et bleus, elle rappelle davantage le magasin Toys R Us recyclé que le rendez-vous international. Carrément du bas de gamme.

On ne peut s'empêcher de se demander à quoi aurait ressemblé ce centre de congrès si on avait plutôt construit le projet qui a remporté, il y a trois ans, un concours d'architecture, et que les responsables du chantier ont décidé d'écarter sans explication véritable. L'ancien Centre de congrès de Victor Prus et René Lévesque était une horreur stalinienne, mais avec de la cohérence et, quoi qu'on dise, un style défini : le brutalisme. Le nouveau n'a même pas l'allure d'un centre commercial de banlieue. Pendant trente ans, cinquante ans, ce monument de médiocrité sera l'illustration de ce que produit une société qui, se croyant économe, rogne sur tout y compris sur son avenir.

Au pied de cette façade qui évoque aussi le présentoir de couleurs Sico, la future place, écrasée à l'ouest par la masse glaciale de la Caisse de dépôt, sera certainement un des fours les plus sinistres de Montréal.

Le Palais des congrès, médiocre donc autant par son apparence que par ses dimensions, puisqu'on ne pourra y accueillir les Très Grands Congrès, est l'équivalent actuel de ce que fut il y a trente ans l'Institut d'hôtellerie du square Saint-Louis, et dix ans plus tôt la prison de Parthenais. Une claque au visage de la ville. Claque d'autant plus douloureuse que ces immeubles dépourvus de classe sont construits avec des fonds publics. Les rois et les princes d'antan construisaient eux aussi avec les sous du peuple, mais au moins ils lui en donnaient pour son argent. Aujourd'hui, au Québec, les immeubles publics sont un concours de médiocrité.

Comme 99 % des citoyens, je ne connais de l'architecture que l'effet qu'elle a sur le moral, qu'on se trouve dedans ou dehors. Chaque propriétaire a droit à ce qu'il a commandé, chaque architecte a le droit d'exprimer son talent, si petit soit-il, mais une œuvre publique n'est pas une affaire strictement privée. Immeubles, places, parcs, le citoyen a un droit strict à l'environnement et, pourquoi pas, un droit à l'architecture, le droit de ne pas subir ce que Tom Wolfe appelait « *private jokes in public places* ».

Depuis un an environ, Lucien Bouchard et Bernard Landry ont évoqué successivement le projet de Maison de la musique, une salle de concert véritable qui est une nécessité dans cette capitale de la musique qu'est Montréal. On croira à ce serpent de mer quand on y sera assis, mais on frémit en pensant que la réalisation risque d'en être confiée aux responsables de ce hideux Palais des congrès. On ne se console pas complètement en se disant qu'au moins la Grande Bibliothèque leur a échappé et qu'elle sera peut-être un édifice qu'on lèvera la tête pour regarder, qu'on viendra à Montréal pour photographier. Des édifices publics comme ceux-là, Montréal n'en a pas vu depuis vingt-cinq ans.

Y a-t-il un architecte dans la salle ?

Mercredi 19 décembre

Bons baisers de Kaboul : libéré de la tutelle des mollahs, le gouvernement provisoire de l'Afghanistan annonce qu'il va continuer à lapider les adultères, mais avec de plus petites pierres. Et les condamnés, n'étant pas attachés, auront selon la tradition retrouvée une chance de s'enfuir et ainsi d'avoir la vie sauve. Il va de soi que les hommes y arriveront plus souvent que les femmes entortillées dans leur burka. Les leaders afghans ne veulent pas non plus d'une force internationale, qui protégerait les femmes et les enfants et empêcherait de pratiquer le bouzkachi avec le cadavre d'un ennemi plutôt qu'avec une chèvre. En somme, l'Afghanistan a changé de voyous et d'arriérés.

Les activistes de l'islam ont détourné non seulement des avions, mais un pays tout entier pour le jeter sur l'Occident, comme un Airbus sur un gratte-ciel. Le fait de penser qu'ils avaient la moindre chance de réussir, n'est-il pas un signe de l'isolement culturel, social et psychologique de ces gens-là ?

Tout ce que l'on a fait depuis trois mois, les alliances, l'intervention, les milliards, a-t-il été fait pour rien ? Le Canada se fait l'apôtre du Machin — ainsi que de Gaulle appelait l'ONU

— plutôt que d'une intervention directe. Après s'être donné tant de mal, on devrait plutôt dire : pas de réformes, pas de démocratisation, pas de modernisation ? Pas un rond ! Aide-toi et on t'aidera — aurait pu dire Mahomet.

Jeudi 20 décembre

J'attendais depuis plusieurs jours de lire dans *Le Devoir* une lettre que personne, semble-t-il, ne lui a envoyée. Ou que le responsable du courrier n'a pas publiée. **Il y a une douzaine de jours, un universitaire** y expliquait en page éditoriale les raisons profondes et secrètes du conflit entre Palestiniens et Israéliens. Principale pomme de discorde : *la rivière de Jordanie.* Rivière de Jordanie ? Si ferré que l'on soit en géographie, voilà une rivière dont on n'a jamais entendu parler. Comme le nom de l'auteur permet de croire que l'on pourrait avoir affaire à une traduction, on retraduit : Jordan River. Voilà la clé de l'énigme. Monsieur « Rivière de Jordanie » faisait de la prose sans le savoir, il fait maintenant de la traduction sans y penser. À moins qu'il n'ait jamais entendu parler du Jourdain.

Deux pages plus haut, de toutes façons, j'apprenais que les gens qui saccagent et souillent les écoles sont des « vandalistes ». Cela est sans doute plus honorable que d'être simple vandale. Il y a beaucoup de vandalistes du français dans les médias. Parfois l'ignorance est comique : une présentatrice de la radio annonce la « *Symphonie en D moll* » (D Moll, ré bémol en allemand) sans plus de détails, d'ailleurs, comme s'il n'y en avait qu'une. Un autre présente une symphonie de Hoboken (musicologue hollandais qui a dressé le catalogue complet des œuvres de Joseph Haydn).

Martin Amis écrit dans *The War Against Cliché* qu'aujourd'hui n'importe qui peut devenir célèbre (ou connu) sans talent ; il suffit d'un micro ou d'une télécaméra.

« Toute seule ». C'est le nouveau mot de passe de Margaux. « Toute seule ». On est passé subitement de « chante-moi une chanson » à « laisse-moi chanter ». Et toute seule. Même chose pour les histoires. Elle va choisir un livre sur un rayon bas, le plus beau, un Pléiade, par exemple, avec « juste des mots », et m'intime de m'asseoir. Puis sur le ton et avec les inflexions de quelqu'un qui raconte une histoire, elle se lance dans un gazouillis cristallin de langue inventée, du Isidore Isou, du Gauvreau.

Tous les grands-parents que je rencontre sont sous le même charme. Leurs enfants se demandent ce qui les a tellement changés ! La relation à l'enfant est bien différente selon que l'on est parent ou grand-parent, mais ce sont les circonstances qui ont changé, pas la nature des individus. Il est bien d'avoir ses enfants à vingt ou trente ans : on ne se rend guère compte, à cet âge, de l'énergie immense qu'il faut pour suivre quinze kilos de petit bonhomme ou de petite bonne femme. Énergie mentale plus que physique : attention, réflexion, réponses justes. Prévision. Ce que d'aucuns prennent pour une égoïste demande d'attention à laquelle il conviendrait de mettre une limite est en fait une demande d'information sur les choses, les gens, les comportements, les significations. Chaque silence laisse une case vide dans le disque dur programmé et « initialisé » qu'est le cerveau.

Parent, on est toujours avec ses enfants dans les moments les plus difficiles et tendus de la journée : le lever, la préparation pour l'école. Ou la fatigue du soir, la course à la maternelle qui va fermer, le repas à préparer, les devoirs, le bain, le coucher. Les moments précieux sont comprimés par le monde extérieur. Par le temps surtout. Métro-boulot-dodo.

Ce n'est pas le cas des grands-parents, qui ont toujours le temps puisque leurs prétendus travaux ne sont en réalité que substituts et prétextes à s'occuper. On peut presque toujours tout laisser tomber sans conséquence aucune, prendre le temps d'avoir temps. Le grand-parent vit dans un espace où les pendules ne sont pas pressées. Pas de métro-boulot-dodo. Grands-parents et petits-enfants, c'est toujours dimanche.

Lundi 31 décembre

Il y aura un an dans une semaine que j'ai commencé ce journal. Que je me suis bien gardé de relire : on verra les jours prochains. Je n'ai pas été d'une parfaite assiduité, loin de là. D'autres travaux, le manque de sujets ou d'inspiration, de la lassitude parfois, souvent l'herbe verte et quelque diable m'ont fait y laisser de grands vides. Moult fois, je me suis contenté de griffonner une phrase, avec l'intention de développer l'idée plus tard, mais reconstituer une intuition ou une idée à partir de notes est comme tenter d'exciter une poupée gonflable. Les notes sont des cadavres. Il faut écrire à chaud.

Il y a eu aussi les terroristes du 11 septembre, le Grand Dérangement, qui ont détourné une trop grande partie de ce journal comme ils avaient détourné un avion, un pays tout entier, et même une religion. Le mot islam, devenu une incantation quotidienne dans tous les médias, a orienté mes lectures, avec mes préoccupations, pendant quelques semaines. Le XXᵉ siècle a été celui des horreurs, *The Age of Extremes*, selon l'expression de l'historien Eric Hobsbawm ; disons que le nouveau ne commence pas très bien : ralentissement économique, faiblesse des leaders, guerre entre deux mondes, terrorisme, ce fascisme *do-it-yourself*. Tout cela teinte ce journal.

Mais cet An I du nouveau millénaire a aussi été mon An I à moi, celui de ma liberté transformée. Qu'ai-je appris ?

J'ai appris que, pour être à la retraite, on n'a pas plus de temps, quoique avec deux livres, le début de deux autres, dix articles je n'aie pas perdu le mien. J'ai appris qu'écrire, pour n'être plus un job quotidien, n'est pas pour autant un loisir. On n'écrit pas quand on en a envie. Il faut s'y consacrer. Et il vaut mieux ne pas se laisser guider par l'événement. Je déciderai demain si je continue ce journal. Ou plutôt un autre, car je ne veux plus commenter l'actualité. En quittant mon travail, il y a un an, je me suis retrouvé en ce qui concerne les affaires publiques non plus devant le monde réel, mais devant un monde filtré, projeté, celui du petit écran et des journaux, le monde tel que le transforment les médias. Tel que l'appauvrissent les médias, monde fait de ce qui inquiète, agace, irrite plutôt que de ce qui stimule. Depuis un an, en somme, je me suis regardé regarder les médias autant que le monde extérieur, et ce journal en souffre. Devant la répétition incantatoire de « nouvelles », qu'y a-t-il à développer ? Que peut-il rester de ces milliards de mots que déverse la presse dans la mare stagnante de la vie publique ? La scène publique étant si riche en bêtises et si pauvre en grandes actions, on finit par trop commenter la sottise, la méchanceté, le mensonge, par tisser une paraphrase de la médiocrité, par peindre sur de la toile moisie et crevée.

À *L'actualité*, j'ai constamment cherché, sans toujours y réussir, à repérer et à raconter ceux qui explorent, découvrent, réussissent quelque chose, ceux qui avancent, ceux qui tirent la société vers l'avenir *nolens volens*. Et non pas à faire l'inventaire de tous les « problèmes », une tradition dans les médias d'ici. J'ai même réussi, pendant près de vingt ans, à bannir le mot « problème ». Des sujets, des questions ? Toujours. Des problèmes, non. De la même façon, j'ai fait systématiquement la chasse au « nous » et à tous les adjectifs et dérivés de ce pronom. Cette société avait besoin d'une cure de « je ».

La partie de mon travail qui m'a toujours été la plus pénible, la plus désagréable, mais que ma fonction exigeait et que les lecteurs attendaient de moi, a été l'éditorial. Mon sentiment, aujourd'hui, est que ce journal a été plus ou moins consciemment une catharsis, un exercice destiné à marquer la fin du marathon, à me débarrasser d'un réflexe conditionné, me guérir d'une maladie professionnelle.

En quittant *L'actualité*, j'ai « donné la tag », comme disent les enfants qui jouent au chat. Je vais écrire encore, continuer ce sillage de vie, mais je ne veux pas reprendre la tag. On me pardonnera de ne plus jouer. La presque totalité du quotidien est consignée en vingt-quatre heures à la Poubelle de l'Histoire, selon l'expression de Trostki. Comment donner du sens à ces histoires de bruit et de fureur ? Plutôt écrire sur les rencontres, les expériences, les livres, sur sa propre vie et ses propres pensées que sur la gestion de la domesticité ou le combat des ambitions. Existe-t-il d'autre raison d'écrire que la quête de fragments épars de soi ? Le passé n'a pas de sens, ne peut pas en avoir. Le passé est. En son instant même le présent, ce point mouvant à dimension nulle, n'existe déjà plus. L'avenir se dissoudra lui aussi sur le fil du présent, mais seul l'avenir a peut-être un sens...

MISE EN PAGES ET TYPOGRAPHIE :
LES ÉDITIONS DU BORÉAL

ACHEVÉ D'IMPRIMER EN MAI 2002
SUR LES PRESSES DE L'IMPRIMERIE AGMV MARQUIS
À CAP-SAINT-IGNACE (QUÉBEC).